Lena Kornyeyeva
Nils Aschenbeck

DIE SEDIERTE GESELLSCHAFT

WIE RITALIN, ANTIDEPRESSIVA UND
AUFPUTSCHMITTEL UNS ZU SKLAVEN DER
LEISTUNGSGESELLSCHAFT MACHEN

Wilhelm Heyne Verlag
München

Verlagsgruppe Random House FSC® N001967
Das für dieses Buch verwendete FSC®-zertifizierte Papier
Super Snowbright liefert Hellefoss AS, Hokksund, Norwegen.

Originalausgabe 05/2014

Copyright © 2014 by Wilhelm Heyne Verlag, München,
in der Verlagsgruppe Random House GmbH
Printed in Germany 2014
Redaktion: Andrea Kunstmann
Umschlaggestaltung und Motiv: Hauptmann & Kompanie, Zürich
Satz: EDV-Fotosatz Huber/Verlagsservice G. Pfeifer, Germering
Druck und Bindung: GGP Media GmbH, Pößneck
ISBN: 978-3-453-20060-9

www.heyne.de

Inhalt

»Wir narkotisieren die Zivilisation,
denn sonst ertrüge sie sich selbst nicht.«

Stanislaw Lem,
Der futurologische Kongress, 1971[1]

»Es ist unfassbar, dass wir das Kindern geben
und sie so durch eine Pille passfähig für unsere Gesellschaft
machen. Ein Drama für alle Beteiligten. Ich glaube,
in 20 Jahren schämen wir uns dafür.«

Katja Saalfrank im August 2013[2]

Die Normalen werden die Kranken sein

Einführung in eine sedierte Welt

Michael Jackson hat vor seinem Tod täglich die Psychopharmaka *Demerol*, *Vistaril*, *Dilaudid*, *Xanax*, *Zoloft*, *Ritalin*, *Prozac* und *Prilosec* bekommen. Unter ärztlicher Aufsicht (!) hat er einen atemberaubenden Arzneimittelcocktail eingenommen, an dem er schließlich gestorben ist.[3] Jackson wurde durch die Psychopharmaka zu einer abhängigen, steuerbaren Person, zu einem »Label«, einer Handelsmarke. Vermutlich hat niemand erwartet, dass Jackson unter acht unterschiedlichen Psychopharmaka – entweder als Injektion verabreicht oder als Tablette genommen – noch klar denken und handeln kann. Die Tabletten wurden sicher mit guten Begründungen verschrieben, aber vermutlich war die völlige Ruhigstellung der beabsichtigte Kollateralschaden. Unter Einwirkung eines derartigen Medikamentenmixes muss jeder Verstand aussetzen – längst bevor der Körper versagt.

Michael Jacksons Aufgabe war es vermutlich auch nicht, klar zu denken. Er musste für alle Beteiligten – Familie, Produzenten, Konzertveranstalter, Angestellte – nach Plan funktionieren und als »Label« Geld verdienen. Wenn er womöglich mit eigenem Verstand sein Leben gelebt hätte, dann wären Einnahmen in Millionenhöhe gefährdet gewesen, dann hätte ein Imperium mit Dutzenden Beteiligten zu kollabieren gedroht. Michael Jackson wurde ausgenutzt. Auch wenn er selbst an den Sinn und die Notwendigkeit der Medikamente glaubte – sie waren ein Instrument, um seine Persönlichkeit zu unterdrücken, um ihn zu steuern. Kurz vor seinem Tod wurde er von einem Arzt für die bevorstehende Tournee medikamentös »eingestellt«; er sollte trotz offenkundiger psychischer Probleme, allgemeiner Erschöpfung und Medikamentenabhängigkeit auf der ganzen Welt vor Zehntausenden Menschen auf die Bühne treten, dort womöglich den legendären »Moonwalk« tanzen. Das konnte er, wenn überhaupt, nur noch unter Drogen leisten. Der »King of Pop« sollte wie ein Aufziehspielzeug funktionieren.

Leider ist Michael Jackson kein Einzelfall, vielleicht nicht einmal eine Ausnahme im System. Auch die Sängerin Britney Spears, wie Jackson ein Superstar, nahm offenbar bewusstseinsverändernde Medikamente, als sie 2008 mit psychischen Problemen in eine Klinik eingeliefert wurde.[4]

Anschließend verlor Spears das Sorgerecht für ihre Kinder und wurde unter Vormundschaft gestellt. Seitdem muss sie funktionieren. Das Unternehmen Spears macht einen Jahresumsatz von 58 Millionen Dollar (2012). Die Option, ihr eigenes Leben zu leben, in aller Ruhe und Zufriedenheit, womöglich abseits der Öffentlichkeit – diese Chance wird ihr nicht gegönnt. Wie Michael Jackson ist sie ein Roboter geworden, ein Mechanismus mit Sex-Appeal, der singt und tanzt.

Michael Jackson und Britney Spears – nur zwei Beispiele von unzähligen. Zwei berühmte Namen, die zeigen, dass die Entmachtung des Ichs kein Thema nur der Armen und der Dummen ist. Sie ist längst bei den Leistungsträgern der Gesellschaft angekommen und wird von der Öffentlichkeit, selbst von den Fans, kritiklos akzeptiert.

In der neuen Welt werden die Normalen die Kranken sein; die unter Psychopharmaka Stehenden werden als Gesunde gelten. In der neuen Welt wird man die mündigen Bürger marginalisieren und die kritischen Menschen entmachten.

Haben wir diese »schöne neue Welt«, die Aldous Huxley erst für die Mitte des dritten Jahrtausends prophezeite, bereits jetzt? Ich fürchte, ja. Mein Buch liefert die Beschreibung einer sedierten, stimulierten und bewusstseinsveränderten Gesellschaft, die sich im Zweiten Weltkrieg zu entwickeln begann, die sich in Europa gerade herausbildet und in den USA bereits verwirklicht scheint.

Erfahrungen in einer Rehaklinik

Ich bin Diplom-Psychologin. Nach Abschluss der Forschungsarbeit für meine Promotion habe ich die Universität verlassen und bin in die Praxis zurückgekehrt. Ich arbeite in einer Klinik, die auf kardiologische, orthopädische, diabetische und internistische Erkrankungen spezialisiert ist. Viele meiner Patienten nehmen Psychopharmaka – Stimulanzien, Tranquilizer, Schlafmittel, Neuroleptika und Antidepressiva. Würde man allein von den Medikamenten und ihren Kombinationen schlussfolgern, müsste man davon ausgehen, dass ich es mit psychisch Schwerkranken in einer psychiatrischen Klinik zu tun habe, die wegen Manien und Schizophrenien behandelt werden. Schwere Fälle, die nur noch mit sedierenden Mitteln zu beherrschen sind, tickende Zeitbomben … Aber nein: Meine Patienten sind Leute wie du und ich, Arbeiter und Angestellte, Geschäftsführer und Selbstständige, die über Jahre, manchmal Jahrzehnte funktionieren mussten und funktioniert haben – oft unter der Einnahme der besagten Psychopharmaka –, bis sie eine körperliche Krankheit aus der Bahn geworfen hat und sie schließlich auf eigenen Wunsch in meinem Büro sitzen.

Meine Patienten haben in der Regel keine psychischen Krankheiten, die beispielsweise einen Aufenthalt in einer psychosomatischen

Klinik erforderlich machen würden. Es sind »normale« Patienten, die aber dennoch am Körper und an ihrer Seele leiden. Um diese Menschen, das Gros der Bevölkerung, geht es mir in diesem Buch. Ich will an Beispielen zeigen, wie heute Millionen Menschen unter einem krankmachenden künstlich erzeugten Druck leiden. Ich will zeigen, dass einst normale Menschen aus dem heute vorgegebenen Rahmen der Normalität fallen – und krank werden oder zu Kranken erklärt werden. Meine Patienten erzählen von unklaren Symptomen, von Ängsten und Trauer … von der ganzen Palette der Gewalttaten, die das Leben für den einzelnen Menschen bereithält.

Ich musste in meinem Arbeitsalltag feststellen, wie präsent eine Sedierung und Bewusstseinsveränderung durch Medikamente in unserer Gesellschaft bereits heute ist. Vor zehn Jahren, als ich in der Ukraine auffällige Jugendliche betreut habe, war von Psychopharmaka noch keine Rede, heute gehören die Pillen gerade bei Jugendlichen zur Standardmedikation. Die Menschen, die jeden Tag vor mir sitzen, sind keine Einzelfälle, keine Ausnahmen, sondern typische Beispiele unserer Gesellschaft. Psychopharmaka sind eine Regelmedikation – verordnet schon bei Symptomen wie Schlafproblemen, »innerer Unruhe« oder dem »Fahren im Gedankenkarussell«.

Seitdem ich in besagter Klinik arbeite, wird mir das eigentliche Paradoxon unserer Zeit deutlich, und ich bin verwundert, dass kaum jemand darüber spricht: Auf der einen Seite werden in unserer Gesellschaft Drogen bekämpft – als illegale Substanzen, die die Sinne trüben, die die Menschen nach und nach ruinieren. Auf der anderen Seite werden manchmal dieselben Substanzen von gut ausgebildeten und mit den Wirkungen und Nebenwirkungen vertrauten Ärzten verschrieben – und von den Konsumenten, die am Mittagstisch oder am Kneipenstammtisch womöglich energisch gegen Drogen und gegen Junkies wettern, kritiklos eingenommen. Millionen Schüler schlucken jeden Morgen ihr »Kinder-Kokain«.

Die schöne neue Welt ist schon Wirklichkeit

Als ich meiner Münchner Literaturagentin das Buchprojekt vorstellte, stockte unerwartet unsere Kommunikation. Hatte sie kein Interesse mehr? Oder keine Zeit zu antworten? Erst nach Tagen bemerkte ich: Ihre E-Mails waren in meinem Spam-Ordner gelandet. Bis zu diesem Vorfall hatte ich keinen Ärger mit der Spam-Erkennung gehabt und keine Notwendigkeit gesehen, den Spam-Ordner regelmäßig zu prüfen. Der Grund für die Verschiebung der Mails in den Ordner für unverlangte Werbung war schnell gefunden: In der Betreffzeile stand das verdächtige Wort *Ritalin*. Bei *Ritalin* sieht mein Mailanbieter offenbar genau wie bei *Viagra* oder *Cialis* rot. *Ritalin* gehört offensichtlich zu den Medikamenten, die millionenfach per unverlangter E-Mails beworben werden. Ein Milliardenmarkt.

Auch ein Hinweis darauf, dass die von mir skizzierte »sedierte Gesellschaft« keine Zukunftsvision ist. Die »Generation Ritalin« existiert bereits und wird aggressiv umworben – nicht nur mit Spam-Mails, sondern – wir werden es sehen – mit ausgeklügelten und hochwirksamen Strategien.

Über den Wirkstoff Methylphenidat, bekannt unter *Ritalin* oder anderen Handelsnamen, kann man Wundergeschichten lesen. Es erstaunt deshalb nicht, dass so viele es schlucken wollen, dass so viele es bei grauen Händlern im Ausland bestellen.

So soll *Ritalin*, das in der Drogenszene »Speed« oder auch »Kinder-Kokain« genannt wird, nicht nur Schüler aufmerksamer und konzentrierter machen, es wird sogar behauptet, dass es die Gefahr von Drogensucht und Kriminalität reduziert, indem es Menschen »herunterfährt«, die zu Aufsässigkeit und zum Experimentieren neigen. Es klingt schon toll, dass eine Substanz, die mit dem *Kokain* vergleichbar ist, ja, die die Struktur des natürlich gewonnenen *Kokains* synthetisch nachbildet, gegen Drogensucht abhärten soll. Aber ist diese Annahme auch richtig? Tatsache ist, dass viele *Ritalin*-Konsumenten lethargischer werden und dann weniger geneigt sind, unbekannte Dinge, so auch illegale Drogen, zu probieren. Aber sind uns lethargische Schüler lieber als experimentierfreudige? Außerdem könnte umgekehrt die *Ritalin*-Einnahme womöglich die Hemmschwelle bei Schülern senken, auch andere Drogen zu probieren. Wenn ein Stimulans gut funktioniert, dann werden auch andere nicht verkehrt sein ...[5] Nein, die Annahme, dass ausgerechnet ein Medikament, das eigentlich eine Droge ist, Drogenabhängigkeit vorbeugen soll, scheint nicht stichhaltig.

Die angeblich kriminalitätssenkende Wirkung kann damit begründet werden, dass *Ritalin* zweifellos die Neugier dämpft. Wären da nicht die Nebenwirkungen. Aggressives Verhalten wird bei einem bestimmten Prozentsatz der *Ritalin*-Konsumten als Nebenwirkung ausgelöst – es steht so im Beipackzettel. Darüber hinaus wird vermutet und berichtet, dass sogenannte »Killer Kids« – um sich schießende Jugendliche, die vor allem in den USA eine verstörende Erscheinung geworden sind – ihre Taten unter *Ritalin*, *Prozac* & Co. begehen. Sind die Medikamente vielleicht sogar die Ursache? Machen sie die meisten Schüler weniger kriminell, aber einige zu Monstern? Schöne neue Welt.

Die Kritik, die an der Standarddroge für Schüler vorgebracht wird, bleibt eher leise; es überwiegt in der Öffentlichkeit eine schweigende Zustimmung. *Ritalin* und die anderen Stimulanzien seien eben notwendig ... Ärzte erklären den Eltern betroffener Kinder, dass bei einer Aufmerksamkeitsstörung (ADHS, Aufmerksamkeitsdefizit-/Hyperaktivitätssyndrom) nur die Pillen helfen – eine Ernährungsumstellung, wie von manchen propagiert, oder eine Psychotherapie sei verschwendete Mühe. Wenn bei ADHS die Pillen nicht wirken, so zitiert der Facharzt für Kinder- und Jugendpsychiatrie Götz-Erik Trott den amerikanischen Yale-Professor Thomas Brown, dann helfe nur noch »Fasten und Beten«.[6] *Ritalin* sei eben der »›Goldstandard‹ der Behandlung«.[7] Das ist, mit Verlaub, Unsinn – gerade die Psychotherapie der Kinder, die auch die Eltern mit einbezieht, hat große Erfolge – vor allem *ohne* Mittel wie *Ritalin* & Co.

Aber, wie Gerald Hüther und Helmut Bonney in *Neues vom Zappelphilipp* schreiben, beschäftigt sich die ADHS-Wissenschaft fast ausschließlich mit der Wirksamkeit von Medikamenten und ignoriert die Ursachen der Zappeligkeit und damit auch weitgehend psychotherapeutische und erst recht familientherapeutische Ansätze.[8] Forschungsgelder werden ganz einseitig verteilt – kein Wunder, dass die Erfolge der Psychotherapie nicht wahrgenommen werden.

Dabei ist die Krankheit selbst ein großes Fragezeichen. ADHS scheint mehr eine Symptomsammlung zu sein denn eine wirkliche Krankheit. ADHS ist so unscharf eingegrenzt, dass viele Schüler Gefahr laufen, zu Unrecht für krank erklärt zu werden. Inzwischen bekommt fast jedes hippelige und zappelnde Kind den ADHS-Stempel. Nach den Gründen für das Verhalten – dem sozialen Umfeld oder einem ungünstigen emotionalen Klima in der Familie – wird meist nicht gefragt. ADHS ist eine populäre (und für viele gewinnbringende) Diagnose, die gerne gestellt wird, da die »Therapie« mit *Ritalin* vermeintlich so einfach ist. In den USA sollen inzwischen schon Zwei- und Dreijährige bewusstseinsverändernde Medikamente bekommen – damit sie im Kindergarten konzentriert über ihren Aufgaben sitzen und nicht so wild spielen ...[9]

»Wenn der bisherige Trend anhält, müssten in der westlichen Welt nicht nur zehn, sondern zwanzig, auf der übrigen Welt gar einige 100 Millionen Kinder täglich mit Psychostimulanzien behandelt werden«, schrieben Hüther und Bonney bereits vor über zehn Jahren.[10] Man kann heute feststellen: Der Trend hält unvermindert an, ein Gewinn für die Pharmaindustrie und – ein Verlust für die Kinder.

Die Zahlen: In Großbritannien sind die Ritalin-Verschreibungen seit 2007 um etwa 50 Prozent gestiegen,[11] in Deutschland von 1995 bis 1999 um das 40-fache[12] und steigen bis heute kontinuierlich weiter. »Kein anderes Medikament, das unter das Betäubungsmittelgesetzt fällt, verzeichnet derartige Zuwachsraten.«[13] Auch die absoluten Zahlen sind erschreckend: 55 Millionen Tagesdosen Methylphenidat werden allein in Deutschland jedes Jahr geschluckt (Stand 2012) – und das ist nur die offizielle Statistik (nicht eingerechnet die Kunden, die auf Spam-Mails reagieren und *Ritalin* auf dem grauen Markt kaufen).

Ritalin ist ein Modemedikament, eine legale Modedroge. Inzwischen gibt es mehrere Regalmeter Ratgeberbücher über den »richtigen« Umgang mit ADHS – die Mehrzahl dieser Bücher empfiehlt *Ritalin* oder seine Generika als die Lösung bei einem Aufmerksamkeitsdefizit- und Hyperaktivitätssyndrom.

In einem Blog der amerikanischen Zeitschrift *Nature* wurde ein neidvolles Statement zitiert, dem zufolge die Ärmeren eifersüchtig beobachten, wie die Wohlhabenden sich weiterentwickeln, weil sie sich *Ritalin* leisten können und so die Möglichkeit bekommen, eine neue »smarte« Rasse in der neuen schönen Welt zu werden …[14] Die Einnahme von Psychopharmaka wird zum angestrebten und begehrten Normalfall, das ungetrübte Bewusstsein ein Anachronismus, der nur noch wenig attraktiv ist, ein Zustand, den niemand anstrebt. Da bedarf es dann nur noch eines kleinen gedanklichen Schrittes – und man wird *Ritalin* oder eine andere psychostimulierende und bewusstseinsverändernde Substanz mit dem Trinkwasser abgeben: als ein Elixier, das uns zu smarten Menschen macht. Der polnische Schriftsteller Stanislaw Lem hat es übrigens bereits 1971 im *Futurologischen Kongress* vorhergesagt. Dort besucht seine Hauptfigur ein Hotelhochhaus und trinkt Wasser aus der Leitung. »Das Denken ging mir durchaus nicht so glatt und eindeutig vonstatten, wie ich es hier wiedergebe. Jede kritische Reflexion war gleichsam in Honig eingetaucht, von einem Kinderschleck aus dümmlichem Selbstbejahen umsponnen und gelähmt; jede einzelne troff vom Sirup positiver Gefühle; mein Geist schien im süßesten aller erdenklichen Bruchmoore zu versinken, so, als ersöffe ich in Rosenöl und Zuckerguß.«[15] Lem schrieb 1971 visionär über das in weiter Ferne liegende Jahr 2039 – wir erkennen in seinem Buch heute aber schon große Teile der Jetztzeit. Seit 1971 hat es eine dramatische gesellschaftliche Entwicklung, einen massiven Wandel gegeben – hin zu den Szenarien der Science-Fiction-Autoren. In *Der Futurologische Kongreß* schafft es die Hauptfigur schließlich, trotz psychowirksamen Leitungswassers nüchtern zu werden. Aber das war nur ein kurzzeitiger Erfolg; tatsächlich ist in diesem Roman die Durchdringung der Gesellschaft mit Drogen weit vorangeschritten, man konnte den Stimulanzien und Halluzinogenen kaum noch ausweichen. »So ist die Welt, so sind die Zeiten, Tichy! Omnis est pilula! Das Verzeichnis der offiziellen Mittel ist jetzt das Buch des Lebens, die Enzyklopädie allen Daseins, Alpha und Omega. Kein Umsturz ist in Sicht, denn wir haben ja schon Putschin, Oppositional in Glyzerinzäpfchen sowie Estremister, und Ihr lieber Doktor Hopkins wirbt für Sodomastol und Gomorral, womit man eigenhändig mittels himmlischen Feuers jede ersehnte Menge von Städten verbrennen kann. Auch zum Herrgott kann man sich ernennen lassen. Das kostet 75 Cents.«[16]

Ritalin und *Prozac* sind dagegen harmlos, mag man einwenden. Es sind keine »Sodomastrol« und »Gomorral«. Oder vielleicht doch? Es gibt immerhin Wirkungen, über die von der Industrie, aber auch von verschreibenden Ärzten nicht so sehr und nicht so gerne gesprochen wird – bis hin zum Suizid.[17] Natürlich bleiben Selbstmorde nach kontrollierter Psychopharmaka-Einnahme (oder nach einem plötzlichen Entzug) eine Ausnahme. Nur können bei der massenhaften Verschreibung von Medikamenten wie *Ritalin* auch die Ausnahmen im Dutzend auftreten.

Aber bleiben wir vorerst bei den häufigeren Nebenwirkungen, die uns noch nicht an Sodom und Gomorrha erinnern: Eine typische Wirkung von *Ritalin*, die sich bei Schülern einstellt, ist eine allgemeine Gereiztheit, ein Abnehmen von Ausgeglichenheit und Toleranz. *Ritalin* nehmende Schüler sind meist nicht die beliebtesten Klassenkameraden. Das Medikament bündelt ihre Aufmerksamkeit, hält sie wie unter einer Schutzglocke. Dieser Effekt macht das Aufnehmen des Wissens leicht. Aber gleichzeitig registrieren die Schüler unter der Glocke die Einflüsse von außen kaum – Multitasking und alle kreativen Aufgaben werden erschwert.

Eine angeregte Kommunikation, kritisches Denken, freies künstlerisches Arbeiten, das Entdecken neuer Zusammenhänge – unter dem Einfluss von *Ritalin* ist das kaum möglich. *Ritalin* und ähnliche Medikamente fördern das Lernen nach vorgegebenen Mustern, fördern das zielgerichtete, besinnungslose Pauken. Das Medikament unterstützt eine Form der Gesellschaft, in der die Menschen ohne Kritik und Zweifel arbeiten – wie Arbeitsbienen, wie menschliche Maschinen. Diese Wirkung scheint heute in unserer westlichen Welt – zumindest von vielen Arbeitgebern – gewünscht. Ebenso hört man Berichte, nach denen Elternteilen, die ihren auffälligen und im Unterricht störenden Kindern kein *Ritalin* verabreichen wollten, das Sorgerecht entzogen wurde.[18]

Ein bis zu zweistelliger Prozentsatz der deutschen Studenten nimmt inzwischen vermeintlich leistungssteigernde Mittel, man spricht von Hirndoping.[19] Besonders beliebt ist auch unter den Studenten *Ritalin*. Erfahrungen der Kindheit setzen sich in der Uni und dann womöglich auch im Erwachsenenleben fort. So entstehen lebenslange Konsumentenkarrieren– auch wenn ein Abhängigkeitsrisiko vehement bestritten wird.

Grotesk wird die Lage, wenn man sich vor Augen hält, dass die Wirksamkeit beispielsweise von *Ritalin* bis heute nicht im Detail erforscht ist. Der Stoff wird millionenfach genommen, aber was er im Kopf anrichtet, wissen die Wissenschaftler bis jetzt nicht so genau. Gleicht er einen Dopaminmangel aus, oder bremst er die Dopaminausschüttung, wie früher vermutet wurde? Abenteuerliche, oftmals gegensätzliche Theorien kursieren, die nur eines gemeinsam haben: Sie sind nicht ausreichend belegt. Wissenschaftler geben sich mit der

Tatsache zufrieden, dass *Ritalin* Wirkungen erzielt – so wie jede Droge. Wenn der Schüler mit *Ritalin* ruhiger, der Student konzentrierter und der Erwachsene arbeitsamer wird, dann kann das Mittel so schlecht nicht sein … Über die Spätfolgen, die die regelmäßige Einnahme von Psychopharmaka nach sich ziehen, herrscht Unklarheit – zu jung ist noch die »Generation Psychopharmaka«. Aber vielleicht gehört die Ahnungslosigkeit auch zum System. Vielleicht wären wir alle zu erschrocken, würden wir wissen, was noch kommt.

Tägliches Doping

Als ich von 2006 bis 2009 in Bremen an der Universität meine Forschung fortsetzte, fielen mir die vermeintlichen Sportler auf, die mit Energydrinks über den Campus liefen. Bis ich begriff, dass es keine Sportler waren. Im Gegenteil: Es handelte sich um Naturwissenschaftler und Geisteswissenschaftler wie ich, um junge, gesunde Leute, die vor Prüfungen oder vor anstrengenden Seminaren eine Dosis *Red Bull* benötigten.

Ich dachte, dass es sich wohl um eine kurzlebige Mode handeln müsse, über irgendwelche Internetseiten oder mit geschickten TV-Spots propagiert. Aber da hatte ich mich getäuscht. Im darauf folgenden Jahr gab es noch mehr *Red-Bull*-Trinker. Als ich nachzufragen begann, erfuhr ich, dass nicht nur das harmlose Koffeingetränk getrunken, sondern längst eine breite Palette von Aufputschmitteln eingeworfen wurde. Modafinil und Methylphenidat waren die gängigsten Stoffe, daneben wurden aber auch Betablocker genommen. Ohne Hirndoping, erzählte mir ein Student, würde er an der Uni nicht bestehen.

Dabei gehört die Universität, an der ich tätig war, zu den ruhigsten Orten in der Stadt Bremen. Hohe Mauern noch aus den Tagen der einstigen Luftwaffenkaserne umgeben den Campus. Die Außenwelt dringt hier nicht ungefragt ein. Studenten können ohne jede Ablenkung in einer wunderbaren, modernen Bibliothek studieren, so scheint es zumindest. In der Regel wohnen sie auf dem Gelände, müssen nicht jeden Morgen erst durch den lauten, hektischen Verkehr der Stadt tauchen, um endlich in der Ruhe der Seminargebäude herunterzukommen. Nein, man kann sich keinen besseren Ort für Konzentration und für Geistesarbeit vorstellen als meinen damaligen Campus. Weshalb also die leistungssteigernden Mittel? Vertrauen Studenten nicht mehr auf die Fähigkeiten, die ihnen die Natur gegeben hat?

Kaum anders die Situation bei den Lehrenden. Sie schlucken Aufputschmittel, um im wissenschaftlichen Räderwerk bestehen zu können, um jedes Jahr mehr Aufsätze zu veröffentlichen als der konkurrierende Kollege. Es gilt, die knappen befristeten Stellen zu erobern oder zu verteidigen. Wer nur mit seinen naturgegebenen Mitteln kämpft, der kann, so scheint es heute, gleich einpacken, der hat keine Chance, zumindest keine gegen die unter Drogen stehenden Wissenschaftler-Maschinen, die bis Mitternacht in den Laboren oder über ihren Büchern sitzen.

Natürlich will kaum jemand die vielen so entstandenen Arbeiten lesen, natürlich ist das ein Arbeiten im sinnlosen Hamsterrad – aber es dient doch der Karriere, ist eine Voraussetzung dafür.

Der Siegeszug des aufputschenden und womöglich leistungssteigernden Getränks *Red Bull,* diese harmlose Dopingvariante, die ein Symptom gesellschaftlicher Entwicklung ist, begann im Jahre 1984. Vielleicht entdecken wir hier einen Wendepunkt der Entwicklung. War es in den späten 1960er- und den 1970er-Jahren ein Ideal, sich zu entspannen, zur Ruhe und zum Ausgleich zu finden (*Flower-Power,* Kiffen oder John Lennons und Yoko Onos Amsterdamer »Bed-In« für den Weltfrieden), bildete sich seit den 1980er-Jahren ein gegensätzliches Ziel aus: Jeder Einzelne soll mehr *leisten.* Je anstrengender und je angestrengter seine Lebensführung, desto besser kommt es an. *Red*

Bull ist nicht nur ein beliebtes Getränk, es ist ein deutliches Zeichen für die Ausrichtung unserer Gesellschaft. 5,2 Milliarden Dosen werden weltweit jedes Jahr getrunken – bei kontinuierlich steigender Tendenz.[20] Dabei sind die Nachahmerprodukte von *Red Bull*, die mehr als drei Viertel des Marktes erobert haben, nicht berücksichtigt. Insgesamt etwa 20 Milliarden Mal greifen Menschen zu »Energie-Drinks«, um sich wacher zu fühlen, um leistungsfähiger zu sein – um in unserer Gesellschaft zu bestehen. Und doch sind die geschätzten 20 Milliarden Dosen – jeder Mensch der Welt hat nach dieser Rechnung im vergangenen Jahr drei Energydrinks getrunken – nur die sichtbare Spitze eines Eisberges von leistungssteigernden und wach machenden Mitteln aller Art, die jeden Tag, jede Stunde, jede Sekunde in den Universitäten, Betrieben und privaten Wohnungen eingenommen werden.

Wir haben den Wandel in den vergangenen drei, vier Jahrzehnten kaum bemerkt, er vollzog sich schleichend, von Wirtschaftskrisen wie der Ölkrise 1973 und allen nachfolgenden Beängstigungen der Menschen angeheizt: In unserer Gesellschaft wird der Wert eines Menschen inzwischen nur noch nach seiner Leistungsfähigkeit bemessen. Wer nicht »schafft«, der wird sofort als Verweigerer oder gar als Schmarotzer verurteilt. Alte Menschen, die in Rente gehen, bekommen ob ihrer plötzlichen Untätigkeit ein schlechtes Gewissen. Junge Menschen erlauben sich keine Auszeiten mehr, keine Orientierung über ihre Zukunft, keine Weltreisen nach dem Abitur – sie beginnen nach einer durchgeplanten Kindheit und durchgeplanten Jugend sofort mit dem verschulten Bachelor-Studium oder einer Ausbildung.

Die meisten Menschen bemerken anfänglich nicht, dass ihnen in dieser Gesellschaft etwas fehlt, dass Arbeit nicht der einzige Inhalt des Lebens ist. Irgendwann kommen die Fragen nach dem Sinn – oftmals begleitet von körperlichen oder psychischen Erkrankungen.

Weshalb muss ich immer mehr leisten? Weshalb kann ich mich nicht ohne schlechtes Gewissen den schönen Dingen hingeben?

Weshalb kann ich nachts nicht mehr schlafen? Weshalb habe ich Angst vor meiner Arbeit? In meiner Praxis habe ich schon 25-jährige Patienten erlebt, die diese Fragen nicht mehr beantworten konnten, die unter dem Druck der Leistungsgesellschaft zusammengebrochen sind. 25-jährige, die Antidepressiva nehmen, denen es aber trotzdem dreckig geht.

Mir geht es in diesem Buch nicht allein um die Medikamentenvergabe an Kinder, nicht nur um das Phänomen des Medikaments *Ritalin*. Ich betrachte genauso die Verschreibungen von Antidepressiva und anderen bewusstseinsverändernden Medikamenten, die unseren Geist und unser Handeln beeinflussen. In meinem Buch geht es um das Wegdriften der Gesellschaft in eine unheilvolle Richtung – hin zur »Optimierung« der Arbeitswelt mithilfe von Drogen, hin zu einer schleichenden, aber längst grassierenden Entmündigung der Bürger. Einer Entmündigung mit Einverständnis. Hin zu einer freiwilligen Selbstaufgabe, deren Konsequenzen dramatisch sein können. Bürger, die nicht mehr Herr ihrer selbst sind, können nach Belieben manipuliert werden. Wir sind auf dem Weg in diese Richtung, vielleicht stecken wir schon tief im Schlamm. Die sedierte Gesellschaft ist auch eine gesteuerte, eine abhängige und eine unfreie Gesellschaft.

Dennoch will ich auch Hoffnung verbreiten: Solange Psychopharmaka nicht über das Trinkwasser abgegeben werden, solange die Menschen nicht mit »Glückspillen« zwangsbehandelt werden, kann sich jeder der Beeinflussung des Verstandes und der Gefühlswelt widersetzen. Noch kann jeder, der nicht komplett sediert ist, seinen Verstand benutzen.

Kapitel 1

Die sedierte Gesellschaft

Warum Psychopharmaka
nur eine Scheinlösung sind

Was ist eigentlich normal? Sind Sie, geschätzte Leserin, oder Sie, geschätzter Leser, normal? Erfüllen wir die DIN-Norm für den »richtigen« Menschen? Gibt es sie überhaupt, die normale Frau und den normalen Mann, die Familie Mustermann? Fragen, die mich in diesem Buch begleiten werden. Denn über die Setzung von Normalität definieren wir auch die Pathologie, also das, was eine Krankheit ist. Wer nicht normal ist, der ist a-normal, der wird schnell als unkorrekt und womöglich als psychisch krank bezeichnet. Wir kennen in der deutschen Sprache keine Grauzone. Es gibt kein halb oder fast normal, sondern nur den harten Gegensatz zwischen »normal« und »anormal« oder »abnorm«. Man muss sich offenbar entscheiden, zu welcher Gruppe man gehören will …

Stellen wir uns vor, wir hätten vor hundert Jahren gelebt – mit unseren »normalen« Verhaltensweisen. Stellen wir uns vor, ich wäre mit meiner heutigen Bekleidung, einem kurzen Sommerkleid, durch eine deutsche Stadt gegangen, die Haare offen … Wäre es normal gewesen? Was hätten die Leute gedacht? Wenn ich beim Bäcker »Hallo« zur Begrüßung sagen würde und »Einen schönen Tag noch« zum Abschied ... Wenn ich einem Mann, der nach mir in den Laden kommt, die Tür aufhalte ...

Unsere Normalität unterscheidet sich von der Normalität vor 100, vor 200 oder vor 300 Jahren. Ich bin nur – hoffentlich – im Hier und Jetzt normal, in anderen Zeiten und womöglich auch in anderen, vielleicht arabischen Kulturen wäre ich pathologisch anormal, vielleicht wäre mein Verhalten sogar gesetzeswidrig; man würde mich vielleicht sogar behandeln oder einsperren wollen. Mit anderen Worten: Normalität ist nichts Absolutes, sie wird von jeder Gesellschaft definiert – nicht mehr, aber auch nicht weniger.

Psychopharmaka werden heute verschrieben und genommen, wenn eine Normabweichung vorliegt, eine Normabweichung angenommen oder auch nur eingebildet wird. Mit Psychopharmaka wird versucht, die Menschen wieder in die Norm zu bringen, positiv formuliert, ihnen ein »normales« Leben zu ermöglichen. Gleichzeitig werden Psychopharmaka benutzt, um eine vermeintliche Norm besser erfüllen zu können. Diejenigen, die Hirndoping betreiben, wollen die Normen beispielsweise des wissenschaftlichen Betriebes übererfüllen. Eine negative Normabweichung wäre im Verständnis von Studenten oder Wissenschaftlern das Faulenzen und das Sich-treiben-Lassen.

Wenn man, wie ich in diesem Buch, den Sinn einer Medikation mit Psychopharmaka hinterfragt, stellt man schnell auch die Definition der Normalität und den Anpassungsdruck hin zu dieser Normalität infrage. Was wäre, wenn die Norm, so wie sie uns vorgegeben wird, pathologischer ist als die Abweichung von ihr? Was wäre, wenn gerade der allgegenwärtige Leistungsdruck pathologischer und gesundheitsschädlicher ist als eine Selbstverwirklichung nach eigener Art?

Die Idee, die Welt in normal und anormal aufzuteilen, folgt keinem Naturgesetz, sie ist künstlich und strategisch: Die Aufteilung in Schwarz oder Weiß, leistungsfähig oder faul, gut oder schlecht erzeugt einen Anpassungsdruck an eine gewünschte Normalität. Und wer will die moderne Normalität, die die Leistung in den Vordergrund stellt? Die Industrie, die Arbeitgeber, vermutlich auch der Staat, der Wirtschaftswachstum und damit fleißige Bürger erwartet. Wer profitiert von diesem Druck? Wir alle!, wollen die getriebenen Menschen glauben. Aber profitieren sie wirklich?

Mit der Anpassung an die gesetzte Normalität beginnen die Menschen, sich von ihrem Ich, von ihren authentischen Gefühlen und ureigenen Interessen, zu entfernen. Sie bekommen zwar manche Leistungen, wie ein Gehalt, und soziale Anerkennung. Aber sie erkaufen die Anpassung allzu häufig teuer durch körperliches und seelisches Leiden.

Fälle aus meiner Praxis

Um zu illustrieren und zu belegen, welchen Raum die Psychopharmaka in unserer Gesellschaft bereits einnehmen, werde ich in diesem Buch von Fällen aus meiner Praxis berichten – Leidensgeschichten quer durch alle Schichten. Natürlich habe ich alle Patientennamen geändert (die geänderten Namen sind mit einem * markiert) und persönliche Gegebenheiten so verfremdet, dass ein Wiedererkennen von konkreten Personen nicht möglich ist. Diese Änderungen schwächen jedoch nie das Typische des Beispiels, denn tatsächlich sind viele Einzelschicksale erschreckend ähnlich – Geschichten von Arbeitsüberlastung und Mobbing kann ich ohne Ende aufzählen …

Zweierbeziehung zu dritt

Martina*, 47, ist verzweifelt. Ihre Tochter Julia*, 22, hat ihr Studium abgebrochen und weiß nicht, wie sie ihre Zukunft gestalten soll. Sie ist so ein unsteter Mensch, behauptet Martina. »Ich muss jetzt alles bezahlen, alles bleibt an mir hängen«, sagt sie unter Tränen. Offenbar ist sie mit der Situation nach der Trennung von ihrem Mann überfordert. Aber gleichzeitig hat sie Angst, Julia gegenüber Schwäche zu zeigen. In der Gegenwart der Tochter, berichtet Martina, unterdrückt sie die Tränen, schweigt lieber, als dass sie ihre Gefühle frei herauslässt und sich ausspricht. Nachts kann Martina nicht mehr ohne Schlaftabletten schlafen.

In der Pubertät war Julia schwer zu ertragen, rebellierte gegen die Mutter und war auch in der Schule auffällig. Der Schulpsychologe, auf Empfehlung der Klassenlehrerin konsultiert, hat dann eine Behandlung mit *Ritalin* empfohlen. *Ritalin* habe schließlich dazu geführt, dass Julia wieder ruhiger wurde und die schulischen Leistungen sich besserten, behauptet die Mutter. »Meine Tochter konnte plötzlich stundenlang in ihrem Zimmer sitzen und sich mit ihren Hausaufgaben beschäftigen, auch dann noch, wenn ihre Freundinnen schon in die Stadt gingen, um sich zu vergnügen.«

Nach der Schule sollte Martinas Tochter ihren Weg ins Leben finden. Aber die Erwartungen der Mutter hat Julia nicht erfüllt. Trotz des angehäuften Wissens weiß sie nicht, was sie will, was ihre eigenen Ziele sind.

Zur Zeit scheint die Beziehung der beiden gestört. Sie reden wenig miteinander, streiten häufig, erheben gegenseitig Vorwürfe. Dennoch will Martina glauben, dass sie alles richtig gemacht hat und alles richtig macht.

Sie besteht darauf, dass Julia weiterhin die Tabletten nimmt; sie hofft, dass die Tabletten ihrem Kind helfen, sein Leben in den Griff zu bekommen (im Gespräch mit Martina wurde deutlich, dass Mutter und Tochter eine ganz unterschiedliche Vorstellung davon haben, was es heißt, das Leben »in den Griff« zu bekommen). Gleichzeitig sind die Tabletten für Martina ein Kontrollinstrument – sie wirken kontrollierend auf ihre *eigenen* Gefühle. Die *Ritalin*-Tabletten, die ihre Tochter einnimmt, helfen gegen Martinas Hilflosigkeit, sie verringern ihre Schuldgefühle.

Für Martina ist die Tablette darüber hinaus das Symbol der mütterlichen Leistung. Da sie damals, als Julia so unruhig schien, mit ihr beim Schulpsychologen war, der ihr *Ritalin* verschrieb, da sie seit damals dafür gesorgt hat, dass ihre Tochter die Tabletten regelmäßig nimmt, glaubt sie nun, eine gute Mutter zu sein. *Ritalin* ist zu einem Beweis ihrer Fürsorge geworden, zu einem Ersatz für Zuneigung und Verständnis. Mit *Ritalin* kann sie die Verantwortung der Erziehung, die sie seit der Trennung von ihrem Mann alleine tragen muss, zumindest zur Hälfte auf die Tablette übertragen. Die Tablette, die die Tochter nimmt, hilft der Mutter, sich stark zu fühlen, ihre Ängste zu überwinden.

Tatsächlich führen Mutter und Tochter längst eine Dreierbeziehung. Die Tablette ist der dritte Handelnde im Verhältnis der beiden. Auf die Tablette können beide die Verantwortung schieben. Wenn Julias Leben nicht Martinas Erwartungen entspricht, dann muss sie sich nicht schuldig fühlen, dann hat die Tablette nicht gewirkt, dann war womöglich die Dosierung zu schwach. Martina muss ihre Einstellungen oder ihre Anforderungen an die Tochter nicht korrigieren, nicht überdenken. Die Tablette ist die einfache, die scheinbar richtige Lösung. Sie ist für Martina viel näher und realistischer als die Option, sich mit Unterstützung einer Psychologin oder einem Psychologen mit den eigenen Problemen zu konfrontieren und herauszufinden, wo die Ursachen ihrer subjektiven Überforderung und ihrer Angst, als Mutter zu versagen, liegen.

Mit den Jahren ist *Ritalin* ein unverzichtbarer Bestandteil des Lebens von Mutter und Tochter geworden. Sie reden kaum miteinander, sondern kommunizieren wortlos über die Tablette. Die Tablette hat beide in ein Netz der Abhängigkeit und Verantwortungsdelegation gespannt, aus dem es scheinbar kein Entkommen mehr gibt.

Ohne die Tablette, die ihre Tochter nimmt, denkt Martina, wäre sie macht- und hilflos. Ohne die Tablette würde die Tochter ihr vielleicht vorwerfen, als Mutter versagt zu haben. Ohne *Ritalin* könnte die Tochter ihrem Leben eine Richtung geben, die Martina nicht behagt; in ihrer Angstvorstellung könnte sie auf eine schiefe Bahn kommen.

Die Tochter hat das Denken der Mutter verinnerlicht: Sie glaubt an die bedrohliche Außen- und die gute *Ritalin*-Welt – sie nimmt jeden Tag freiwillig die kleinen Helfer.

Was Martina nicht wahrnehmen will: Ihre Tochter ist wie fast alle Menschen in der Lage, ihr Leben zu leben. Trotz der Ängste und der Kontrollwünsche der Mutter. Was die Tochter nicht wahrnehmen will: Ohne Tabletten könnte sie sich von der Mutter lösen, könnte sie die Fähigkeit entwickeln, ihr Leben eigenverantwortlich zu führen.

Das Beispiel von Martina und Julia zeigt, dass gerade die Menschen, die nicht mehr miteinander reden können, die es verlernt haben, dem Gegenüber (und sei es Tochter oder Mutter) ihre Gefühle mitzuteilen, die es vermeiden, sich mit ihren Problemen zu konfrontieren – ganz selbstverständlich eine Medikation begrüßen.

Ein Medikament macht das Leben aber nur scheinbar leichter. Denn tatsächlich haben Martina und Julia nichts gewonnen. Wenn Martina ihrer Tochter eine Frage stellt, bekommt sie häufig die Antwort »Lass mich in Ruhe«, begleitet vom Knallen der Zimmertür. Nicht einmal die Kommunikation hat *Ritalin* erleichtert.

Menschen als Nummer

Immer wieder erlebe ich in meiner Praxis Patienten, die sich an ihrem Arbeitsplatz überfordert fühlen. Sie erzählen, dass ihnen im Unternehmen kaum Wertschätzung als Fachkraft entgegengebracht wird. Sie fühlen sich austauschbar – wie Rädchen in einem Getriebe. »Ich bin nur eine Nummer«, gehört zu den häufig geäußerten Sätzen.

Früher, behaupten sie, war noch alles anders. Viele der Patienten, die zu mir zu Einzelgesprächen kommen, hatten einst mit großem

Enthusiasmus und Ehrgeiz ihren Job begonnen. Sie hatten sich mit dem Betrieb identifiziert, sie hatten sich bemüht, ihre Arbeit so gut wie irgend möglich zu erledigen. Früher hatte man sie für ihren Einsatz gelobt und belohnt; die Arbeiter und Angestellten waren zufrieden, sie hatten das Gefühl, gebraucht und geschätzt zu werden. Sie bekamen so sogar die Möglichkeit, durch ihre Tätigkeit glücklich zu werden.

Zufriedenheit oder Glück sind heute für viele Arbeitnehmer Zustände, die sie nur noch aus der Erinnerung kennen. Damals, in der guten alten Zeit, waren die Unternehmen anders organisiert, folgten anderen Idealen. Damals gab es noch Unternehmer, die sich für ihre Mitarbeiter verantwortlich fühlten, denen das Wohlergehen ihrer Mitarbeiter genauso wichtig war wie der Erfolg der hergestellten Produkte oder der angebotenen Dienste.

Die Unternehmer waren manchmal Vaterfiguren, klassische Patriarchen, die über ihre Angestellten wachten wie über eine Schar Kinder. Heute wird dieses traditionelle Modell, das freilich manchmal auch entgleiste (wir wissen aus der Literatur, dass mancher Patriarch sich als Despot erwies, der die Angestellten wie Sklaven behandelte …), belächelt. Es passt nicht mehr in unsere Zeit. Heute werden Firmen nicht von Persönlichkeiten oder Autokraten regiert, sondern von emotionslos handelnden Technokraten. Heute wird nicht aus dem Bauch heraus entschieden, heute wird auf der Basis von Zahlen Geschäftspolitik betrieben – und erbarmungslos »optimiert« und umstrukturiert.

Bei dieser Effizienzsteigerung mit allen Mitteln gerät der Mensch ins Abseits. Arbeiter und Angestellte werden nicht mehr als Individuen gesehen – sie sind reine Kostenfaktoren. Moderne Manager organisieren ein Unternehmen so, dass es bestmögliche Rendite abwirft, lieber 20 als zehn Prozent. Der Angestellte muss in diesem Spiel so eingesetzt werden, dass er möglichst viel arbeitet und wenig kostet. Wenn die Tarifverträge schon keine Lohnkürzungen zulassen,

dann lässt sich Rendite durch Produktivitätssteigerung verbessern …
Und schon wird der Mensch – der in seiner Jahrtausende während en
Evolution nicht schneller geworden ist, dem man keinen Turboan-
trieb verpassen, der keinen Super-Plus-Kraftstoff trinken kann (und
stattdessen *Red Bull* wählt) – zu immer höheren Leistungen gedrängt.

Die Beschäftigten machen es mit. Die Angst, den Arbeitsplatz zu
verlieren, oder der blinde Glaube, dass die Unternehmensführung
schon richtig und weise handelt, führen dazu, dass die menschlichen
Maschinen mit zwei Händen und zehn Fingern immer schneller rat-
tern.

Ihren Kopf jedoch sollten sie ausschalten. Zumindest wenn es darum geht, kritisch zu hinterfragen, weshalb sie das alles tun. Gedanken wie folgende sind nicht gewünscht: Weshalb wird der Druck immer größer – trotz Computertechnik? Für wen muss ich immer mehr
arbeiten? Für wen bekomme ich Schweißausbrüche? Für wen kann
ich nachts nicht schlafen?

Die möglichen Antworten können nicht beruhigen. Mehr arbeiten
etwa für den Chef, den ich nie zu Gesicht bekomme? Etwa für die
anonymen Aktionäre, die nichts tun, die nur ihr Kapital arbeiten lassen? Etwa für den Abteilungsleiter, der die Vorgaben der Leitung
gnadenlos durchdrückt, der nur an seine eigene Position denkt, an
seinen Ruf, ein guter »Optimierer« zu sein?

Wenn sich die Abhängigen, die Optimierten und Gedrückten ihre
Situation vor Augen halten würden, müssten sie kündigen. Aber was
dann? Psychopharmaka helfen den Menschen, Maschinen zu werden, damit sie ihre tatsächliche Lage nicht mehr erkennen, vor allem
nicht mehr *fühlen* müssen.

Ein gescheiterter Enthusiast

Einer meiner Patienten, Thomas*, 57, arbeitet als Ingenieur bei einem Unternehmen in der Schifffahrtsbranche. Er hatte an seinem Schreibtisch einen Herzinfarkt bekommen, wurde gerettet und verbrachte anschließend Wochen in der Reha-Einrichtung, in der ich arbeite. Sein Hausarzt hatte ihm Beruhigungsmittel und ein Schlafmittel verschrieben. Er hatte die Medikamente jedoch eigenmächtig abgesetzt.

Thomas erzählt von seinem anfänglichen Enthusiasmus, von seinem Stolz, an der Entwicklung von Schiffen mitwirken zu können. Doch dann wechselte das Management, und eine Reihe von Umorganisationen starteten. Jedes Mal wurden seinen Aufgaben neu definiert, jedes Mal wuchs die Menge der Arbeit, die er zu verrichten hatte. Worte der Anerkennung oder des Dankes blieben aus; das Management, das seine Stelle neu strukturierte, das seine Arbeit immer wieder auf den Kopf stellte, blieb anonym. Es war nicht die Belastung, die Thomas schließlich krank machte, es war die Hilflosigkeit gegenüber jungen Betriebswirtschaftsabsolventen, die ohne Gesicht und ohne jede Empathie über die Organisation seines Tages entschieden, die seine langjährige Erfahrung, sein tatsächlich »besseres Wissen« in seinem Fach nicht berücksichtigten, die nicht einmal danach fragten.

Er erzählt, dass vier seiner Kollegen, die mit ihm begonnen hatten, im vergangenen Jahr gekündigt wurden. »Die Verwaltung weiß alles über die Familien, über nicht bezahlte Kredite, über die Ausbildung der Kinder, über die Erfolge und Misserfolge in der Firma … Sie benutzen ihr Wissen und spielen uns gegeneinander aus. Ich kann der Nächste sein, ich werde bestimmt der Nächste sein … Allein der Gedanke lässt mich nachts nicht schlafen, ich schwitze wie ein Schwein, mein Herz rast. Ich weiß genau, dass auf dem Arbeitsmarkt niemand auf mich wartet, niemand. Jetzt kommen sie mit irgendeiner neuen

31

Masche. Noch mehr Arbeit, noch mehr Schikane. Die Jüngeren, die Schnelleren, die Gesünderen, die noch viel Ehrgeiz und Kraft haben, warten auf meinen Platz und werden ihn bekommen, sie sind ja billiger als ich, als ich alter, alter Mann.«

Im Gespräch spüre ich seine Angst, die er empfindet, wenn er an die Rückkehr an seinen Arbeitsplatz denkt. »Der Schreibtisch, der wird mein Ende sein. Ich kann es nicht anders sagen … Wenn ich zurückkomme, werde ich sterben.«

Systemkonform verzweifelt

»Ich weiß, dass ich zu alt für diese Welt bin. Muss noch bis 65 durchhalten, aber wie, wie?« Die 55-jährige Margarethe* erzählt von ihrer Arbeit bei einem großen Konzern. Margarethe sitzt dort in einem großen Raum zusammen mit 16 Kollegen. Vor ihr stehen zwei Computermonitore nebeneinander, Hörer und Mikrofon sind um ihren Kopf geschnallt. Kunden rufen an, beschweren sich oder verlangen Auskunft zu Verträgen. Ein großer Teil ihrer Kollegen ist jung und nur halbtags beschäftigt. Die Mädchen, so nennt Margarethe sie, fahren am Mittag ihre Rechner runter und gehen nach Hause oder bummeln durch die Stadt. Margarethe aber, die auf das Einkommen der Vollzeitstelle angewiesen ist, arbeitet zusammen mit zwei älteren Kollegen weiter. Jeden Nachmittag tauchen Probleme auf, die die jüngeren Kolleginnen verursacht oder nicht zu einem guten Ende gebracht haben. Bei Kunden sind Fragen offen geblieben – sie rufen wieder an. Andere Kunden berufen sich auf Gespräche vom Vormittag oder fühlen sich falsch informiert, wollen sich beschweren. Dabei muss Margarethe immer nett bleiben.

»Meine Mitarbeiterinnen, die jungen, haben keine Verantwortung gelernt. Denken nur an sich«, behauptet Margarethe, »aber ich kann das nicht, ich wurde anders erzogen, ich kann doch nicht so egoistisch sein«. Sie übernimmt natürlich alle liegen gebliebenen Anrufe, alle Aufgaben, die eigentlich die »Mädchen« hätten erledigen sollen. Der Arbeitgeber, wie alle auf »Optimierung« konzentriert, hat die auflaufende zusätzliche Belastung seiner älteren Vollzeitangestellten nicht eingerechnet. Er erwartet, dass in der normalen Arbeitszeit alle Anrufe entgegengenommen, alle Fragen beantwortet und alle Probleme gelöst werden. Überstunden sind strikt untersagt.

Margarethe steht, vor allem bedingt durch die ungewollte Mehrarbeit, jeden Nachmittag unter erheblichem Druck. Sie schafft es kaum, die Anliegen der Kunden abzuarbeiten, und weiß gleichzeitig, dass es keinen Sinn macht, die Arbeit auf den nächsten Tag zu schieben. Denn auch am nächsten Tag wird sie keine Ruhe haben – im Gegenteil, dann kommen die erbosten Anrufe der Kunden hinzu, die denken, dass sie vertröstet und hingehalten werden …

Das ist kein Leben. Dabei war »Bankkauffrau« einst ein stolzer Job. Eine Bankkauffrau trägt Verantwortung, kommuniziert mit Menschen, repräsentiert ein global agierendes Unternehmen. Von dem Stolz ist nicht viel geblieben. Die Manager des Konzerns, die Margarethe nur auf Bildern gesehen hat, haben die Firma zugerichtet und ausgerichtet – auf einen effizient-kalten Betrieb.

Um es kurz zu machen: Meine Patientin nimmt inzwischen *Seroxat*, ein Antidepressivum, um die täglichen Anforderungen zu bewältigen. Jeden Tag eine Dosis Pillen. »Ich muss sie nehmen«, behauptet sie, »sonst fühle ich mich nicht in der Lage, alles zu bewältigen. Eine meiner Kolleginnen haben sie bereits rausgemobbt, nur weil sie alt und teuer war. Ist für mich eine Warnung.« Den Job scheint sie nun besser zu managen. Sie redet sich ein, dass sie sich weniger über die Arbeitsbelastung und weniger über die lockere Einstellung der jungen Kolleginnen ärgert. Tatsächlich zuckt sie nicht mehr zusammen, wenn der Chef seinen täglichen Spruch »Wir sind doch nicht auf einem Spielplatz – los, an die Arbeit« ablässt. Doch gleichzeitig fühlt sie eine unbestimmte Leere. »Kann ich bis zur Rente durchhalten?« ist die Frage, die ihr ständig durch den Kopf geht. Ihren Job kann sie nicht kündigen, sagt sie, die Eigentumswohnung ist noch nicht abbezahlt. Irgendwann begleiten Rückenschmerzen die Arbeitstage, Schmerzen, die nicht mehr weggehen und bald unerträglich werden. Auch gegen diese Schmerzen bekommt Margarethe Medikamente verschrieben.

Es wird immer schwerer, den Erwartungen ihres Chefs gerecht zu werden. Sie kann sich immer weniger auf die Arbeit konzentrieren. Die Kolleginnen beginnen hinter ihrem Rücken über sie zu tuscheln. Schließlich wird sie arbeitsunfähig geschrieben und kommt zur Kur in meine Klinik. Inzwischen abhängig von einem Medikamentenmix, sitzt sie in meinem Büro und weint.

Die tückische Eigenschaft der Psychopharmaka ist, dass sie nur eine scheinbare Lösung bieten, nur eine Erleichterung der Gegenwart. Doch die übertünchten Probleme kommen irgendwann wieder zum Vorschein; und dann, nach Jahren, ist meist nichts besser und nichts einfacher geworden. Dann bekommen die Patienten die nächsten ruhigstellenden und benebelnden Medikamente – damit sie nur ja nicht aufwachen und bemerken, wie ihre Situation tatsächlich ist.

Der Handlanger

Georg*, 56, arbeitet als leitender Angestellter bei einem Lebensmittelproduzenten, der vor zwei Jahren von einem französischen Konzern übernommen wurde. Er arbeitet seit fast drei Jahrzehnten mit seinen Kollegen zusammen, mit vielen verbinden ihn gewachsene Freundschaften. Seit die Franzosen das Ruder in der Hand halten, haben sie Georg die Aufgabe zugeteilt, bei der deutschen Tochter Personal einzusparen. Er soll die Angestellten auswählen, denen gekündigt werden kann. Einen ersichtlichen Grund für Kündigungen gibt es nicht, das Unternehmen hat gut zu tun, auch die Auftragsbücher sind voll. Doch die Franzosen wollen sparen, damit die Rendite steigt – eine festgelegte Zahl von Mitarbeitern muss das Haus verlassen.

Georg wollte auch diese ihm unangenehme Aufgabe gewissenhaft ausführen – so wie er alle Aufgaben stets gewissenhaft ausgeführt hat. Doch die Blicke seiner Kollegen und Freunde, denen er die Kündigung ausgesprochen hat, verfolgen ihn bis in den Schlaf. Die meisten haben Familien, stehen jetzt trotz Abfindungen vor einer ungewissen Zukunft, vermutlich vor einer Existenz in Arbeitslosigkeit. Schuldgefühle belasten Georg. Er kann dem Gedanken, seine Kollegen verraten zu haben, nicht ausweichen. Er macht sich Vorwürfe. Sein altes Wertsystem, das er in der Jugend gelernt hat, steht im Widerspruch zu den modernen Ansprüchen. Statt Respekt und Solidarität zählen nur schwarze Zahlen. Georg ist zu alt, um sich in diesem System neu zu sozialisieren, er wird dessen Kälte nie verstehen.

Sein Hausarzt hat ihm ein Antidepressivum verschrieben, damit er ohne Angst agieren kann. Die Option, einen Psychologen zu besuchen, wurde nicht angesprochen, die Ursache seines Leidens, seiner Schuldgefühle herauszufinden, wurde nicht versucht. Die »Therapie« des Arztes versagte. Das Antidepressivum bekam Georg schlecht – er setzte es ab. Nebenwirkungen brauche ich nicht, dachte er, ich muss auch ohne Glückspillen leben können. Aber noch war er nicht auf dem Weg der Besserung, noch litt er körperlich unter den von ihm ausgesprochenen Entlassungen, die ihn bis in den Traum begleiteten. Eines Tages wurde er mit Herzinfarkt in die Klinik eingeliefert – und sitzt, nachdem er einen Bypass bekommen hat, in meinem Büro.

Ich frage ihn, wie er sich seine Zukunft, die Lösung seiner Probleme vorstelle. »Ich werde wohl kündigen. Eine andere Chance sehe ich nicht mehr. Mein Leben ist mir doch wichtiger als das große Gehalt und das schnelle Auto. Wissen Sie, früher war es entscheidend, einen 7er BMW zu fahren, aber was ist das schon für ein Wert …« Georg hat die Prioritäten in seinem Leben nach dem Infarkt umdefiniert, hat sie umdefinieren können. Während seiner langjährigen Tätigkeit hat er genug Geld zurückgelegt, um sich jetzt eine andere Existenz leisten zu können. Für ihn ist die Hürde auf dem Weg in ein neues Leben überwindbar.

Optimiert und ausgebeutet

Besonders häufig sitzen Pflegekräfte aus Krankenhäusern oder Altenheimen in meinem Büro. Wenn sie zu mir kommen, sind sie nicht nur ausgebrannt, sondern sie haben im Laufe jahrelanger harter Arbeit auch körperlich abgewirtschaftet. Neben vielfältigen psychischen Problemen wie Schlafstörungen gehören Rückenbeschwerden und Bandscheibenvorfälle zu den am häufigsten gestellten Diagnosen.

Gerade die Mitglieder der pflegenden Berufe starten mit hohen Ansprüchen an sich selbst ihre berufliche Karriere. Sie wollen den Menschen helfen und damit die Welt ein wenig besser machen. Tatsächlich bekommen die Angestellten Dienstanweisungen, in denen für jeden Handgriff genaue Zeitvorgaben gemacht werden. Für menschliche Regungen außerhalb der optimierten Maschinerie bleibt keine Zeit.

Cornelia*, 53, arbeitet in einem Altenheim. Obwohl sie Asthmatikerin ist, schafft sie es nicht, mit dem Rauchen aufzuhören. Dank der Zigarette, so erzählt sie mir, erlaubt sie sich immerhin mehrere Drei-Minuten-Pausen am Tag. Von den Idealen, mit denen Cornelia die Arbeit einst begann, von ihren Hoffnungen und Visionen ist nicht viel geblieben. Aber es kam noch schlimmer: Cornelia, eine engagierte Pflegekraft, wurde durch chronische Überarbeitung selbst krank – zwei Jahrzehnte vor ihrem Renteneintrittsalter. Nun lernt sie das Gesundheitssystem von der anderen Seite kennen: Sie sitzt in meinem Büro und hofft auf Hilfe.

In ihrer Krankenakte steht »somatoforme Schmerzstörung« und »psychovegetative Erschöpfung« – wozu man gerne auch »Burn-out-Syndrom« sagt. Ein Arzt in ihrer Heimatstadt hat ihr ein Antidepressivum verschrieben, das sie regelmäßig nimmt, das aber nicht wirklich hilft. In einer vierwöchigen Kur soll nun alles besser werden. Doch sie kann sich nicht auf die freien Tage einlassen, kann keine Erholung finden. Sie denkt ständig an die Arbeit, wo jetzt die Kollegen ihre Aufgaben übernehmen müssen. Kollegen, die in diesem Moment über sie schimpfen und lästern ... Sie ist ausgebrannt. Wenn sie an den Arbeitsplatz zurückkommt, wird alles noch schlimmer sein. Mit leerem Gesichtsausdruck erzählt sie mir: »Heute war ich im Schwimmbad, ganz alleine. Es war so leise und ruhig, ich habe mich im Wasser treiben lassen, an die Decke geguckt ... Lieber Gott, wenn ich jetzt sterben könnte, dann wäre es mir recht. Wozu muss ich noch mein Leben leben? Wozu? Habe immer nur für die anderen gelebt, für die anderen geleistet. Es hat sich nicht gelohnt.«

Die Rache des Körpers

Ich sehe ihr an, dass sie einst ein fröhlicher Mensch war. Das Lachen hat ihre Züge geprägt, freundliche Fältchen umspielen die Augen. Doch wenn sie heute lacht, dann verdeckt sie damit nur ihre Traurigkeit. Helga*, eine 48-jährige Württembergerin, erzählt mir, dass sie mit ihren Kolleginnen im Kindergarten nicht mehr klarkommt. »Wenn ich mal früher gehen muss«, sagt Helga »wegen einem Arztbesuch oder so, glauben Sie, meine Kollegen würden für mich einspringen? Alles bleibt immer an mir hängen. Aber ich darf bei jeder Gelegenheit meinen Kolleginnen aushelfen. Auf mich können sie sich immer verlassen. Ich habe riesige Angst, Nein zu sagen. Immer, wenn ich mich mal behaupten will, finde ich keine Worte, bin ich verunsichert. Ich lass es dann bleiben ...«

Sie erzählt mir, dass ihr Blutdruck steigt, sobald sie sich über ihre Kolleginnen aufregt und über ihre Schüchternheit ärgert, dass sie sich dann nicht mehr auf die Kinder konzentrieren kann.

»Wie schätzen Sie es ein: Ist es Ihr Recht, Nein zu sagen? Dürfen Sie in Ihrem Interesse handeln?«, frage ich.

Nach einer Pause antwortet sie: »Ich musste es schon immer allen recht machen, alle anderen zufriedenstellen. Auch früher, als Kind.« Sie beginnt zu weinen.

»Was wird geschehen, wenn Sie Nein sagen?«

Helga zögert. Dann: »Sie könnten mich … irgendwie bestrafen.«

»Haben Sie die Erfahrung gemacht, dass Sie bestraft wurden?«

»Ich habe doch gelernt, dass man den anderen helfen muss. Ich kann nicht anders, ich wurde so erzogen.«

Seit Jahren fühlt sich Helga am Arbeitsplatz von ihren Kollegen und von ihrer Chefin ausgenutzt – und konnte sich nie dagegen wehren. Sie schob mehr als 350 Überstunden vor sich her, es wurden kontinuierlich mehr. Wie kaum anders zu erwarten, begann irgendwann ihr Körper zu rebellieren. Helga ging mit unspezifischen Problemen (Unruhe, Schlaflosigkeit) zu ihrem Hausarzt und kam mit einem Antidepressivum und einem Schlafmittel nach Hause.

Mehrere Monate nahm sie dann die Tabletten. Nebenwirkungen blieben nicht aus: Sie verspürte innere Unruhe, Übelkeit und bekam Kopfschmerzen. Doch vorerst setzte sie die Medikamente nicht ab – sie vertraute auf die versprochene Wirkung. Tatsächlich ging ihr die Arbeit leichter von der Hand. Der Lärm der Kinder und das tägliche Chaos prallten an ihr ab. Allerdings hatte sich an ihrem Arbeitsplatz nichts geändert, ihr Alltag war nicht besser geworden. Ihre Überstunden wuchsen unterdessen weiter, ihre Kolleginnen nahmen sich frei, wann sie wollten; Helga stand immer parat, fühlte sich immer noch wie ein Gegenstand, der von den Kollegen hin und her geschoben wird. Dann bekam Helga einen leichten Schlaganfall.

Ursache ihres Leidens, ihrer Überforderung und ihres Gefühls, ausgenutzt zu werden, ist ein tief sitzendes Beziehungsproblem. Statt sich mit Psychopharmaka selbst zu betrügen (und nicht einmal der Selbstbetrug funktioniert, wie der Schlaganfall offenbart), könnte Helga in einer Psychotherapie ihre kontraproduktiven Verhaltensmuster am Arbeitsplatz analysieren. Sie könnte so von der Idee wegkommen, immer nach Anerkennung zu suchen, auch dort, wo sie keine erwarten kann. Um gesund zu werden und zu bleiben, würde sie Fähigkeiten entwickeln, mit den Kollegen so umzugehen, dass sie ihre eigenen Interessen wahrt. Sie wird dann auch wieder Spaß am Umgang mit den Kindern haben.

Von gelernten und tief drin sitzenden Verhaltensmustern kann man sich lösen, auch wenn sie fest verankert erscheinen. Die Programmierung, die ein Mensch in der Kindheit erfahren hat, ist nicht endgültig, sie kann durchschaut und verändert werden – damit der Betroffene fortan selbstbewusster und zufriedener leben kann.

Der lenkbare Patient

Patienten, die beim Arzt kein klar definiertes Problem wie Husten oder Durchfall vorbringen, die stattdessen allgemein von chronischer Müdigkeit oder Erschöpfung sprechen, laufen Gefahr, Antidepressiva verschrieben zu bekommen – als eine Lösung, die scheinbar alle Beteiligten zufriedenstellt.

Hartmut*, 58 Jahre alt, ist ein Handwerker mit kräftigen Händen. Er nimmt seit über zehn Jahren ein Antidepressivum und, wie das so oft der Fall ist, zusätzlich Schlaftabletten. Dem Orthopäden der Klinik war aufgefallen, dass Hartmut unglücklich und niedergeschlagen wirkt. Als ich Hartmut frage, weshalb er zu mir gekommen ist, scheint er etwas ratlos und sagt dann, dass der Orthopäde ihn geschickt habe.

Bei meiner Arbeit mit Patienten ist es wesentlich, dass die Betroffenen den Willen haben mitzuarbeiten. Wer nur kommt, weil er geschickt wurde, wer kein Interesse an einer Erarbeitung seiner Probleme hat, der sollte seine Zeit lieber anders nutzen. Aber bei Hartmut ist es anders. Seine Niedergeschlagenheit und seine Antriebslosigkeit sind offenkundig. Er ist nicht derjenige, der eine eigene Meinung äußert, er folgt den Anweisungen der Autoritäten. Im weiteren Gespräch stellt sich heraus, dass seine Frau über sein Leben bestimmt, ihm auch gesagt hat, dass er an Depressionen leide.

Tatsächlich hatte Hartmut bei der Arbeit Probleme. Er kam mit dem Computer nicht klar, den er selbst als Handwerker bedienen musste, um Rechnungen und Auftragsbestätigungen zu erstellen oder Material zu ordern. Er war frustriert und niedergeschlagen, fühlte sich als ein Verlierer der neuen Zeit. Auf den Rat seiner Frau ging er zum Arzt und sagte das passende Stichwort: »Ich fühle mich so erschöpft.« Es folgten die Diagnose einer Depression und die Verschreibung eines Antidepressivums in Kombination mit Schlaftabletten. Dabei hätte es viele Möglichkeiten gegeben, Hartmut zu helfen. Vielleicht hätte er mit seinem Chef sprechen oder auch nur einen Computerkurs belegen sollen – stattdessen nahm er Psychopharmaka, die nichts besser machten. Auch unter Medikamenteneinfluss nahmen seine Probleme am Bildschirm nicht ab. Hartmut warf den Job schließlich hin, nahm die Diagnose »Depression« bereitwillig als Ausweg aus seinen Problemen. Frühverrentet sitzt er nun zu Hause, nimmt weiter das Antidepressivum und langweilt sich.

Vielleicht, nein, bestimmt würde Hartmut gerne zurück an seinen Arbeitsplatz – hätte er nur sein Problem gelöst.

Ein Gespräch mit dem Arbeitgeber, die Hilfestellung eines Kollegen … Mit ein wenig Anleitung und mit mehr Selbstvertrauen ausgestattet, würde er am Arbeitsplatz wieder aufblühen und das Thema Depression schnell vergessen. Doch das Angebot des Kollegen musste er auf den Wunsch seiner Frau ausschlagen. Er hat gelernt, auf Autoritäten zu hören. Er hat sich ganz von seinem Ich entfernt, erkennt nicht mehr die eigenen Bedürfnisse. Er folgt nur noch den Aussagen der Anderen, der Ehefrau und der Ärzte.

Mediziner sind heute schnell dabei, Patienten ein Schild mit dem Namen einer Krankheit umzuhängen. Patienten, auf der Suche nach einer Erklärung für ihr Leiden, tragen dieses Label oft gerne. Endlich wissen sie, wer für ihre Probleme verantwortlich ist: eine Krankheit mit lateinischem Namen. Endlich wissen sie, was sie tun können: Tabletten nehmen.

Jeden Tag Sorgen

Heidi*, 43, arbeitet als Fleischverkäuferin. Sie ist alleinerziehend und besitzt keinen Schulabschluss. Der Patientenkarte entnehme ich ihre Krankheitsgeschichte. Neben körperlichen Problemen – Adipositas Grad 3 (starke Fettleibigkeit), Diabetes Typ I (insulinpflichtig), Arthritis, chronische Rückenschmerzen – sind auch psychische Probleme aufgetreten: eine generalisierte Angststörung und Depression. Jetzt sitzt sie bei mir, ihre Schultern hängen, das Gesicht ist ausdruckslos, sie wirkt ein wenig wie ein vernachlässigtes Kind.

»Wer hat bei Ihnen die Diagnose Angststörung und Depression gestellt?«

Sie wirkt ein wenig überrascht. »Steht das in meiner Akte? Ich habe nie davon gehört.«

»Ja. War das Ihr Hausarzt?«

»Ich war erkältet, er sollte mich krankschreiben. Da hatte ich wohl einen Durchhänger. Musste weinen und so. Habe ihm dann erzählt, dass ich zu viele Gedanken habe. Er hat mich krank geschrieben. Und mir Tabletten gegeben.«

»Nehmen Sie sie?«

»Ja.«

»Was für Tabletten sind das?«

»Weiß ich nicht mehr, ist so ein komplizierter Name.«

Auf meinem Rechner kann ich ihre Medikation abrufen; ich sehe, dass sie das Antidepressivum Fluoxetin einnimmt. »Haben Sie eine Wirkung gespürt?«

»Ich weiß das nicht genau … Meine Hände zittern jetzt immer so.«

Seit ihrem 14. Lebensjahr arbeitet Heidi beim Metzger, seit ihrem 14. Lebensjahr läuft ihr Leben in einer festen Bahn. Sie wohnt in einem kleinen Dorf und hat vier Kinder, bei drei von ihnen wurde ADHS diagnostiziert. In ihrer Freizeit lassen ihr die Kinder keine Ruhe, zu Hause herrscht immer Aufregung. Wenn sie abends müde ins Bett fällt, weiß sie schon, dass sie nicht genug Zeit zum Schlafen hat, dass der Wecker schon um kurz nach fünf klingeln wird. Heidi fühlt sich in einem Alltag eingesperrt, der nur aus Arbeit und Sorgen besteht. Sie findet keine Zeit für sich selbst, sie kommt nie zur Ruhe. Um sich zu belohnen, isst sie zu viele Süßigkeiten.

Heidis Erkrankungen spiegeln ihre Lebenssituation. Sie hat es nicht geschafft, ihre eigenen Bedürfnisse zu erkennen. Die Arbeit und die vier Kinder überrollen sie jeden Tag wie ein Schnellzug … und sie hat keine Kraft aufzustehen. Das Psychopharmakum, das sie bekommt, hat keine positive Wirkung. Es macht ihr Leben nicht schöner, ihren Alltag nicht einfacher. Trotzdem nimmt sie es, weil sie dem Arzt irgendwie vertraut, weil sie auch keine Kraft mehr hat, sich gegen eine Diagnose zu behaupten.

Im Gespräch bin ich mit Heidi ihren unerfüllten Bedürfnissen nachgegangen. Sie erzählt, dass sie gerne einmal die Gelegenheit hätte auszuschlafen, am Samstagabend in die Badewanne zu steigen. Aber selbst solche bescheidenen Phasen der Ruhe hat sie sich in den vergangenen drei Jahrzehnten kaum erlaubt – sie musste immer funktionieren.

Psychopharmaka sind in unserer Gesellschaft Teil des »normalen« Lebens geworden. Sie werden schnell verschrieben, wenn Menschen mit einer Situation nicht mehr klarkommen, wenn der Druck der Arbeit zu groß wird, wenn Beziehungskonflikte nicht gelöst sind. Doch mit Psychopharmaka werden keine Ursachen behandelt, sie sind immer ein Ablenkungsmanöver.

Kapitel 2

Drogen als Verkaufsschlager

Die Erfolgsgeschichte der Psychopharmaka

Fast möchte man behaupten, dass die Gesellschaft des 21. Jahrhunderts abhängig geworden ist – so sehr durchdringen Psychopharmaka inzwischen den Alltag. Medikamente, die Denken und Fühlen verändern, die massiv in das individuelle Leben eingreifen, sind, wir haben es gesehen, Gewohnheit, ja, Standard geworden. Millionen Menschen glauben, ohne diese Medikamente nicht mehr leben zu können. Ja, es wird in der Literatur sogar schon festgestellt, dass »Psychopharmakotherapie […] zum unverzichtbaren Mittel gelingender sozialer Anpassung geworden ist«.[21]

So weit hat sich die Normalität in unserer Gesellschaft also schon verändert: Gehörte es in den 1970er- und 1980er-Jahren noch zur Normalität, gesellschaftliche Fragen zu diskutieren, sich mit klarem Verstand die Köpfe heißzureden, ist es heute Standard, sich mit Medikamenten »auf Linie« zu bringen und kritische Gedanken gar nicht erst aufkommen zu lassen.

In der schönen Stadt Salzburg nimmt inzwischen mehr als jeder zehnte Einwohner bewusstseinsverändernde Medikamente: »10,1 Prozent der Menschen ... nehmen Psychopharmaka ein. Vier Fünftel davon sind wegen Depression in Behandlung. 2,3 Prozent der Bewohner erhalten Medizin gegen psychotische Störungen, knapp 3500 insgesamt. ... Wobei alle Zahlen seit 2009 stark gestiegen sind, teils im zweistelligen Bereich.«[22] Nicht berücksichtigt wurden in der österreichischen Studie diejenigen, die sich die Tabletten auf dem grauen Markt besorgen, die sich ohne Arzt und Verschreibung selbst therapieren, wie Studenten oder Führungskräfte. Nicht eingerechnet sind schließlich diejenigen Städter, die von illegalen Drogen abhängig sind (das sollen im deutschen Durchschnitt etwa ein viertel Prozent der Bevölkerung sein, wobei die Zahlen offenbar schwer einzugrenzen sind).[23] Salzburg ist keine Ausnahme, sondern nur ein Beispiel für einen allgemeinen Trend. Etwa jeder zehnte Bürger westlicher Großstädte steht unter *legalen* Drogen. Er benötigt scheinbar Medikamente, um seinen Alltag bewältigen zu können. Die Zahlen der Konsumenten steigen kontinuierlich weiter, mit ein paar signifikanten Unterschieden: Mehr Frauen als Männer nehmen die Medikamente, die Einnahme steigt mit dem Lebensalter, und in den unteren Schichten werden mehr solcher Medikamente genommen als in den höheren Schichten.[24]

Dass in den USA die Einnahme von Psychopharmaka akzeptierte Normalität geworden ist, kann man gut in amerikanischen Kinofilmen oder Serien sehen: Die handelnden Personen werfen Psychostimulanzien oder Sedativa ein, als seien es saure Drops, und die Einnahme der Psychopharmaka wird nicht einmal mehr thematisiert.

Die zweite Seite der Medaille ist die Zunahme der diagnostizierten psychischen Krankheiten. »Zu jedem Zeitpunkt sollen in Deutschland 3 Millionen Menschen behandlungsbedürftig depressiv sein und bis zu 70 Prozent der Frauen in westlichen Großstädten irgendwann einmal Depressionen haben«, schreibt Stefan Weinmann in *Erfolgsmythos Psychopharmaka*.[25] Natürlich werden diese Kranken überwiegend mit Psychopharmaka behandelt – Tendenz weiter steigend. Manche Autoren vertreten die These, dass jeder Mensch in seinem Leben Phasen psychischer Erkrankung durchmacht, dass, im Folgeschluss, jeder Mensch in seinem Leben einmal legale Drogen verschrieben bekommen sollte.[26]

Gehört der Besuch beim Dealer zur schönen neuen Welt, in der wir leben? Wie konnte es so weit kommen? Wann wurden wir auf diese Schienen gesetzt? Wer hat die Menschen davon überzeugt, dass bewusstseinsverändernde Medikamente ihr Leben verbessern können?

Die schlechten und die guten Drogen

Zuerst: Der Mensch ist anfällig. Er war immer schon ein leichtes Opfer für berauschende Mittel. Ob Alkohol, Cannabis oder härtere Drogen – keine Gesellschaft hat es bislang geschafft, drogenfrei zu werden. Natürliche Drogen wie Opium gibt es seit langer Zeit. In den meisten Gesellschaften waren und sind sie stigmatisiert – als Stoffe, die die Menschen abhängig und weniger leistungsfähig machen. In den westlichen Gesellschaften war (und ist) es Konsens, dass zumindest die härteren Drogen das Leben ruinieren, dass deshalb Drogensucht zu bekämpfen ist. Drogenabhängige werden als willensschwache Menschen beschrieben, die leicht den illegalen Verlockungen erliegen, als Menschen, die nicht dafür geschaffen sind, im Alltag zu bestehen. Sie sind eine Last für die Gesellschaft. Diese Sichtweise hat in Hinsicht auf die Konsumenten illegaler Drogen bis heute Bestand. Ein Abhängiger von illegalen Substanzen ist in den Augen seiner Mitbürger kein guter Zeitgenosse: Er ist ein Versager und ein Krimineller (allein schon durch den Besitz der verbotenen Stoffe).

Die ablehnende und herabsetzende Sichtweise von Drogenkonsumenten war vor 50 Jahren vielleicht noch allgemeingültig, ließ sich auf jeden Konsumenten und jeden von harten Substanzen Abhängigen anwenden – heute ist sie es nicht mehr. Längst haben sich zwei

Gruppen von Konsumenten etabliert: die schlechten, die *Heroin* spritzen und *Chrystal Meth* nehmen, und die guten, die den Verschreibungen der Ärzte vertrauen und die synthetischen Produkte der Pharmaindustrie nach Anweisung einnehmen. Die zweite Gruppe wird nicht als Gefahr wahrgenommen, erscheint nicht wie die erste als trauriger Bodensatz, der aus Verdammten und Verzweifelten besteht. Im Gegenteil: Zur zweiten Gruppe der Konsumenten gehören inzwischen Teile der breiten Mitte der bürgerlichen Gesellschaft.

Anfänge

Die erste künstliche Droge, das Amphetamin, konnte 1887 in Berlin synthetisiert werden, wobei die Tragweite der Synthese erst Mitte der 1930er-Jahre offenbar wurde: die bewusstseinsverändernde Wirkung des neuen Stoffes. Zuerst schätzte man vor allem, dass sich mit Amphetamin die Müdigkeit unterdrücken ließ. Wer das Mittel einnahm, konnte geradezu wundersame Dinge vollbringen. Seit den späten 1920er-Jahren erfolgte die industrielle Herstellung des Stoffes, zuerst als Asthmamittel, später, seit den späten 1930er-Jahren, auch als Aufputschmittel.

Ein Derivat des Amphetamins, Methamphetamin, wurde 1893 synthetisiert und in Deutschland 1924 patentiert. Es wurde von den Berliner Temmler-Werken als *Pervitin* auf den Markt gebracht.

Das inzwischen nicht mehr zugelassene *Pervitin* hatte dieselbe Zusammensetzung wie heute die illegale Modedroge *Chrystal Meth*. In einigen asiatischen Ländern nehmen Tagelöhner und auch Prostituierte noch immer *Chrystal Meth*, um 24 Stunden am Tag arbeiten zu können und entsprechend mehr Geld zu verdienen. *Chrystal-Meth*-Konsumenten verdingen sich auf Baustellen als Anstreicher und Bodenleger. Sie arbeiten ein paar Stunden, nehmen den Stoff, arbeiten, nehmen den Stoff usw. Sie können so in kurzer Zeit viel

Geld verdienen, aber sie gefährden gleichzeitig ihre Gesundheit, riskieren einen raschen körperlichen Verfall mit Zahnausfall, Hautentzündungen und Nierenschäden.

Genauso paradox (oder vielleicht doch logisch …) sind die Geschichten von *Kokain* und *Heroin*. Der Stoff Diacetylmorphin wurde bei *Bayer* 1897 synthetisiert und ab 1898 unter dem Namen *Heroin* als Hustensaft und Schmerzmittel vermarktet. Nach und nach wurden jedoch die Nebenwirkungen und die Suchtgefahr bekannt, sodass *Heroin* 1931 vom Markt genommen wurde. Das gute *Heroin* verschwand aus dem Bewusstsein, das schlechte blieb.

Märkte

Ende des 19. Jahrhunderts entwickelte sich ein globaler Markt für einheitliche Produkte. Nicht nur *Odol*, *Persil* und *Kaffee HAG* wurden industriell hergestellt und weltweit vertrieben, auch *Aspirin*, *Heroin*, *Kokain*, *Veronal* und *Pervitin* wurden als neue Handelsmarken angeboten und beworben. Das Geschäft entwickelte sich prächtig. Die jungen Chemieunternehmen entdeckten, dass man mit weltweit einheitlichen Produkten, die an Endverbraucher verkauft werden, sehr viel Geld verdienen kann. Ludwig Roselius, der Erfinder von *Kaffee HAG*, der gleichzeitig das dem Kaffee entnommene Koffein als wach machendes Medikament vertrieb, wähnte sich bereits kurz vor dem Ersten Weltkrieg auf dem Weg zum reichsten Mann Deutschlands.[27]

Der boomende globale Markt, der Vertrieb von Medikamenten in Kolonialwarengeschäften und Drogerien, veränderte die Beziehung zwischen Hersteller und Kunden.

Der Apotheker, der einst die Wirkstoffe selbst zu Medikamenten zusammenrührte, verkaufte noch persönlich an die Kranken des Ortes. Für seine Kompetenz wurde er geachtet – und bezahlt. Mit den

Erfolgen der Chemieunternehmen – die Pharmaunternehmen hatten oft in der Farbenindustrie begonnen und sich dann zu Pharmaunternehmen gewandelt – änderte sich die Beziehung zwischen Hersteller und Konsument. Das Verhältnis wurde anonym. Vertrauen wurde nicht mehr im Gespräch hergestellt, sondern über Werbung in Illustrierten und auf Plakaten oder über öffentlich präsentierte (und von der Industrie bezahlte) Gutachten. Der Patient wandelte sich vom persönlich bekannten Hilfe- und Heilungsuchenden zum abstrakten Konsumenten. Während ein örtlicher Apotheker noch mit Empathie die Menschen seines Ortes wahrnahm, deren Krankheitsverlauf verfolgte, mitfühlend auf deren Heilung hoffte, ist die Industrie, die den Patienten nicht mehr kennt, vor allem an Gewinnen interessiert. Die meisten Pharmaunternehmen waren bereits Anfang des 20. Jahrhunderts Aktiengesellschaften und sind entsprechend auch rechtlich vor allem den Gewinnen ihrer Aktionäre verpflichtet. Auf eine schlichte Formel gebracht: Der Apotheker war als einzelner Mensch per se an seinen Mitmenschen und deren Wohlergehen interessiert, da er eine persönliche Beziehung mit diesen unterhielt. Die Pharma-Aktiengesellschaft ist per se an ihrem eigenen Wohlergehen interessiert. Für sie bleibt der Konsument eine abstrakte Größe. Auch die positiven Begleiterscheinungen der Industrialisierung der Medikamentenherstellung – Standardisierung der Mittel, flächendeckende Verfügbarkeit – ändern nicht die Grundannahme: Die Pharmaindustrie handelt *systembedingt* nicht vorrangig im Interesse der Konsumenten.

Den Kunden hingegen wird in der Werbung und in der öffentlichen Kommunikation eine andere Welt vorgespielt. Medikamente werden wie andere Produkte auch mit bunten Bildern und waghalsigen Versprechen vermarktet. Zwar dürfen verschreibungspflichtige Medikamente (also alle Psychopharmaka) nicht direkt mit Anzeigen beworben werden, aber die Industrie hat andere Wege gefunden, dafür zu sorgen, dass die Produkte in der Öffentlichkeit präsent sind: so auf Informationsseiten über die jeweilige Krankheit oder das jeweilige Syndrom, so über die Beeinflussung von Selbsthilfegruppen, die dann auf eigenen Seiten ganz persönliche Werbung betreiben.

Wo jedoch der Konsument die Versprechen für Waschmittel und andere Haushaltsprodukte nicht unbedingt ernst nimmt, ihnen gegenüber eine kritische Distanz bewahrt, vertraut er doch oft den Versprechen der Pharmaindustrie. Ein geschicktes Zusammenspiel mit den Empfehlungen anderer Patienten und den Versicherungen der verschreibenden Ärzte vermitteln das Bild von wirksamen und guten Medikamenten. Dabei darf man davon ausgehen, dass die Nebenwirkungen von Waschmitteln oder anderen Reinigungsmitteln weit weniger gravierend sind als die Nebenwirkungen eines Medikamentes, zumal eines Psychopharmakums. Der Abstand zwischen Versprechen und Realität ist bei Psychopharmaka größer als bei einem Waschpulver – und doch wird den Medikamenten mehr vertraut.

Selbst das inzwischen als hochgefährlich angesehene *Heroin* wurde einst von *Bayer* mit Zeitungsanzeigen vermarktet. Der von *Bayer* gewählte Name *Heroin* sollte das Medikament für die Masse attraktiv machen: Der Konsument durfte sich wie ein »Hero« (Held) fühlen. Gleichzeitig vermehrten sich nach Markteinführung die Indikationen, für die das Medikament empfohlen wurde: *Heroin* sollte bald nicht mehr nur gegen Husten und Schmerzen wirken, sondern auch gegen Haarausfall, Depressionen und Magenkrebs. Je mehr Indikationen, umso besser für das Unternehmen. Und man möchte hinzufügen: umso schlechter für den Patienten, der *Heroin* in den allermeisten Fällen ohne ausreichende Indikation einnahm und schließlich mehr unter den Nebenwirkungen – in diesem Fall vor allem der körperlichen Abhängigkeit – zu leiden hatte.

Selbst Sigmund Freud fiel auf die Masche der Industrie herein und lobte auf der Grundlage von Werbeschriften die Wirkung des vom Pharmakonzern Merck synthetisierten *Kokains*. Seine Schriften »Über Coca« (1884)[28], »Über die Allgemeinwirkung des Cocains« (1885)[29] und weitere waren für Merck wichtige Verkaufshilfen. Freud lobte in seinen Aufsätzen die Wirksamkeit des Mittels gegen Hysterie, Hypochondrie und Trunksucht. »Und es fehlt nicht an einzelnen Berichten über damit erzielte Heilung.«[30] Die Autorität des Wiener Arztes führte sicher dazu, dass viele Menschen kritiklos *Kokain* erwarben. Auch etablierte bereits Freud die Vorstellung, dass eine *Heilung* mit psychotropen Substanzen möglich sei. Allerdings musste er, der einem Freund *Kokain* verschrieben hatte, schnell einsehen, dass der Stoff genauso wie Morphium zur Abhängigkeit führt. Er distanzierte sich später von seinen Empfehlungen.

Ein weiteres Kapitel in der Geschichte der Psychopharmaka sind die Barbiturate, die erstmals 1864 von Adolf von Baeyer synthetisiert und ab 1903 als *Veronal* von Merck vertrieben wurden. Jahrzehntelang als Schlafmittel eingesetzt, wurden sie wegen der Suchtgefahr schließlich 1992 vom Markt genommen.

In den Jahren vor dem Zweiten Weltkrieg war das Methamphetamin *Pervitin* in Deutschland rezeptfrei erhältlich. Es sollte gegen Depressionen, Müdigkeit, aber auch gegen viele andere Beschwerden helfen. Der Hersteller Temmler hoffte schon damals, ein »Volksmedikament« auf dem Markt zu etablieren.[31] Auch gegen Störungen der weiblichen Libido sei *Pervitin* (also *Chrystal Meth*!) eine gute Wahl: »Täglich 4 halbe Tabletten weit entfernt von den Abendstunden zehn Tage im Monat durch 3 Monate hindurch«, hieß es noch 1949 in einer ärztlichen Empfehlung an Frauen.[32]

Krieg der Junkies

Ein weiteres Kapitel der Erfolgsgeschichte synthetischer Psychopharmaka wurde im Zweiten Weltkrieg geschrieben. Zig Millionen Dosen des Methamphetamins *Pervitin* wurden während des Krieges an Soldaten verabreicht. Der Schriftsteller und Weltkriegssoldat Heinrich Böll forderte während seines Fronteinsatzes *Pervitin* von seinen Eltern. Ohne könne er den Krieg nicht überstehen.[33] Mit Pervitin waren die Soldaten länger leistungsfähig, hatten weniger Angst und konnten nicht zuletzt leichter töten. Man nannte die Tabletten damals auch »Panzerschokolade«, »Stuka-Tabletten« oder »Hermann-Göring-Pillen«.

Nicht nur die Soldaten nahmen das Methamphetamin, auch die Führung stand unter Drogen. Adolf Hitler soll Psychostimulanzien bekommen haben, vermutlich *Pervitin*, wie Wolf-R. Kemper in seinem Aufsatz »Pervitin – die Endsieg-Droge«[34] nachweist. Vor allem das Zittern, eine Nebenwirkung des Methamphetamins, war in der Endphase des Krieges bei Hitler kaum zu übersehen. 1980 griff auch der *Spiegel* das Thema auf: »Die Prozedur wiederholte sich fast täglich: Wenn Adolf Hitler – wie üblich – spätmorgens erwachte, ließ sich sein Leibarzt Theodor Morell auf der Bettkante nieder und verabfolgte dem Diktator eine intravenöse Injektion. Die Wirkung der Arznei setzte bereits ein, wenn die Nadel noch im Arm des Patienten steckte. Der eben noch schlaftrunkene Hitler wurde jählings kregel und geschwätzig. Er fühlte sich, wie er selber sagte, ›frisch‹.

Morell behauptete später, er habe Hitler immer eine Ampulle ›Vitamultin A‹ injiziert, ein Präparat, das viele Vitamine enthält und damals in den Morell-eigenen Hamma-Werken hergestellt wurde.

Doch der amerikanische Psychiater Leonard Heston, 48, Professor an der Universität von Minnesota, ist davon überzeugt, daß der Hitler-Arzt geschwindelt hat. Heston argumentiert: So schlagartig muntermachend seien damals in Deutschland nur zwei Stoffe gewesen – Pervitin und Kokain; bei Hitler habe es sich vermutlich um Pervitin gehandelt. […]

Anzeichen für Pervitin-Mißbrauch gab es in Fülle: Hitlers krankhaftes Mißtrauen gegen seine Mitarbeiter; seine wechselnden Stimmungen, die zwischen Depression, Wutausbrüchen, latenter Gereiztheit und Euphorie schwankten; sein eingleisiges Denken, seine Starrköpfigkeit, sein Nägelkauen und ein quälender Juckreiz, der ihn veranlaßte, sich zwanghaft zu kratzen. Im Genick, wo er sich zeitweise regelrecht wundkratzte, bildeten sich dann leichte Infektionen.

Auch das Zittern in Hitlers linkem Arm, als dessen Ursache viele Wissenschaftler die Parkinsonsche Krankheit ansehen, hält Heston für eine Folge der chronischen Pervitin-Vergiftung.«[35]

Man darf die Frage stellen, inwieweit die *Pervitin*-Verabreichungen und -Einnahmen eine wichtige Rolle bei den Nazigreueltaten gespielt haben. Unter *Pervitin* alias *Chrystal Meth* verlieren Menschen das kritische Denken. Das Über-Ich mit allen Normen und Regeln wird ausgeschaltet. Übrig bleiben die Triebe, die nun den Alltag steuern. Alle Ideen, und seien sie noch so verrückt und unangemessen, sprudeln aus dem Unterbewusstsein – ohne einen kritischen Filter. Die Konsumenten spüren Energie und Kraft, einen gesteigerten Antrieb – zu womöglich grausamen Taten. Bei Hitler wäre eine *Pervitin*-Einnahme mit diesen Wirkungen dramatisch gewesen: In seinem Umfeld hätte ihn niemand gebremst, seine Worte waren Befehl. Waren die rational kaum erklärbaren Verbrechen gegen die Menschheit, die von Hitler ausgingen, durch seinen Drogenkonsum wenigstens teilweise zu erklären? War er ein nicht zu bremsender Junkie, der Krieg führte?

Man kann dieses Szenario weiterdenken. Auch Hitlers Helfer und Helfershelfer standen womöglich unter *Pervitin* – damals das Standardmedikament für alle, die länger wach bleiben und mehr Leistung bringen wollten, die mehr und hemmungsloser töten sollten. Die KZ-Aufseher und die SS-Erschießungskommandos – ohne *Pervitin* wären viele der Beteiligten womöglich nicht zu den unvorstellbaren Taten in der Lage gewesen. Schließlich die Soldaten an der Front: Auch sie nahmen *Pervitin*, auch sie waren enthemmt und womöglich zum Töten stimuliert.

Immerhin hat *Pervitin* die Gesundheit der Konsumenten so schnell und so dramatisch angegriffen, dass der Krieg vermutlich schneller endete. Die kurzfristig wach machende Wirkung des Pervitins war die eine Seite des Methamphetamins. Die den Menschen körperlich und seelisch ruinierende Wirkung die andere, so der schnelle Verfall von Zähnen und Gebiss. Gegen deutsche Junkies (in der letzten Phase des Krieges meist auf Entzug) hatte eine gegnerische Armee leichteres Spiel (sofern sie nicht ebenfalls aus ausgelaugten Abhängigen bestand).

Als der Krieg endlich ein Ende gefunden hatte, strömten Millionen Soldaten zurück in die Heimat. Viele von ihnen waren nun drogenabhängig – und wurden nicht behandelt. Sie waren mit ihren Aggressionen, ihren Wahnvorstellungen und ihren Selbstmordgedanken sich selbst überlassen. Das ist eine Seite des Zweiten Weltkrieges, die bislang noch nicht ausreichend erforscht wurde. Was richteten die Ex-Junkies in ihren Familien an, wie behandelten sie ihre Frauen und ihre Kinder? Nahmen sie andere Drogen, oder fanden sie einen Ausweg in ein gesundes Leben?

Nicht nur die Deutschen nutzten die neuen synthetischen Psychopharmaka. Die Engländer gaben den Soldaten zum Aufputschen *Benzedrin,* ein Amphetamin; aber auch die Amerikaner und die Japaner schickten die Soldaten unter Drogen an die Front. Der Zweite Weltkrieg war ein Krieg unter Amphetaminen und Methamphetaminen. In den nachfolgenden militärischen Auseinandersetzungen wie dem Vietnamkrieg wurden dieselben Drogen systematisch eingesetzt, und man kann davon ausgehen, dass auch heute die Drogengabe an Soldaten zum schmutzigen Geschäft des Krieges gehört. Viele Soldaten kommen auch heute als körperliche und psychische Wracks aus dem Einsatz im Irak oder in Afghanistan. Nachdem sie vielleicht bereits ihren Kriegsdienst unter wahrnehmungsverändernden Mitteln geleistet haben, bekommen sie von ihren Ärzten Psychopharmaka verschrieben, um die Erlebnisse zu bewältigen. Die Selbstmordrate bei amerikanischen Ehemaligen ist hoch, höher beispielsweise als die Gefallenenrate während des Afghanistankriegs im gleichen Zeitraum.[36] Ob nicht bewältigte Traumata oder gar Nebenwirkungen der

Psychopharmaka zu den Suizidhandlungen führen, kann hier mangels genauer Untersuchungen nicht geklärt werden. Aber man darf davon ausgehen, dass Psychopharmaka auch in diesem Bereich der Gesellschaft eine zweifelhafte Rolle spielen.

Ziviles Doping

Was im Krieg gut funktioniert hat, das konnte nach dem Krieg ein noch größeres Geschäft werden. Unternehmen wie Temmler war es damals selbstverständlich und systembedingt nicht wichtig, wer die Pillen kauft. Nach den Soldaten kamen die Zivilisten als Kunden in Frage. *Pervitin* eroberte schnell die Zivilgesellschaft. Vor allem Sportler nahmen das Mittel. Arno Frank schreibt in der *taz*, dass selbst die deutsche Fußballnationalmannschaft von 1954 die »Segnungen« des *Pervitins* nutzte: »1954 besiegte im WM-Finale von Bern die deutsche Fußballnationalmannschaft mit 3 : 2 die Ungarn, denen sie noch in der Vorrunde mit 8 : 3 unterlegen war – nachdem Mannschaftsarzt Franz Loogen sämtlichen Spielern zuvor eine rätselhafte Injektion gesetzt hatte. Angeblich waren alle Spieler kurzfristig an einer Gelbsucht erkrankt«.[37]

Die Droge schrieb Geschichte, blieb selbst aber ganz im Hintergrund. 1988 wurde *Pervitin* vom Markt genommen, andere Medikamente anderer Hersteller mit verbesserter Wirksamkeit traten an seine Stelle.

Die Abfolge von chemischer Synthetisierung eines Psychopharmakums, seiner Vermarktung mit behaupteten breiten positiven Wirksamkeiten, dem Auftreten gravierender Nebenwirkungen und schließlich der Einschränkung der Verschreibungen oder sogar Einstellung des Handels, ist ein immer wieder zu beobachtender Zyklus in der pharmazeutischen Industrie geworden. Er lässt sich bei *Heroin*, *Kokain*, *Veronal* und *Pervitin* beobachten – und auch bei jüngeren Psychopharmaka wie *Valium* folgte auf eine erste Euphorie eine baldige Ernüchterung.

Neue Märkte

Die klassische Vermarktungsstrategie versucht, bestehende Bedürfnisse zu erkennen und anschließend zu befriedigen. Die Verbesserung eines schlechten Schlafes oder die Bekämpfung schneller Müdigkeit gehören zu den Bedürfnissen, die viele Menschen haben und gegen die Psychopharmaka helfen sollen. Frühe Psychopharmaka wie *Thorazine* (USA) und *Megaphen* (Deutschland), wie *Immipramin* (USA) und *Tofranil* (Deutschland) oder das Salz Lithium wurden zielgerichtet gegen diagnostizierte Krankheiten eingesetzt. *Thorazine* wurde in den 1950er-Jahren als Mittel gegen Angstzustände, Panikattacken und Schizophrenie, aber auch gegen akuten Alkoholismus empfohlen. In den Werbeanzeigen wurden ärztliche Meinungen und Gutachten zitiert, wurde eine klinische Wirksamkeit scheinbar belegt. Den Anspruch, dass *Thorazine* ein Medikament für alle sei, vertrat das herstellende Pharmaunternehmen (*Smith, Kline & French Laboratories*) nicht.

Das änderte sich schon bei *Ritalin*, das gegen ein breites Spektrum von Auffälligkeiten indiziert schien. Die Werbung empfahl *Ritalin*, bevor es in der ADHS-Behandlung millionenfach eingesetzt wurde, ab 1954 als allgemeines Stimulans. Das Methylphenidat-Medikament sollte »in der Schweiz und in Deutschland [...] als Psychotonikum, das ermuntert und belebt – mit Maß und Ziel«« eingesetzt werden.[38] Schnelle Ermüdung und depressive Verstimmungen galten als breite und unscharfe Indikationen. »Außerdem könnten auch Gesunde profitieren [...], wenn sie ›nach durchwachter, durchgrübelter Nacht‹ am nächsten Tag volle Leistung bringen wollten. Es wird als Appetitzügler genutzt und als Muntermacher bei der Schlafstörung Narkolepsie.«[39] Auch Benzodiazepine, sogenannte Tranquilizer, wie *Valium* (ab 1963) galten als für »normale« Menschen geeignet. Schlafprobleme und Unruhe kannte schließlich fast jedes Mitglied einer modernen Leistungsgesellschaft, und Medikamente dagegen wurden modern.

Der britische Journalist Andrew Chetley hat die auf den Verschreibungen von Tranquilizern notierten Diagnosen dokumentiert. Er zeigt, dass die »Pille für alle« bereits schnell Realität wurde. Benzodiazepine (Handelsname *Valium, Lorazepam, Phenazepam, Tavor*) wurden gegen eine schier endlose, höchst heterogene Liste von Beschwerden verschrieben, unter anderem auch bei Trauerfall, Pflege einer kranken Ehefrau, Unfall des Ehemanns, Trockenheit der Augen, Hysterektomie, alkoholkranker Vater, Magenverstimmung, Probleme im Geschäft, Pflege von aktivem/schreiendem Baby, Schichtarbeit, Insolvenz, Angst vor dem Tod, Obdachlosigkeit, Nervosität vor dem Einstellungsgespräch, Mangel an Geborgenheit in der Kindheit, Bruch der Halswirbel, Wechsel des Arbeitsplatzes, Explosion des Gasherds, Klaustrophobie, tödliche Krankheit, Rückenschmerzen, Tod der Hauskatze, Heuschnupfen, Anfang des Ruhestandes ....[40]

Die Ehefrau des amerikanischen Präsidenten Gerald Ford, First Lady Betty Ford, die wie Millionen Amerikaner unter Einschlafproblemen litt, bekam von einem Arzt ein Benzodiazepine-Medikament verschrieben. Sie nahm die scheinbar unschuldigen Pillen, wurde wie so viele Amerikaner in den 1970er-Jahren abhängig und ließ sich 1978 in einer Klinik behandeln. Ihr Arzt erklärte damals der Öffentlichkeit, dass der Missbrauch (der – nebenbei gesagt – meist ein ganz normaler Gebrauch ist) von Tranquilizern das Gesundheitsproblem Nummer eins sei.[41] Um Abhängige wie sie besser behandeln zu können, gründete die First Lady das *Betty-Ford-Center* in Rancho Mirage, Kalifornien, eine noch heute bestehende Suchtklinik. Aber auch, wenn Tranquilizer wie Benzodiazepine ein Nummer-eins-Problem waren – gelöst wurde es nicht. Die Verschreibungszahlen stiegen in den USA trotz kritischer öffentlicher Diskussion kontinuierlich. Im Jahr 2007 wurden nicht weniger als 83 Millionen Rezepte für Benzodiazepine-Medikamente geschrieben.[42]

Dank der Ausweitung der Märkte, dank unscharfer Krankheitsbilder und Einbeziehung auch der Gesunden gehört das Geschäft mit Psychopharmaka heute zu den besonders gewinnbringenden Bereichen des Arzneimittelmarktes. Ein Bedürfnis oder ein Leiden, zu dem ein Psychopharmakum passt, verspürt nahezu jeder Mensch. Jede Form von übermäßiger oder reduzierter Wachheit, Müdigkeit, Angespanntheit, Aufmerksamkeit und Trauer lässt sich scheinbar chemisch korrigieren. Jede empfundene Abweichung der Psyche vom Normalzustand kann als Therapiebedürfnis interpretiert werden.

Glückspillen für Kinder

Mit der Ausbreitung der ADHS-Diagnosen ab etwa 1980 konnten auch verhaltensauffällige Kinder als Konsumentengruppe erschlossen werden. ADHS steht wie andere Syndrome im Verdacht, eine designte Krankheit zu sein – komponierte Symptome, um einen Absatzmarkt für Tabletten zu schaffen. ADHS-Behandlungen erwiesen sich für die Pharmaindustrie als ungemein erfolgreich. Mit *Ritalin*, *Concerta*, *Meridil*, *Centedrin*, *Metadate*, *Methylin* und anderen Methylphenidat-Medikamenten sowie auch mit *Adderall* (Amphetamine und Dextroamphetamine, nur in den USA auf dem Markt) werden heute Milliardenumsätze generiert – und sie steigen weiter. Das junge Einstiegsalter der Konsumenten garantiert eine lange andauernde Abnahme.

Der Barmer GEK Arzneimittelreport 2013 weist darauf hin, dass die Verschreibung von ADHS-Medikamenten an Kinder und Jugendliche seit 2005 um 50 Prozent gestiegen ist, die Verschreibung anderer Psychopharmaka an dieselbe Altersgruppe immerhin um 10 Prozent. Da keine medizinische Notwendigkeit festgestellt werden kann, vermutet der Report als Gründe u.a. die »Interventionen von Pharmaunternehmen«[43] oder die Bequemlichkeit von Ärzten und Eltern, die nicht auf eine Psychotherapie warten wollen.

Inzwischen ist es gängige Praxis, dass ein großer Teil der ADHS-diagnostizierten Patienten auch nach dem Übergang ins Erwachsenenalter die Pillen weiter bekommt. ADHS bei Erwachsenen gehört inzwischen zu den anerkannten Krankheiten.

Doch nicht nur die Hyperaktiven und Zappeligen sind eine Zielgruppe der Pharmaindustrie. Auch andere, irgendwie auffällig gewordene Kinder und Jugendliche sollen therapiert werden. Psychopharmaka werden immer mehr eine Standardlösung für alle psychischen Probleme – irgendein chemischer Stoff scheint immer zu passen. Zum Beispiel schlägt das Handbuch »Psychopharmaka in Kindes- und Jugendalter«[44] beim Einnässen das trizyklische Antidepressivum Imipramin (*Trofanil*) oder Desmopressin (*Minirin*) vor.[45] Selbst bei Lese- und Rechenstörungen sollen Psychopharmaka helfen, so *Nootrop*, *Normabrain* [sic!], *Encephabol* oder *Helfergin*. Schlafstörungen bei Kindern werden mit Antihistaminika wie Doxylamin (Handelsname *Gittalun*) behandelt, »wegen ihres raschen Wirkungsverlustes sind Dosissteigerungen einzuplanen«.[46] Beim Stottern kommt »*Tiaprid* (Tiapridex, 1-3 Portionen von je 50-100 mg) in Betracht. Außerdem evtl. *Haloperidol* (Haldol; 0,03-0,05 mg/kg pro die, verteilt auf 3 Portionen) bzw. der Calcium-Antagonist *Verapamil* (Verapamil, 1 mg/kg pro Tag, verteilt auf 2-3 Portionen). Sowohl bei *Tiaprid* als auch bei *Verapamil* sind Nebenwirkungen bei regelrechter Dosierung relativ selten, unter *Haloperidol* ist auf extrapyramidal-dyskinetische Störungen (Zungen-Schlund-Krämpfe) zu achten …«[47]

Um Kindern die regelmäßige Einnahme von Medikamenten »schmackhaft« zu machen, wurde im US-Bundesstaat Texas vom »Department of Mental Health and Mental Retardation« im Jahr

2000 ein Ausmalbilderbuch an Schulen und Eltern verteilt. Kinder sehen in einfachen Umrisszeichnungen ein kleines Känguru mit dem Namen Kris. Es fühlt sich allein und ist traurig, da sein Freund weggezogen ist. Selbst das von den Eltern angebotene Dessert kann Kris nicht mehr erfreuen ... Die Eltern-Kängurus hätten Kris jetzt trösten können. Sie hätten anbieten können, den Freund am neuen Wohnort zu besuchen und anderes mehr. Sie hätten dem Kind über seine Trauer hinweghelfen müssen. Trauerfälle gehören zur Biografie eines jeden Kindes: Freunde ziehen weg, Haustiere sterben, Omas und Opas werden womöglich beerdigt. Ein Kind muss lernen, auch mit diesen Situationen umzugehen. Ein Kind kann erwarten, dass es von den Eltern in seiner Trauerarbeit unterstützt wird. Aber in der modernen Gesellschaft haben die Eltern, hier die »vorbildlichen« Känguru-Eltern, keine Zeit mehr, um mit dem Kind über die Trauer zu reden, um es in seinen Emotionen zu begleiten. Die Känguru-Eltern gehen mit ihrem Kind Kris sofort zum Spezialisten – wenn wir dem Ausmalbuch glauben, ist das die erste Wahl im Trauerfall. Der Arzt, ein Bär, verschreibt dem kleinen Känguru ein Medikament gegen Traurigkeit. Bildunterschrift: »Nun nimmt Kris jeden Tag die Medizin.«

Auch bringen die Eltern Kris zu einem Psychologen, einem Hasen mit Brille. Dort kann Kris reden und spielen. Interessant ist hier die Reihenfolge: Erst das Medikament, dann das Gespräch! Interessant auch die Größenverhältnisse der Mediziner: Der mächtige Bär verschreibt das Psychopharmakum, der kleine Hase führt die Gesprächstherapie ... Nach der Einnahme des Medikaments fühlt sich Känguru Kris wieder gut, und es kann Nachtisch, vor allem Eis, essen. Die Welt ist scheinbar wieder in Ordnung – wenn man es in Ordnung findet, dass ein kleines Kind bereits regelmäßig Psychopharmaka bekommt, mit allen unkalkulierbaren Nebenwirkungen.

Das Ausmalbuch der Mental-Health-Behörde soll Kinder im Vorschulalter auf die Normalität der Medikamenteneinnahme vorbereiten. Es soll zudem auch Freunden oder Geschwistern das Thema nahebringen, damit es auch für sie nicht mehr ungewöhnlich oder gar abschreckend ist, wenn ein kleines Kind »Glückspillen« nimmt. Wir wissen nicht, ob das Buch von der Industrie angeregt oder gar finanziert wurde (im Impressum findet sich kein Hinweis). Auf jeden Fall war das Heft ein Beleg für einen grundlegenden Bewusstseinswandel in Texas: Tabletten werden als Teil des Alltags erfahren und nicht infrage gestellt.

In den USA ist das Verschreiben von Psychopharmaka bei Kindern inzwischen verbreitet. »Neuroleptika, die eigentlich für schwere psychische Leiden wie Schizophrenie, bipolare Störungen oder Wahnvorstellungen entwickelt wurden«, werden »in Nordamerika immer häufiger Kindern und Jugendlichen bei minderen Problemen mit Aufmerksamkeit, Impulsivität und Hyperaktivität verschrieben«, schreibt am 17. August 2013 der Zürcher *Tagesanzeiger*. Schon bei zwei- bis dreijährigen Kindern werden Antipsychotika bei vermeintlich »schwerer Aggression«[48] verschrieben. So »fortgeschritten« ist die Medizin in Deutschland noch nicht, aber es lässt sich befürchten, dass auch hier dem Vorbild Amerika gefolgt wird. Die Nebenwirkungen, die bei Kindern auftreten können, sind vielfältig. Neben einer starken Gewichtszunahme kommt es wiederholt zu Erscheinungen wie unkontrollierten Zuckungen und Muskelkrämpfen, manchmal als bleibende Schäden. Auch das Auftreten von Diabetes und die Entstehung von Herzschäden sind dokumentiert. Wie sehr sich die Psychopharmakaeinnahme durch Kinder auf deren späteres Leben auswirkt – die durch manche Psychopharmaka begünstigte Fettleibigkeit beispielsweise zieht weitere Krankheiten nach sich –, ist bis heute nicht erforscht. Dabei sind Kinder im Jahr 2013 vermutlich nicht kränker als vor 50 Jahren. »Weshalb so viele, vor allem Kinder, auf einmal krank erscheinen, lässt sich durch eine akkuratere Diagnostik nicht erklären«,[49] schreibt Allen Frances in seinem Buch *Normal – Gegen die Inflation psychiatrischer Diagnosen*. Für die vermehrte Verschreibung von Psychopharmaka bei Kindern gibt es keine sinnvolle Indikation – außer die Interessen der Pharmaindustrie.

Psychopharmaka für alle (Prozac Nation)

Unter dem Namen *Prozac* (in Deutschland als *Fluctin* erhältlich) kam 1988 eine Wunderdroge auf den Markt, eigentlich ein Antidepressivum, das gegen viele Beschwerden helfen und dazu das Abnehmen erleichtern sollte. Auch seien keine Abhängigkeit und nur wenige Nebenwirkungen zu erwarten, so hieß es damals.

Die Behauptungen des Herstellers Eli Lilly verfingen – *Prozac* wurde *das* Lifestylemedikament –, die Pille für alle, geeignet für bald 200 Millionen Amerikaner.

»Das Titelbild von *Newsweek* vom 26. März 1990 zeigt eine gewaltige Prozac-Kapsel – eine Art Auszeichnung als ›Pille des Jahres‹. [...] Die Geschichte ist mit dem Photo einer lächelnden Frau geschmückt, versehen mit dem Untertitel: ›Ich bin noch weit davon entfernt, perfekt zu sein, doch es ist eine große, große Verbesserung.‹ Ohne Verlegenheit berichtet *Newsweek*, wie eine Patientin ihrem Arzt zuruft: ›Ich nenne mich selbst Frau Prozac.‹ Die Geschichte sagt voraus, dass ›diese bahnbrechenden Medikamente das Leben von Millionen verändern können‹«, schreibt Peter R. Breggin in *Giftige Psychiatrie*.[50]

Die Amerikanerin Elisabeth Wurtzel veröffentlichte 1994 das Buch *Prozac Nation* (die deutsche Übersetzung kam als *Verdammte schöne Welt* in den Handel), in dem sie berichtet, wie sie als Jugendliche nach einer schmerzhaften Scheidung der Eltern langsam die Kontrolle verliert, sich selbst verletzt und Drogen nimmt – in der modernen Welt kein besonders ungewöhnliches Schicksal. Mit *Prozac* und Lithium-Präparaten konnte sie scheinbar wieder ein »normales« Leben führen. Elisabeth Wurtzel ist ein Beispiel. Millionen Amerikaner begannen, *Prozac* zu nehmen, um ihre psychischen Probleme »zu lösen« (tatsächlich: zu überdecken). Entsprechend schnellten die Verkaufszahlen hoch. 1,3 Millionen Menschen nahmen bereits 1994 das Medikament regelmäßig, Eli Lilly machte 1994 einen Jahresumsatz von 1,3 Milliarden Dollar allein mit Prozac.[51] Im Jahr

2010 wurden in den USA 24,4 Millionen Einheiten Fluoxetine (*Prozac* und Generika) verschrieben – trotz Verfügbarkeit neuerer Substanzen.[52]

Prozac wurde in den 1990er- und in den 2000er-Jahren geradezu Mode – alle sprachen und schrieben über die Wunderpillen. Die Gesellschaft, so eine verbreitete Hoffnung, werde besser werden, wenn möglichst viele dieses Medikament nähmen. Seelische Verstimmungen würden dann der Vergangenheit angehören.

In Italien und in Kanada etablierten sich in den 1990er-Jahren Musikgruppen mit von *Prozac* inspirierten Namen – ein Zeichen für die Popularität eines Medikamentes.[53]

Sportler bekannten öffentlich, *Prozac* zur Leistungssteigerung zu nehmen. Der Marathonläufer Alberto Salazar soll über *Prozac* gesagt haben: »Ich fühle mich großartig, und ich laufe besser«.[54] Selbst Tierärzte, so hieß es, verschrieben in den USA *Prozac* an »unglückliche« Hunde.[55]

Was für eine Gesellschaft … *Prozac* wurde in den USA wie *Coca Cola* ein Teil des modernen Lebens und der Popkultur – von Bands besungen, von Sportlern bejubelt, von Schriftstellern idealisiert. Bis heute ist *Prozac* ein »Blockbuster«, ein Milliarden-Geschäft. Allerdings erging es *Prozac* wie vielen Psychopharmaka: Irgendwann ließen sich die teils gravierenden Nebenwirkungen auch bei diesem Lifestylemedikament nicht mehr leugnen. Die Zahl der Konsumenten begann zu stagnieren.

Im Februar 2010 titelte *Newsweek* »Antidepressants don't work/ Antidepressants do work« (Antidepressiva funktionieren nicht/Antidepressiva funktionieren) und setzte sich mit der Debatte über »The Nation's most popular pills« (die beliebtesten Pillen der Nation) auseinander.

Doch auch wenn ein Boom nachlässt – der nächste kommt bestimmt. *Adderall* und *Ritalin* sind in den USA dabei, den Erfolg von *Prozac* zu überflügeln.

In Europa konnten sich Psychopharmaka bis heute nicht als Lifestylepillen durchsetzen. Doch auch da nehmen die Verschreibungen dramatisch zu, wie dem weiter oben bereits zitierten Bericht der Drogenbeauftragten der Bundesregierung zu entnehmen ist (5,2 Prozent der 18- bis 70-jährigen Frauen hatte 2012 in einem Zeitraum von sieben Tagen vor der Befragung »psychotrope« Substanzen eingenommen, bei den Frauen über 70 war der Anteil doppelt so hoch).[56] Die Ärzte können aus dem Vollen schöpfen und für jede Indikation, wie begründet sie auch sein mag, das »passende« Medikament finden: Das Arzneimittelverzeichnis für Deutschland, *Rote Liste 2013*, benennt nicht weniger als 338 zugelassene Psychopharmaka (wenige homöopathische Medikamente ohne gravierende Nebenwirkungen eingeschlossen).

Das komponierte Syndrom

Die Absatzerfolge, die mit Psychopharmaka zu erzielen sind, haben die Hersteller hungrig gemacht. Dort, wo viel Geld verdient wird, da lässt sich noch viel mehr verdienen. Und so entstehen inzwischen manche Krankheiten am Schreibtisch: als maßgeschneiderte Beschwerden für neue Medikamente. Erst kommt das neue synthetisierte Medikament, dann wird nach einem Krankheitsbild gesucht, womöglich gar ein neues Bild komponiert.

1998 wurden von dem Pharmaunternehmen SmithKline Beecham in den Zeitschriften *Der Nervenarzt* und *Der Kassenarzt* Anzeigen geschaltet, in denen von einem bis dahin unbekannten »Sisi-Syndrom« die Rede war, unter dem besonders aktiv wirkende Frauen leiden sollten. Unrast, Sprunghaftigkeit, körperliche Hyperaktivität, rasche Stimmungsschwankungen, übertriebener Körperkult, Diäten sowie Selbstwertprobleme sollen für das Syndrom charakteristisch sein – Symptome, die viele junge Frauen bei sich feststellen können.

Es sind Nebenwirkungen der emanzipierten Leistungsgesellschaft, deren Vorbild damals Jane Fonda war: Die Frauen der Aerobic-Ära wollten sportlich, schlank und attraktiv sein und Karriere machen. Das Sisi-Syndrom war eine fast perfide Idee: Sozusagen als Strafe für ihre Anpassung wurde den ehrgeizigen Frauen eine neue Krankheit geschenkt, ein Syndrom, das ihr von der Gesellschaft erwünschtes Verhalten pathologisierte.

1998 erschien ein populäres, an die vermeintlich Betroffenen gerichtetes Buch zum »Sisi-Syndrom«. Die vermeintlichen Störungen, vor allem übersteigerte Anpassungen an den Zeitgeist, konnten nun von möglichen Patientinnen als reale Erkrankung wahrgenommen werden.[57] Die Frauen, die sich betroffen fühlten, konnten nun zu Ärzten gehen und behaupten, dass sie an der selben Krankheit wie die hübsche Kaiserin von Österreich-Ungarn leiden. Der Arzt konnte sofort mit dem passenden, seit 1992 auf dem Markt befindlichen Medikament *Seroxat* (Wirkstoff Paroxetin) antworten – und alle waren scheinbar zufrieden. Die vielen Frauen, die *Seroxat* einnahmen, hatten zumindest einen Erfolg: Sie konnten nicht mehr hyperaktiv und sprunghaft an der Leistungsgesellschaft teilnehmen, sie hatten andere Probleme: Nach der Einnahme von *Seroxat* traten als Nebenwirkungen sehr häufig (bei über 10 Prozent aller Konsumenten) sexuelle Funktionsstörungen auf. Häufig sind Schläfrigkeit und Schlaflosigkeit, Unkonzentriertheit, Zittern des Körpers, Gähnen, verschwommenes Sehen, Durchfall, Erbrechen und Gewichtszunahme. Von gelegentlichem suizidalen Verhalten wird berichtet.

Wissenschaftliche Erkenntnisse über das tatsächliche Existieren des Sisi-Syndroms gab es jedoch keine – sieht man einmal von der Behauptung des *Seroxat* herstellenden Unternehmens ab. Die Untersuchung »Das Sisi-Syndrom – eine neue Depression?«, in der schon der Mangel an wissenschaftlichen Publikationen festgestellt wird, vermerkt trocken: »Zusammenfassend bietet die nichtwissenschaftliche Literatur Informationen über das ›Sisi-Syndrom‹ als besondere

Ausprägungsform der Depression und ihrer Behandlungsmöglichkeit, welche nahezu einstimmig die bereits von GlaxoSmith Kline [vorher SmithKline Beecham] aufgestellten Aussagen widerspiegeln«[58].

Zu den Zielen der Industrie gehört die Ausweitung der Zielgruppen, und wir sehen an diesem Beispiel, dass sie dabei recht kreativ vorgeht. Wenn es für ein Medikament keine passenden Krankheiten gibt, dann werden sie geschaffen.

Vermarktungsstrategien

Ohne Zweifel gibt es zahlreiche sehr sinnvolle Medikamente, die den Menschen helfen, wieder gesund zu werden, oder die dazu beitragen, dass Menschen ihre Krankheiten bewältigen können. Ohne entsprechende Medikamente besäßen viele Menschen eine niedrigere Lebensqualität. Das gilt vor allem bei organischen oder infektiösen Krankheiten, bei denen ein klarer körperlicher Defekt behandelt wird. Bei Psychopharmaka bietet sich jedoch ein anderes Bild: Die heilenden Wirkungen sind zweifelhaft oder nicht belegt, die Nebenwirkungen hingegen gravierend. Wie kann es sein, dass Medikamente mit zweifelhafter Wirkung derart erfolgreich wurden? Weshalb nehmen bis zu zehn Prozent der Deutschen und bis zu 20 Prozent der Amerikaner regelmäßig Psychopharmaka – obwohl sie damit keine Krankheit heilen und kein Problem lösen? Sie sind der Pharmaindustrie auf den Leim gegangen, sie sind Opfer von Marketingstrategien.

Damit man mich nicht falsch versteht: Ich will hier den Pharmaunternehmen ihr Handeln nicht vorwerfen, es ist, wie schon gesagt, systembedingt nachvollziehbar. Unternehmen und insbesondere Aktiengesellschaften müssen Gewinne generieren. Nur Gesetze können hier die Grenzen ziehen, an eine Moral oder Eigenverantwortung sollte man in einer Marktwirtschaft nicht allzu sehr appellieren. Ich schildere in diesem Buch die Lage der Gesellschaft aus meiner Sicht. Der Leser kann daraus Schlüsse ziehen, die ihn mündiger machen und ein eigenverantwortliches Verhalten ermöglichen. Der Glaube, dass die Pillen, die der Arzt verschreibt, schon gut sein werden, führt uns geradewegs in die sedierte Gesellschaft. Aber noch hat jeder Einzelne die Möglichkeit, diesen Weg nicht mitzugehen.

Ich habe meine Beobachtungen zur Vermarktung von Psychopharmaka in fünf »Strategien« zusammengefasst. Dass soll nicht heißen, dass in den PR-Abteilungen der Pharmaunternehmen genau so vorgegangen wird. Aber es sind doch Muster, die man immer wieder feststellen kann. Der Verbraucher und potenzielle Patient sollte gewappnet sein, um diese Strategien im Alltag zu erkennen.

1) Behauptung der Wirksamkeit in vielen Bereichen

Heroin half einst gegen Husten und Magenkrebs, *Prozac* hilft angeblich gegen fast alle seelischen Leiden des modernen Menschen: Es ist für die Industrie sinnvoll, ein breites Einsatzgebiet für Medikamente anzugeben. Gerade unspezifische Syndrome wie das »Burn-out-Syndrom« oder »ADHS« eignen sich hervorragend für die Verschreibung von Psychopharmaka.

2) Schaffung neuer und Umbenennung alter Krankheiten

Es muss im Interesse der Industrie liegen, immer neue Krankheiten zu propagieren oder altbekannten Krankheiten neue, »marktgängige« Namen zu geben. Das sogenannte Sisi-Syndrom ist ein gutes Beispiel, da es mit einem beliebten Vorbild spielt: Wenn die Kaiserin die Krankheit hatte, dann ist es nicht peinlich, sondern sogar schmeichelhaft, wenn ich sie auch habe. Beim »Burn-out-Syndrom« erscheint die Strategie ähnlich. Während Depressionen bis heute einen negativen Klang haben – wer depressiv ist, kann nicht arbeiten, kann seine Rolle in der Gesellschaft nicht ausüben, wird schnell als Versager abgestempelt –, ist das »Burn-out-Syndrom« ein Leistungsbeweis. Nur wer zuvor geradezu Übermenschliches vollbracht hat, der kann vom »Burn-out-Syndrom« befallen werden. »Burn-out« ist eine Managerkrankheit, die alle Betroffenen mehr adelt denn zeichnet. Auch die Umbenennung der altbekannten manisch-depressiven Störung in »bipolar« dient der besseren Vermarktung. Wer würde sich schon gerne als manisch-depressiv bezeichnen? Bipolar zu sein klingt da schon viel attraktiver; zumal, wenn die Störung nur als Folge eines biochemischen Ungleichgewichts beschrieben wird, das ganz einfach mit einem Medikament zu beheben sei.

3) Indirekte Werbung

Anders als für verschreibungsfreie Medikamente darf die Pharmaindustrie in Deutschland für verschreibungspflichtige Mittel nicht direkt werben. Sie hat aber inzwischen Formen entwickelt, über andere Wege der Öffentlichkeitsarbeit ihre Produkte zu verbreiten: Sie bewirbt die Krankheiten und Syndrome direkt über entsprechende Informationsseiten im Internet, die dann ganz nebenbei auch über den Einsatz der Psychopharmaka »aufklären«. Ein Beispiel von vielen: Bei der Internetseite »info-adhs.de«, »Leben mit ADHS – Information und Beratung für Betroffene, Eltern und Interessierte«, steht das Unternehmen Lilly im Impressum.[59] Neben der Endkundenwerbung werden natürlich auch die Ärzte über neue Psychopharmaka informiert. Sie erhalten Arzneimittelmuster, sie werden zu Vorträgen und Seminaren eingeladen (die oftmals in attraktiven Hotels stattfinden) oder bekommen Provisionen bei einer Verschreibung des entsprechenden Medikamentes. Vertreter besuchen gezielt die Praxen, um den einzelnen Arzt von den »Vorteilen« des jeweiligen Psychopharmakums zu überzeugen.

4) Persönliche Empfehlungen von Betroffenen

In den USA wurde die 1987 gegründete Patientengruppe »CH.A.D.D.« (Children and Adults with Attention Deficit Disorder) von der Pharmaindustrie unterstützt. Für ein Produkt, vor allem für ein Psychopharmakum mit zweifelhafter Wirksamkeit, gibt es keine bessere Werbung als die Empfehlung von Betroffenen.

5) Die Erfindung des biochemischen Ungleichgewichts

Die Strategie, psychische Krankheiten als biochemische Mangelkrankheiten zu beschreiben, erweist sich für die Industrie als segensreich. Gerade in der Psychiatrie hat sich die These, dass bestimmte Botenstoffe wie Dopamin im Gehirn nicht ausreichend zur Verfügung stehen, durchgesetzt (darauf werde ich im Kapitel »Volksdroge Antidepressiva« noch näher eingehen). Eine Mangelkrankheit führt quasi automatisch zu einer Medikation. Bei einer Dopaminunterversorgung im Gehirn, so scheint es, ist das Medikament, das diesen Mangel ausgleicht, die vermeintlich einzig sinnvolle Therapie. Der Psychotherapeut wird höchstens noch zur Unterstützung benötigt, im zweiten, fast unwichtigen Schritt (wie wir im Känguru-Beispiel gesehen haben: Was soll auch eine Gesprächstherapie ausrichten, wenn doch ein biochemisches Ungleichgewicht besteht).

Hinzu kommt, dass eine biochemische Erklärung für eine psychische Erkrankung den Patienten entstigmatisiert: Wenn mir nur ein paar Moleküle fehlen, dann bin ich doch nicht verrückt, wird er womöglich denken.

Auf einer Bewertungsseite für Medikamente schrieb die Nutzerin eines Fluoxetin-Präparats, dass sie ihrem Arzt, der bei ihr eine Depression diagnostiziert und ihr das Mittel verschrieben hatte, dankbar sei, da sie nun wisse, keinen festgeschriebenen »Charakterfehler« zu besitzen, sondern an einer »behandelbaren Krankheit« zu leiden. Sie ist geradezu erleichtert, ein Psychopharmakum zu bekommen, da sie nun nicht mehr über sich selbst nachdenken, nicht mehr an sich selbst zweifeln muss. Sie kann ein Stück Verantwortung abgeben und sagen: »Ich bin krank, ich werde mit Pillen behandelt, alles ist geregelt.« Psychische Auffälligkeiten werden von den meisten Menschen bis heute als unveränderbare Charaktereigenschaften angesehen. Aber wenn sie hören, dass ein biochemisches Ungleichgewicht die Ursache ist, gegen das es ein Medikament gibt, dann fällt ihnen ein Stein vom Herzen. Ihnen wurde so oft gepredigt, dass Medikamente gegen Krankheiten helfen, dass sie erst mit dem Medikament an eine Besserung ihres Zustandes glauben.

Wenn man der Behauptung eines biochemischen Ungleichgewichts beispielsweise bei ADHS folgt, dann werden Psychopharmaka schnell eine allseits akzeptierte Krücke für den Menschen – wie die Brille bei der Kurzsichtigkeit. Götz-Erik Trott, Facharzt für Kinder- und Jugendpsychiatrie, schreibt: »Bislang nehmen wir an, dass die Stimulanzientherapie wie eine Brille wirkt – das heißt, den Effekt sehen wir nur während der Gabe des Medikamentes – und nicht wie bei einem Antibiotikum, das die Erkrankung mit Stumpf und Stiel beseitigt.«[60] Eine Brille wird von dem kurz- oder weitsichtigen Menschen ein ganzes Leben lang kritiklos getragen: Ein für die Pharmaindustrie ganz wunderbarer Vergleich, denn anders als die Brille müssen die Medikamente, die dann ein Leben lang genommen werden, jede Woche neu bezahlt werden.

Ich muss hier anmerken, dass die Patienten, die an die »Brille Psychopharmakum« glauben, sich doppelt täuschen: Zum einen ist das angebliche biochemische Ungleichgewicht eine unbelegte und auch höchst zweifelhafte These (wir werden darauf zurückkommen). Zum anderen können Patienten von einem Psychopharmakum im besten Fall eine Symptomunterdrückung erwarten, im schlechten und nicht allzu seltenen Fall gravierende Nebenwirkungen.

Alle fünf genannten Strategien haben das Ziel, die Hemmschwelle für die Einnahme von Psychopharmaka herabzusetzen. Wenn Psychopharmaka der »Goldstandard« bei der Behandlung von psychischen Störungen oder auch leichten Anormalitäten werden und gleichzeitig die Bereiche der behandelbaren Anormalität ständig ausgeweitet werden, dann kann man nahezu allen Menschen psychische Störungen oder auch nur Abweichungen einreden. Und wenn sie auch noch an das biochemische Ungleichgewicht glauben, dann wird der Markt grenzenlos sein.

Erfolglose Therapien

Unter dem Druck der Industrie, die natürlich die Sinnhaftigkeit einer Psychopharmakaverschreibung behauptet, die positive Gutachten anführt und die auf vielfache Erfahrungsberichte verweist, fällt es schwer, eine tatsächliche Notwendigkeit einzugrenzen. Was ist Wahrheit, was Propaganda, was Lüge?

Ohne Zweifel haben synthetische Drogen in manchen seltenen Fällen eine Berechtigung. Nach schweren akuten traumatischen Erlebnissen, die einen Menschen hilflos zurücklassen, kann eine zeitweise Sedierung Sinn machen. Manchmal ist der Verstand mit den Dingen, die er wahrnimmt, tatsächlich überfordert. Auch aus psychiatrischen Kliniken wird berichtet, dass die Vergabe von Psychopharmaka an psychisch schwer erkrankte Menschen (Schizophrenie, psychotische Episoden) unumgänglich sei. Bestimmte Symptome lassen sich offenbar allein mit Medikamenten beherrschen. Mehr aber auch nicht: Psychopharmaka sind immer eine Symptombehandlung, keine Therapie, die Heilung als Ziel hat. Mit Psychopharmaka kann man einen Patienten nur unter Kontrolle bringen.

Aber auch bei der stationären Unterbringung von psychisch Kranken sind Zweifel an der Berechtigung des Medikamenteneinsatzes stets angebracht: Dienen die Medikamente vielleicht mehr dem Klinikpersonal, das mit ruhiggestellten Patienten einfacher umgehen kann? Werden die Nebenwirkungen nur aus Gründen der Bequemlichkeit hingenommen?

Studien weisen nach, dass es Betroffenen nach einer »Therapie« mit Psychopharmaka nicht besser geht. So schreibt Robert Whitaker in seinem Buch *Anatomy of an Epidemic* von 2010, dass diejenigen an Depression Erkrankten, die mit Antidepressiva behandelt werden, häufiger arbeitsunfähig und eingeschränkt bleiben als diejenigen, bei denen auf eine entsprechende Medikation verzichtet wurde.[61] Ähnliche Ergebnisse bringen Studien über die Patienten, die als schizophren diagnostiziert wurden.[62]

Stefan Weinmann berichtet von einer Studie, nach der die Reliabilität, also die Übereinstimmung von Diagnosen bei psychischen Erkrankungen, teilweise nur bei 32 Prozent liegt. Mit anderen Worten: »Nur ein Drittel der Diagnosen wurden von verschiedenen Kliniken übereinstimmend gestellt.«[63]

Das heißt, psychische Erkrankungen und Zustände können oftmals nicht sicher diagnostiziert werden. Es gehört zu den Eigenschaften der Psyche, dass sich ihre Ausprägungen nicht in Schubladen einpassen lassen – die menschliche Psyche ist vielfältiger und auch überraschender als jede Theorie. Daneben sind psychische Auffälligkeiten nicht immer dauerhafte Erscheinungen – sie treten manchmal überraschend auf und können auch von selbst wieder verschwinden. Jeder Mensch hat in seinem Leben einmal einen Zustand der Verwirrung, Hilflosigkeit oder Trauer – ohne dass das gleich die Diagnose einer Krankheit rechtfertigt.

Umso gründlicher muss über eine Therapie, die auf eine Auffälligkeit, eine Störung reagiert, nachgedacht werden. Doch in der Regel
werden auch bei einer zweifelhaften Diagnose schnell Medikamente
verschrieben. Es besteht eine Diskrepanz zwischen der Unsicherheit
der Diagnose, dem möglichen Spielraum für Interpretationen und
der Sicherheit der vermeintlichen Therapie. Eine Diskrepanz, die leider typisch für das etablierte System ist: Medikamente, in diesem Fall
Psychopharmaka, helfen scheinbar immer und werden mit Sicherheit verschrieben.

Manchmal erzeugen die eingenommenen Psychopharmaka erst
die Voraussetzungen für die Diagnose. Nach dem Absetzen von Benzodiazepine, verschrieben beispielsweise gegen Angstzustände, treten womöglich Symptome auf, die jeden Patienten erst recht krank
erscheinen lassen: Patienten erleben Wahrnehmungsstörungen, denken etwa, dass Insekten auf ihnen laufen, auch verfallen sie vielleicht
in extreme Depressionen und vieles Unangenehme mehr.[64] Wer vor
der Einnahme von Benzodiazepine noch halbwegs gesund war, der
wirkt danach auf die Anderen und auch auf sich selbst psychisch
krank, der steht jetzt in Gefahr, weiter auf die neuen Symptome hin
behandelt zu werden. Wer erst einmal in den Kreislauf der Medikation mit Psychopharmaka hineingerutscht ist – wir werden sehen, dass
das sehr leicht geht –, der wird meist nicht gesünder, sondern kränker. Das berühmte bayerische Psychiatrieopfer Gustl Mollath tat gut
daran, während seiner zwangsweisen Unterbringung in der Klinik
strikt jede Medikation zu verweigern. Hätte er die ihm aufgedrängten
Psychopharmaka genommen, hätte er den folgsamen Patienten gespielt, wäre er heute vermutlich nicht frei. So grotesk es ist: Die Medikation mit Psychopharmaka heilt nicht, sie verstärkt manchmal die
Krankheitsbilder, sie lässt das Umfeld der Betroffenen oftmals erst
glauben, dass diese wirklich krank sind.

In einer amerikanischen Studie, dem »Rosenhan-Experiment«,
wurden Schauspieler angewiesen, sich mit Symptomen einer nicht

bekannten psychischen Krankheit um Einweisung in eine psychiatrische Klinik zu bemühen. Nach erfolgreicher Aufnahme sollten sie keine Symptome mehr zeigen, sich stattdessen ganz normal verhalten. In allen dokumentierten Fällen wurden die vermeintlichen Patienten weiter auf eine psychische Erkrankung hin behandelt – trotz offenkundiger Gesundheit.[65]

Dass Psychopharmaka nicht unbedingt gesund machen, belegen auch Studien der Weltgesundheitsorganisation (WHO). In den Jahren von 1969 bis 1978 hat die WHO die psychische Situation der Bevölkerung von entwickelten Ländern und von Entwicklungsländern verglichen. Es stellte sich heraus, dass Menschen mit Schizophrenie in Ländern wie Indien, Nigeria und Kolumbien einen deutlich besseren Krankheitsverlauf und eine höhere Heilungsrate aufwiesen als eine Vergleichsgruppe in den Vereinigten Staaten und anderen entwickelten Ländern.[66] In einer auf der ersten Studie aufbauenden Untersuchung wurde nachgewiesen, dass nur 16 Prozent der Patienten in den Entwicklungsländern regelmäßig Medikamente bekommen hatten; in den reichen Ländern waren es 61 Prozent der Patienten. Trotzdem ging es den Betroffenen in den Entwicklungsländern signifikant besser! Eine Nachfolgestudie aus dem Jahr 1997 hat mehrere Patienten, die an den zwei vorherigen Studien teilgenommen hatten, erneut befragt. In den Entwicklungsländern war der Anteil der Geheilten deutlich höher![67]

Systematisch pathologisieren

Anders als in der zeitaufwendigen Psychotherapie muss der Arzt, der Psychopharmaka verschreibt, nicht über die Ursachen nachdenken. Statt sich mit der Vorgeschichte seines Patienten zu befassen, fragt er nach Symptomen oder ermittelt sie durch Verhaltenstests. Deren ausschließliche Behandlung ist die Folge und wird bei psychisch Erkrankten offenbar auch dann fortgesetzt, wenn keine Symptome mehr sichtbar sind. Denn auch das Ausbleiben von Auffälligkeiten ist nicht gleichzusetzen mit dem Abklingen einer Rötung oder einer Schwellung. Eine Verbesserung der Patientenbefindlichkeit müsste erneut im Gespräch oder über psychische Testverfahren ermittelt werden; zeitaufwendige Analysen, die vielleicht beim ersten Gespräch durchgeführt wurden, die danach aber oft aus Zeitmangel unterbleiben.

Patienten berichten mir von Ärzten, die schon nach ein paar Minuten Gespräch zum Rezeptblock greifen und das angeblich passende Medikament verschreiben. Gerade in der Welt psychischer Erkrankungen ist das Unwissen und damit die ärztliche Unsicherheit groß. Der schnelle Griff zu den Pillen ist oftmals nicht Ausdruck ärztlicher Erfahrung, sondern Kaschierung des Unwissens. Ein Psychopharmakum wird schon helfen – irgendwie.

Aber nein! Gerade diese Annahme scheint nicht zu stimmen. Heute bekommen immer mehr Menschen Psychopharmaka verschrieben, aber gleichzeitig werden immer mehr Menschen als psychisch krank diagnostiziert. Obwohl immer größere Teile der Bevölkerung unter den angeblich heilenden legalen Drogen stehen, steigen die Krankenraten kontinuierlich. In zehn Jahren ist die »die Anzahl psychisch bedingter Krankschreibungen bundesweit um fast 40 Prozent gestiegen, teilt die Techniker Krankenkasse […] in ihrem aktuellen Gesundheitsreport mit, in dem erstmals Daten aus einem Jahrzehnt berücksichtigt wurden.«[68] Die *Zeit* berichtet 2013: »Jede achte Krankschreibung hat mittlerweile [einen psychisch bedingten] Hintergrund […] – ein Anstieg von 74 Prozent seit 2006. Mehr als vier von zehn Menschen, die in Frührente gehen, geben als Grund psychische Leiden an, wie Berichte der Deutschen Rentenversicherung belegen.«[69] In den USA haben sich die Krankschreibungen (bzw. die Fallzahlen der staatlichen Unterstützung) zwischen 1987 und 2007 etwa verdoppelt.[70]

In allen Erhebungen steigen die Zahlen. Bedeutet das, dass die Psychopharmaka nicht wirken? Während beispielsweise der Antibiotikaeinsatz bei der Tuberkulose zu einem raschen Rückgang dieser Krankheit geführt hat, wachsen diagnostizierte psychische Krankheiten und die Medikation im Gleichschritt, scheinen sich gegenseitig hochzuschaukeln.

Und dennoch behaupten die Industrie, viele Ärzte sowie manche Buchautoren einvernehmlich, dass Psychopharmaka ein Segen sind, dass sie den Patienten helfen.

Wenn ich Patienten vor mir habe, die ein Psychopharmakum nehmen, frage ich sie immer, ob es ihnen guttut. Meistens bekomme ich »Nein« als Antwort. Die Gruppe meiner Patienten ist natürlich nicht repräsentativ: Sie sind bereit, an ihrer Krankheit im Gespräch zu arbeiten, sie glauben mehr an sich und ihre Kräfte als an eine Tablette. Diese Menschen mögen es nicht, ruhiggestellt und benebelt zu sein. Aber sie nehmen trotzdem das Psychopharmakum. Ich frage dann weiter, weshalb sie die Tabletten schlucken. »Weil der Arzt es mir gesagt hat«, heißt es regelmäßig.

Viele Menschen, die jeden Tag Psychopharmaka nehmen, spüren, dass ihnen die Medikamente nicht helfen. Aber sie haben verlernt, auf ihre innere Stimme zu hören. Die Strategien der Pharmaindustrie sind so erfolgreich, dass sie den Verstand und das Fühlen der Menschen überstrahlen. »Was der Arzt mir erklärt, kann ja nicht falsch sein« – so das häufig gehörte Fazit der Menschen, die zum ersten Mal vor mir sitzen.

Schon 1999 schrieb der *Spiegel*: »Allzu leichtfertig verschreiben Mediziner die Gemütsdrogen als legales Doping für den Alltag, und für diese Freigiebigkeit müssen Patienten teuer zahlen: Viele leben im dauernden Bewusstseinsnebel, andere leiden unter dramatischen Nebenwirkungen. Vor allem aber sind Hunderttausende abhängig geworden. Und Wegbereiter für ihre Pillensucht war ausgerechnet der Arzt ihres Vertrauens.«[71]

Kapitel 3

Risiken und Nebenwirkungen

Warum Psychopharmaka alles außer Heilung bringen

Bei den Psychopharmaka ist ein umfangreicher Katalog von teils dramatischen Nebenwirkungen bis hin zu Suizid und Herztod gut belegt und dokumentiert. In der Öffentlichkeit werden die Nebenwirkungen allerdings möglichst kleingeredet – sie wären in ihrer Summe für jeden Leser zu erschreckend. Ein guter Patient folgt der Autorität des Arztes und ignoriert möglichst den Beipackzettel, ignoriert auch die Warnungen des Apothekers.[72] Barbara Simonsohn erzählt in ihrem Buch *Hyperaktivität – Warum Ritalin keine Lösung ist*, dass einige Ärzte sogar ihren Patienten nahelegen, den Beipackzettel nicht zu lesen.[73] Würden sie das tun, würden sie anfangen zu recherchieren, würden sie die paradoxe Situation erkennen: Bei vielen Psychopharmaka ist die positive Wirkung höchst zweifelhaft, oftmals gehört auch das Symptom, gegen das die Mittel wirken sollen, zu den häufigen Nebenwirkungen. Doch der Glaube an die Wirkung lässt die Patienten die Nebenwirkungen akzeptieren. Wüssten sie, wie schlecht die Chancen stehen, dass das Medikament ihnen hilft, würden sie es vermutlich nicht einnehmen. Darum bemühen sich Pharmahersteller, Studien über die Unwirksamkeit der Mittel oder über gravierende

Nebenwirkungen, so lange es geht, unter Verschluss zu halten. Ein Beispiel: Das Medikament *Zyprexa*, 1996 von Eli Lilly zur Behandlung schwerer psychischer Erkrankungen eingeführt, wurde zu einem Bestseller, es gehört zu den meistverkauften Medikamenten auf der Erde. Im Jahr 2008 wurde jedoch bekannt, dass *Zyprexa* bei mehreren Patienten Diabetes verursacht hat. Die Entwickler des Medikamentes kannten die Risiken bereits kurz nach Markteinführung und verheimlichten sie bewusst, wie James Gottstein nachweisen konnte.[74]

Es macht Sinn, sich einmal die Dimension des möglichen Schreckens vor Augen zu halten. Deshalb sollen die Nebenwirkungen von drei häufig verschriebenen Medikamenten vorgestellt werden. Die drei Mittel – *Ritalin* (Wirkstoff Methylphenidat), *Fluctin* (Wirkstoff Fluoxetin) und *Zyprexa Velotab* (Wirkstoff Olanzapin) – werden so häufig verschrieben, dass alle genannten Nebenwirkungen keine abstrakten Aussagen sind, sondern allein nach der statistischen Wahrscheinlichkeit regelmäßig unter den Konsumenten auftreten werden. Für jede der genannten Nebenwirkungen gibt es also reale Opfer. Ich zitiere die Listen der Nebenwirkungen nach den Angaben in der »Roten Liste 2013 – Arzneimittelverzeichnis für Deutschland«[75], bei *Fluctin* nach den Angaben des Herstellers.

Die Nebenwirkungen von Ritalin (verschrieben bei ADHS):

»Sehr häufig [d.h. mehr als 10 %]: Schlaflosigkeit, Nervosität, **Konzentrationsmangel** und Geräuschempfindlichkeit (bei Erwachsenen mit Narkolepsie), Schwitzen (bei Erwachsenen mit Narkolepsie), Kopfschmerzen.« Zu den sehr häufigen Nebenwirkungen von *Ritalin* gehört also schon das Symptom, gegen das das Medikament helfen soll: Konzentrationsmangel!

»Häufig [d.h. 1–10 %]: Abnormales Verhalten, **Aggressionen**, Erreg[ungszustand], Anorexie, Ängstlichkeit, **Depressionen**, Reizbarkeit, Affektlabilität, Appetitverlust, mäßige Verminderung der Gewichtszunahme und des Längenwachstums bei längerer Anwendung bei Kindern, Somnolenz, Schwindelgefühl, Dyskinesien, psychomotorische Hyperaktivität [sic!], Tachykardie, Palpitat., Arhythmien, Hypertonie, Bauchschmerzen, Magenbeschwerden, Übelkeit, Erbrechen, Mundtrockenheit, Diarrhö, Alopezie, Pruritus, Rash, Urtikaria, Fieber, Arthralgien, Husten-, Rachen- und Kehlkopfschmerzen, Nasopharyngitis, Änd. des Blutdrucks und der Herzfrequenz (üblicherweise eine Erhöhung), Gewichtsverlust.«

Gelegentlich [d.h. 0,1–1 %] treten auf: »Überempfindlichkeitsreaktionen [...], Psychosen, auditive, visuelle und taktile **Halluzinationen**, **Verfolgungsideen**, Verstimmungen, Stimmungsschwankungen, Ruhelosigkeit, Ärger, **Suizidgedanken**, Weinerlichkeit, Halluzinationen, psychot. Erkrankungen, **Tics** od. Verschlechterung bestehender Tics des Tourette-Syndroms, Schlafstörungen, Sedier., Tremor, Diplopie, verschwommenes Sehen, Brustschmerzen, [...] Muskelzuckungen, [...] Müdigkeit, Herzgeräusche.«

Als »sehr selten« [d.h. weniger als 1 Fall unter 10 000 Konsumenten] werden »**Suizidversuch** (einschl. vollendeten Suizid), **abnormes Denken**, Apathie, **Herzstillstand**, **plötzlicher Herztod**« beschrieben. Bei folgenden Erscheinungen ist eine Häufigkeit nicht zu beziffern: Wahnvorstellungen, Denkstörungen, Verwirrtheitszustand, Abhängigkeit.

Die Nebenwirkungen von Fluctin und Fluoxetin

(Wirkstoff Fluoxetin, wird gegen Depressionen, Zwangsstörungen und Bulimie eingesetzt):

Bei diesem Medikament sind Schlaflosigkeit, Kopfschmerzen, Diarrhoe, Übelkeit und Müdigkeit sehr häufig auftretende Nebenwirkungen – mehr als jeder zehnte Konsument bekommt sie.

Häufig [d.h. 1–10 %] sind »Appetitlosigkeit, Gewichtsverlust, Nervosität, Angst, Ruhelosigkeit, schlechte Konzentrationsfähigkeit, sich angespannt fühlen, **verminderter Sexualtrieb oder sexuelle Probleme** (einschließlich Schwierigkeit, eine Erektion zur sexuellen Aktivität aufrecht zu halten), Schlafstörungen, ungewöhnliche Träume, Müdigkeit oder Schläfrigkeit, Schwindel, Geschmacksveränderungen, **unkontrollierbare schüttelnde Bewegungen**, verschwommenes Sehen, Gefühl eines schnellen und unregelmäßigen Herzschlages, Hautrötung, Gähnen, Verdauungsstörung, Erbrechen, Mundtrockenheit, Hautausschlag, Nesselsucht, Juckreiz, starkes Schwitzen, Gelenkschmerzen, häufigeres Wasserlassen, unerklärbare vaginale Blutungen, Gefühl von Zittrigkeit oder Schüttelfrost.«

Gelegentlich [d.h. 0,1–1 %] treten das »Gefühl neben sich zu stehen, **sonderbares Denken**, abnormal gehobene Stimmungslage, Orgasmusprobleme, Zähneknirschen, Muskelzuckungen, unwillkürliche Bewegungen oder Gleichgewichts- oder Koordinationsprobleme, vergrößerte (erweiterte) Pupillen, niedriger Blutdruck, Atemnot, Schwierigkeiten beim Schlucken, Haarausfall, erhöhte Neigung zu Blutergüssen, kalter Schweiß, Schwierigkeiten beim Wasserlassen, sich heiß oder kalt fühlen« auf.

Selten sind u.a. »**untypisches wildes Verhalten**, Halluzinationen, Erregtheit, Panikattacken, Anfälle, Vaskulitis (Entzündung eines Blutgefäßes), schnelle Schwellung des Gewebes um Hals, Gesicht, Mund und/oder Kehle, Schmerzen in der Speiseröhre, Empfindlichkeit gegenüber Sonnenlicht, Absonderung von Milch aus der Brust, psychomotorische Unruhe/Akathisie (Unfähigkeit zum ruhigen Sitzenbleiben)«.

In der Häufigkeit nicht bekannt sind **suizidale Gedanken und suizidales Verhalten**; darüber hinaus Gedächtnisstörungen, Lungenprobleme, Leberentzündung, abnormale Leberfunktionswerte, Muskelschmerzen, Probleme beim Wasserlassen, **Verwirrtheit**, Stottern, Nasenbluten, Ohrenklingen (Tinnitus), unerklärbare Blutergüsse oder Blutungen. »Ein erhöhtes Risiko für das Auftreten von Knochenbrüchen wurde bei Patienten, die mit dieser Arzneimittelgruppe behandelt wurden, beobachtet.«

Bei Kindern und Jugendlichen von 8 bis 18 Jahren kann das Medikament »zusätzlich zu den oben aufgeführten möglichen Nebenwirkungen [...] das Wachstum verlangsamen oder möglicherweise **die sexuelle Entwicklung verzögern**. Nasenbluten wurde häufig bei Kindern berichtet.«[76]

Die Nebenwirkungen von Zyprexa Velotab (Wirkstoff Olanzapin, wird gegen Schizophrenie und zur Behandlung von bipolaren Störungen eingesetzt):

Mehr als jeder zehnte Patient kämpft mit folgenden Nebenwirkungen: »Schläfrigkeit, Gewichtszunahme, erhöhte Plasmaprolaktinspiegel (Gelegentl. damit zusammenhängend Amenorrhoe, Gynäkomastie, Galaktorrhoe, Brustvergröß[erung], häufig: **erektile Dysfunk[tion]**, **erniedrigte Libido**), [...], in klin[ischen] Studien bei Pat[ienten] mit Demenz bedingte Psychose höhere Inzidenz an Todesfällen [...] sowie **sehr häufig abnormer Gang u. Stürze.**«

Bei ein bis zehn Prozent der Konsumenten treten folgende Nebenwirkungen auf: »**Sprachstör[ungen]**. (bei gleichz[eitiger] Gabe mit Lithium od[er] Valproat), [...], Ausschlag, **erektile Dysfunk[tion] bei Männern**, erniedrigte Libido bei Männern u[nd] Frauen, Asthenie, Ödeme, Müdigkeit, [...] Bei ält[eren] Pat[ienten] mit Demenz: Pneunomie, erhöhte Körpertemp., Lethargie, Erythem, visuelle Halluzinat., Harninkontinenz.«

Gelegentlich – bei weniger als einem Prozent der Betroffenen – treten folgende Nebenwirkungen auf: »Thromboembolien, einschl.

Lungenembolien u. tiefer Venenthrombose, **Lichtüberempfindlich-k[eits]-Reakt[ionen]**, […] **Harninkontinenz**, […] Brustvergröß[e-rung], Galaktorrhoe bei Frauen, Gynäkomastie/Brustvergröß[erung] bei Männern.«

In der Häufigkeit nicht bekannt ist das Auftreten von »Hepatitis […], Krampfanfälle, […] **Entwickl[ung]** od[er] Verschl[echterung] **eines Diabetes**. Gelegentl[ich] Begleit. v[on] Ketoaciedose, ein-schl[ießlich] einiger letaler Fälle, Thrombozytopenie, allerg. Reakt., Hyperthermie, Malignes neurolept. Syndr., Dystonie (einschl. Blick-krämpfen), tardive Dyskinesie, Pankreatitis, ventrikul. Tachykardie/ Fibrilation, **plötzl[icher] Tod**, Rhabdomyolyse, Priapismus, Schwie-rig[keit] beim Wasserlassen […].«

Bei Kindern und Jugendlichen treten allgemein Gewichtszunah-men auf.

Sind Sie erschrocken? Im Lotto ist die Wahrscheinlichkeit, Geld zu gewinnen, ganz entschieden geringer, als bei Psychopharmaka gra-vierende Nebenwirkungen zu erleiden. Die Wahrscheinlichkeit, durch Psychopharmaka ernsthaft krank zu werden, ist sogar zweifel-los außerordentlich groß. Die Nutzung von Psychopharmaka führt zu Kollateralschäden, deren Umfang bislang nicht erfasst wurde. Wo sind die Statistiken? Wie viele Selbstmorde gehen auf den Konsum von Psychopharmaka zurück? Auch der Fußballtorwart Robert Enke, der sich am 10. November 2009 vor einen Zug warf, stand unter An-tidepressiva. Auch hier stellt sich die Frage, ob die Erkrankung selbst oder das Medikament gegen die Krankheit Ursache des Suizids war.[77] Wie viele Gewalttaten haben Psychopharmaka als Auslöser? Wie vie-le Menschen leiden an bleibenden, ihr Leben einschränkende Neben-wirkungen? Gibt es ausreichende Therapieerfolge, die die Nebenwir-kungen rechtfertigen? Eine Schaden-Nutzen-Analyse wurde bislang nicht durchgeführt. Sicher ist, eine solche Analyse würde Psycho-pharmaka nicht attraktiver werden lassen …

Persönliche Erfahrungen

Fragen wir die Konsumenten, sie müssen es am besten wissen. In Bewertungsportalen im Internet können sie die Erfahrungen mit Medikamenten posten. Hier findet man sicher keinen statistisch repräsentativen Querschnitt, deshalb macht es keinen Sinn, die Erfahrungsberichte zahlenmäßig auszuwerten, um die Häufigkeit von möglichen Nebenwirkungen zu erfassen. Aber es handelt sich um aufschlussreiche, individuelle Beschreibungen, die die offizielle Liste der Nebenwirkungen illustrieren.

Eine komplette Auswertung aller Nutzermeinungen zu Psychopharmaka wäre eine eigene Forschungsarbeit. Ich will hier beispielhaft aus den insgesamt 60 Berichten zu dem Methylphenidat-Medikament *Concerta* (vergleichbar mit *Ritalin*) auf einem Bewertungsportal (sanego.de) zitieren. Unter den Nutzerbewertungen finden sich sowohl positive als auch negative Erfahrungsberichte. Ich zitiere hier vor allem die Nutzer, bei denen Nebenwirkungen aufgetreten sind.[78]

In der Bewertung einer 17-jährigen Konsumentin heißt es:

»Ich habe concerta 27mg vom Arzt verschrieben bekommen. Seitdem ich das benutze habe ich Kopfschmerzen Bauchschmerzen mir ist übel ich muss mich übergeben am anfang gings noch ich wusste nicht das es an dem Medikament liegt aber gestern waren die Kopfschmerzen so schlimm ich hab angefangen zu schreien mir war schlecht und meine augen waren knall rot meine pupillen zu gross […].« Die Patientin schreibt weiter, dass sie schließlich von ihrem Vater ins Krankenhaus gebracht wurde. Sie fragt die anderen Nutzer der Bewertungsseite, ob sie das Medikament weiter nehmen soll.

Ein 34-jähriger Mann schreibt von starken Nebenwirkungen. Interessant ist, dass auch sein Vater das Medikament nimmt. ADHS wird gerne als genetisch bedingt angesehen, und so werden die Psychopharmaka manchmal ganzen Familien verschrieben: »[…] Nach Einnahme ist mein Penis geschrumpft und zwar gewaltig, von normaler Größe auf Micro, was unterschiedlich war, aber nach längerer Einnahme immer häufiger wurde. Unter anderem hatte ich in dem Bereich Schmerzen, Verfärbungen von Weiss sowie Blau und sexuelle Dysfunktionen. Das Schlimmste an der ganzen Geschichte ist aber, dass dieser sich langsam wieder normalisiert, aber mein Stoffwechsel völlig kaputt zu sein scheint. Hatte schon von anderen Berichterstattungen gelesen, dass eine Personen nach Absetzung des Medikamentes zwischen 10 kg und 30 kg zugenommen habe. Werde jetzt versuchen mit Sport dagegen anzukämpfen. […] Meinem Vater z.b. bekommt es sehr gut und ist vollends zufrieden damit. Ich im Gegensatz, muss schauen, wie ich meine Ego wieder aufbauen darf […].«

Ein weiteres Beispiel: »Ich 16 Jahre hatte Concerta 54 damals war ich 14 schon mal genommen da ich ADS habe, habe es aber dann abgesetzt, weil es mich unglücklich machte und den Appetit einschränkte. Jetzt nach zwei Jahren habe ich einen neuen Versuch gemacht, da es mir bei der Konzentration hilft die ich für die Schule unbedingt brauche. Allerdings sind die Nebenwirkungen diesmal obwohl das Medikament exakt das gleiche wie damals ist anders. Ich habe gar keinen Appetit mehr es fällt mir richtig schwer etwas zu essen. Dazu kommen plötzliche Gefühlsausbrüche und Angstzustände. Es ist trotzdem sehr gut und weiter zu empfehlen für Leute die es brauchen.« Die Menschen, denen das Medikament verschrieben wurde, wollen an die Wirkung glauben. Sie nehmen dann auch gravierende Nebenwirkungen hin – in der Hoffnung, dass sich alles zum Besseren entwickeln wird.

Eine Mutter, eher positiv: »Mein Sohn hat ADHS mit Störung des Sozialverhaltens. […] Nebenwirkungen, am Anfang Bauchschmerzen, Kopfschmerzen, Übelkeit und keinen Hunger, diese Nebenwirkungen haben sich alle nach ca. 2 Monaten gelegt, jetzt Nebenwirkung frei. Auffallend ist, dass seitdem mein Sohn Concerta nimmt, [er] sehr blass ist.«

Eine weitere Mutter, bei der alle Kinder mit Psychopharmaka behandelt werden: »[…] Drei meiner vier Kinder nehmen Concerta. Die vierte bekommt Strattera, da sie lediglich das ADS Syndrom hat und sich nicht konzentrieren kann. Die anderen drei haben das ADHS Syndrom und würden sonst den ganzen Tag herumalbern, quatschen etc. […]« Gehört es nicht zum Kindsein dazu, herumzualbern und zu quatschen?

Eine weitere Mutter, deren Kinder offenbar auch wegen ADHS behandelt werden, äußert sich ganz positiv:

»Nebenwirkungen habe ich bei keinen meiner Kinder feststellen können. Auch die bekannten Bauchschmerzen oder das kein Hungergefühl kann ich nicht bestätigen. Alle Kinder essen über Tag gut. Für den Tagesablauf in der Schule ist das Medikament ein Segen. Die Kinder könnten sich sonst nicht konzentrieren und würden nur negativ auffallen. So sind die schulischen Leistungen auch entsprechend nicht so dramatisch.« Kinder fallen nicht mehr negativ auf: Das ist das Ziel, das die Eltern heute erreichen müssen – zur Not mit Tabletten. Vielleicht wären die schulischen Leistungen auch ohne das psychostimulierende Medikament aber mit entsprechender Förderung und Zuwendung »nicht so dramatisch«.

Ein 16-jähriges Mädchen: »Ich nehme die Tabletten jetzt schon 4 Jahre, am Anfang hatte ich Schwierigkeiten mit der Dosierung, bei mir sind Nebenwirkungen, wie Suizidgedanken, Depressionen usw. an der Tagesordnung gewesen.« Wenn es stimmt, was sie schreibt, dann hatte sie mit zwölf Jahren Suizidgedanken nach Einnahme des Medikamentes. Ich kann nicht beurteilen, ob die Eltern damals wussten, was in ihrer Tochter vor sich geht. Doch sollten Eltern ihren Kindern kein Medikament geben, das bei diesen womöglich den Wunsch auslöst, nicht mehr leben zu wollen. Keine diagnostizierte Aufmerksamkeitsdefizit- und Hyperaktivitätsstörung kann rechtfertigen, dass ein Mädchen im Kinderzimmer sitzt und lieber sterben will.

»Mein Sohn, der schon länger wegen ADHS behandelt wird, sollte auf einmal Concerta 18 mg Retard (man beachte, daß ist die niedrigste Dosierung) bekommen, da dieses Medikament schon vor dem Frühstück genommen werden kann, schneller und länger wirkt. Am Anfang, d.h. für ca. 6 Monate waren wir auch recht zufrieden mit dem Medikament, die Appetitlosigkeit war weniger stark, als bei dem alten Medikament, aber die Einschlafprobleme wurden immer schlimmer. Irgendwann waren wir bei 23 Uhr abends. Aber der wirkliche Alptraum begann nach 1 Jahr: mein Sohn wurde täglich ab 16 Uhr (Wirkungsende) agressiver. Er schrie und wütete jeden nachmittag 4-5 Stunden lang. Mal war ich an allem Schuld, mal haute er sich an den Kopf, mit den Worten ›dieser Scheiß Kopf soll endlich zu denken aufhören‹, dann wurde er autoagressiv, schlug mit dem Kopf an die Wand, verkroch sich heulend unters Bett, wollte sterben (mit 10 Jahren!) Ich war total verzweifelt, rannte von Arzt zu Arzt. Man war sich einig: sowas kann nur an der Mutter liegen, das Kind muß ins Heim! Ich war fassungslos!!! Irgendwann sagte mir mein Gefühl, lass das mit diesen Tabletten. Die helfen ja doch nicht mehr…und das Wunder geschah! Schon 1 Tag (!) nach Absetzen von Concerta, war der Spuk vorbei. Statt Glückwünschen bekam ich Ärger vom Arzt, wegen eigenmächtigen Handelns, … aber, mein Sohn darf bleiben, wir führen wieder ein besseres Leben. Er hat seine Freude am Leben wiedergefunden.« Es mag ein Einzelfall sein, was die Mutter über die Erfahrungen mit ihrem Sohn schreibt. Aber er zeigt, wie schnell man mit Psychopharmaka die Kontrolle verlieren kann – über das Wohlergehen des Kindes, über den familiären Zusammenhalt usw. Hätte sich die Mutter so verhalten, wie der Arzt es wollte, wäre das Kind womöglich im Heim, würde es womöglich weiter mit Psychopharmaka »therapiert« werden.

»Nach Jahren der Einnahme von Concerta, bekam er von fast heut auf morgen unbegründete Wutanfälle. Er tat sich mehrmals täglich sehr weh und war nicht mehr zu bremsen. Es war schrecklich, für eine Mutter die Hölle, dies anzusehen. Das Verhalten wurde auf den Autismus geschoben, doch wir als Eltern wussten das dies nicht unser Kind ist. Gegen die Annahme aller \\\\\\\›FACHLEUTE‹\\\\\\\ […] … haben wir Concerta abgesetzt. nach 2-3 Wochen … wieder ein liebevolles und fröhliches Kind. Die 5 Jahren, in denen er die Medikamente bekommen hatte, haben nichts zur Förderung (da Autist) beigetragen. Die 5 Jahre ließen seine Förderung stillstehen. Zum Glück haben wir durchgehalten und unser Kind nicht ins Heim gegeben.«

Bei 60 Bewertungen eines Methylphenidat-Medikaments lese ich also bereits zwei Fälle, in denen die Gefahr bestand, dass ein Kind unter Medikamentenwirkung oder womöglich wegen Medikamentenwirkung in ein Heim sollte! Natürlich kann man davon ausgehen, dass dramatisch negative Fälle eher im Internet gepostet werden als unauffällig positive. Doch belegen diese Erfahrungsberichte sehr eindrucksvoll, dass die im Beipackzettel »versprochenen« Nebenwirkungen tatsächlich auftreten. Es sind keine Fiktionen!

»nebenwirkung sind übelkeit, kopfschmerzen, schweisausbrüche, depressionen, agresivität, tics u.s.w

Ich nehme concerta seit 10 jahren davor habe ich Ritalin gekrigt, bis zu meinen 18 lebensjahr hatte ich einen arzt der mich danach nicht weiter behandelt hat jetzt verschreibt mir mein hausarzt concerta weil es in Deutschland kein arzt gibt der sich mit ADS im erwachsenenalter auskennt, jetzt muss ich in psychische behandlung wegen meiner nebenwirkung, aber absetzen kann ich sie auch nicht weil ich mitten in der ausbildung bin«. Inzwischen gibt es Ärzte, die sich auch mit ADS im Erwachsenenalter auskennen – die vermeintliche Krankheit wurde inzwischen ausreichend propagiert. Aber dieses Beispiel zeigt sehr schön, dass der Patient offenbar nicht ausreichend psychologisch betreut wird. Seit seiner Kindheit nimmt er Methylphenidat, Tics treten als Nebenwirkungen auf, aber bislang hat er offenkundig keine Psychotherapie bekommen. Immerhin soll er jetzt in psychologische Behandlung, vielleicht eine Empfehlung des Hausarztes, aber nicht wegen der Ursache seiner Probleme, sondern wegen der Nebenwirkungen des Medikaments! Ich kann den Fall hier natürlich nicht medizinisch bewerten, dazu reichen die Informationen nicht aus. Ich kann nicht beurteilen, ob sich ein Arzt ausreichend für einen Patienten einsetzt, kann auch nicht sagen, ob der Patient die Dinge hier richtig wiedergibt. Aber dennoch ist das Bild, das man bekommt, erschreckend. Vielen Menschen wird mit den Psychopharmaka offenbar nicht geholfen, sondern lange Leidenskarrieren beginnen.

Ein anderer *Concerta*-Konsument, 18 Jahre alt, Gymnasiast, schreibt, dass bei ihm nach der Einnahme »oft ein Gefühl als sei ich Autistisch veranlagt« entsteht. »Ich schwebe in meiner eigenen Welt, schweife in der Schule im Unterricht gedanklich total ab und verliere mich in meiner Fantasie. Wenn ich das Medikament nicht einnehme ist das nicht der Fall. Außerdem ist mir aufgefallen, dass sich meine komplette Persönlichkeit nach Einnahme des Medikamentes verändert. Ich werde ruhig und viel schüchterner, was mir gar nicht gefällt, da ich sonst ein sehr aufgeschlossener Mensch bin.«

Noch eine erschreckend knappe Aussage: »mein sohn 7 jahre, kann nach seiner einschätzung, nicht mehr ohne concerta unter die menschen …« Die Einschätzung des siebenjährigen Kindes ist vermutlich auch und vor allem die Einschätzung der Eltern. Aber es kann nicht sein, dass ein Kind nur unter Psychopharmakaeinfluss »unter die Menschen« kann.

Amokläufe

Mit der Einnahme von Psychopharmaka spielt der Nutzer russisches Roulette – er kann froh sein, wenn er bei gravierenden Nebenwirkungen rechtzeitig den Absprung schafft. Die oben zitierten Fälle lassen sich beliebig fortsetzen, wenn man die Bewertungen der anderen Methylphenidat-Medikamente durchgeht oder sich die Erfahrungsberichte zu Antidepressiva, Antipsychotika oder Tranquilizern durchliest. Die Amerikanerin Sara Bostock, deren Tochter nach der Einnahme des Medikaments *Paxil* (ein Antidepressivum) Selbstmord beging, gründete die Internetseite *ssristories.com*, auf der Fälle von Gewalt in Zusammenhang mit der Einnahme von Psychopharmaka, vor allem nach der Einnahme von Serotonin-Wiederaufnahmehemmern (in den USA sind diese Antidepressiva unter der Abkürzung SSRI bekannt), dokumentiert werden. Sie sammelte dazu im Internet zugängliche englischsprachige Quellen. Bis zur Einstellung der Aktualisierung der Datenbank Ende 2011 hatte sie 4 800 Quellen zusammengestellt:[79] eine Liste des Schreckens mit teilweise mehreren Vorfällen pro Tag. In jedem Fall standen der Täter oder die Täterin unter Psychopharmaka: »73-Jährige tötet sich unter Celaxa-Einfluss«, »Mutter tötet ihren sechsjährigen Sohn und anschließend sich selbst«, »Mann attackiert Postboten und schlägt ihn grundlos zusammen«, »18-Jähriger begeht Selbstmord«, »Mann bringt seine Frau vor den Augen der Kinder um«, »15-Jährige sticht zwei Mädchen im Pausenraum nieder – Zustand der einen kritisch«, »Mutter eines 10 Wochen alten Säuglings begeht Selbstmord« ...

Ein besonderes Kapitel der Gewalttaten unter Psychopharmaka sind Amokläufe. Psychopharmaka haben die Eigenschaft, die Selbstkontrolle des Menschen zu verringern, ihre innere kritische Instanz zu neutralisieren. Gleichzeitig führen sie laut der Liste der Nebenwirkungen in einigen Fällen zu aggressivem und psychotischem Verhalten. Können diese Eigenschaften Amokläufe begünstigen? Ich habe aus der »ssristories«-Datenbank die Amokläufe mit vielen Toten herausgefiltert.[80] Im Folgenden nur ausgewählte Beispiele:

▶ Am 20. Mai 1988 ermordete eine 29-Jährige in der Grundschule von Winnetka, Illinois, einen Jungen und verletzte zwei Mädchen sowie drei Jungen. Anschließend nahm sie eine Familie als Geisel, verletzte einen weiteren Mann und nahm sich selbst das Leben. Sie nahm das Antidepressivum *Anafranil*.

▸ Am 30. Januar 1992 erschoss ein 59-jähriger Lehrer in Michigan den Schulleiter. Nach der Tat schrieb er einen Brief an eine Mitarbeiterin der amerikanischen Food and Drug Administration. »Dieses Medikament ist gefährlich. Wir beide wissen das, und es wird Zeit, das Richtige zu tun. Erklären Sie dieses Medikament für riskant und nehmen Sie es vom Markt.«[81] Gegen Depression nahm er *Prozac*.

▸ Am 12. Oktober 1995 schoss in Blackville, South Carolina, ein 15-Jähriger in der Blackville-Hilda High School gezielt auf zwei Lehrer, einer der beiden starb. Kurz darauf erschoss sich der Schüler selbst. Seine Tante bezeugte, dass sich der Teenager in psychologischer Behandlung befand. Er nahm *Zoloft* gegen emotionale Probleme.

▸ Am 21. Mai 1998 ermordete in Springfield, Oregon, ein 15-Jähriger erst seine Eltern und begab sich anschließend zu seiner Schule. In der Cafeteria eröffnete er das Feuer und ermordete zwei Menschen, 25 wurden verletzt. Der Täter nahm das Antidepressivum *Prozac*. Er besuchte die »anger control classes« und einen Psychologen.

▸ Am 20. April 1999 erschoss in Columbine, Colorado, ein 18-Jähriger zusammen mit einem Komplizen (17) zwölf Schüler und einen Lehrer. Sie verletzten 26 weitere Schüler, bevor sie sich selbst umbrachten. Der 18-Jährige nahm das Antidepressivum *Luvox*. Beide Täter befanden sich in einer Therapie zur Aggressionsbewältigung. Der 18-Jährige besuchte einen Psychiater, bevor er die Tat beging.

- Am 8. Juni 2001 erstach in Ikeda, Japan, ein 37-Jähriger acht Schüler der ersten und zweiten Klasse einer Grundschule mit einem Messer. Mindestens fünfzig weitere Schüler und Lehrer wurden verletzt. Er versuchte sich selbst umzubringen, fügte sich aber nur eine oberflächliche Wunde zu. Später erzählte er Vernehmungsbeamten, dass er vor der Tat die zehnfache Dosis eines Antidepressivums genommen habe.

- Am 7. Oktober 2002 nahm sich in Texas eine 13-jährige Schülerin mit einer Pistole vor den anderen Mitschüler in der Page Middle School das Leben. Sie nahm *Celexa*, ein Antidepressivum.

- Am 21. März 2005 erschoss ein 16-Jähriger in Red Lake, Minnesota, unter der Wirkung von *Prozac* seine Großeltern; anschließend ging er zu seiner Schule im Red Lake Indianerreservat und erschoss dort fünf Studenten, einen Sicherheitsmann und einen Lehrer. Dabei verletzte er sieben weitere Menschen und erschoss sich anschließend selbst. Die Dosierung des Medikamentes *Prozac* war vom behandelnden Arzt eine Woche vor der Tat erhöht worden.

- Am 27. September 2006 begab sich ein 54-Jähriger in die Platte Canyon High School in Colorado mit der Absicht, einige Schüler als Geiseln zu nehmen. Er schoss einem Mädchen in den Kopf und nahm sich selbst das Leben. In seinem Wagen fand die Polizei Antidepressiva.

- Am 7. November 2007 tötete ein 18-Jähriger in Finnland an der Jokela-Hochschule acht Menschen, verletzte ein Dutzend weitere Menschen und beging Selbstmord. Er nahm Antidepressiva.

- Am 14. Februar 2008 erschoss in Dekalb, Illinois, ein 27-Jähriger in einem Seminarraum der Northern Illinois University fünf Menschen, verletzte 21 weitere und nahm sich anschließend das Leben. Laut seiner Freundin hatte er seit kurzer Zeit *Prozac*, *Xanax* und *Ambien* genommen. Er besuchte einen Psychiater.

▶ Am 23. September 2008 erschoss in Kauhajoki, Finnland, ein 22-jähriger Student neun Studenten und einen Lehrer, verletzte einen weiteren Studenten und nahm sich selbst das Leben. Der Täter nahm SSRI und Benzodiazepine (Tranquilizer). Er befand sich in psychologischer Behandlung.

▶ Am 13. März 2009 tötete der 17-jährige Tim Kretschmer an der Albertville-Realschule in Winnenden, Baden-Württemberg, 15 Menschen und anschließend sich selbst. Elf weitere Personen mussten teils mit schweren Verletzungen in Krankenhäuser eingeliefert werden. Kretschmer nahm vermutlich Antidepressiva.

▶ Am 28. April 2009 erstach ein 16-Jähriger an der Lincoln-Sudbury Regional High School, Massachusetts, einen Mitschüler. Der Täter nahm Medikamente gegen Depression und ADHS.

▶ Am 19. März 2010 tötete ein 22-jähriger finnischer Student zehn andere Studenten, bevor er sich selbst das Leben nahm. Ihm waren SSRIs und Benzodiazepine (Tranquilizer) verschrieben worden.

▶ Am 13. Dezember 2010 bedrohte ein 17-Jähriger in Planoise, Frankreich, zwanzig Kinder im Vorschulalter und deren Betreuer vier Stunden lang in der Charles-Fourier-Vorschule mit Schwertern und hielt sie als Geiseln. Der Geiselnehmer wurde wegen Depressionen behandelt. Die Kinder und der Lehrer konnten unverletzt gerettet werden.

▶ Am 21. September 2011 tötete ein 14-Jähriger mit Rohrbomben einen Schulpolizisten in Myrtle Beach, South Carolina. Der Täter nahm Medikamente gegen ADHS und Depression.

Diese Auflistung wirft eine Menge Fragen auf: Wie viele Amokläufe fanden unter Psychopharmaka statt? Sind die Psychopharmaka die Auslöser der Taten, oder verstärken sie nur die Enthemmung? Hat auch der Attentäter Anders Breivik 2011 in Norwegen ein Psychopharmakum eingenommen? Es gibt Quellen, die berichten, dass er bei seinen Taten unter der Wirkung von Aufputschmitteln stand. Nahmen auch die Amokläufer in Deutschland Psychopharmaka? Thomas Steinhäuser, der 2002 im Erfurter Gutenberg-Gymnasium 17 Menschen erschoss, hatte laut Untersuchungsbericht keine bewusstseinsverändernden Medikamente genommen (Ergebnis des Obduktionsbefundes). Allerdings wurden in der Schultoilette, in der er sich vor der Tat umgezogen hatte, leere *Faustan*-Ampullen (Diazepham) gefunden, ein Medikament, das gegen Schlafstörungen oder Nervosität und Angstzustände eingesetzt wird.[82] Ein rätselhaftes Zusammentreffen, das bislang nicht erklärt werden konnte. Ein Blick auf die Nebenwirkungen offenbart, dass *Faustan* durchaus Gewalttaten begleiten könnte: Halluzinationen, eine Wirkungsumkehr (sogenannte paradoxe Reaktionen), akute Erregungszustände, Angst, Selbstmordneigung, Schlafstörungen, Wutanfälle und vermehrte Muskelkrämpfe gehören zu den Nebenwirkungen. »Durch plötzliches Absetzen des Arzneimittels nach längerer täglicher Anwendung können nach zwei bis vier Tagen Schlaflosigkeit und vermehrtes Träumen auftreten. Angst, Spannungszustände sowie Erregung und innere Unruhe können sich verstärkt wieder einstellen. Das Erscheinungsbild kann sich in Zittern und Schwitzen äußern und sich bis zu bedrohlichen körperlichen (z.B. Krampfanfälle) und seelischen Reaktionen wie symptomatischen Psychosen steigern.«[83]

Tim Kretschmer, der in Winnenden 15 Menschen erschoss, hatte eine ambulante psychologische Behandlung in der Klinik am Weissenhof in Weinsberg hinter sich. Hatte er dort Psychopharmaka bekommen? Sein eigenartig konzentriertes Verhalten bei der Tat, das gezielte Ausführen von Kopfschüssen, deutet darauf hin. Auch heißt es auf der Homepage der Klinik, in der Kretschmer behandelt wurde: »Wichtige Bausteine von Behandlungen sind Medikation, über die nach standardisierten Richtlinien aufgeklärt wird«.[84]

Wer heute mit psychischen Auffälligkeiten in eine Klinik eingewiesen wird, bekommt leider mit großer Wahrscheinlichkeit Psychopharmaka. Gleichzeitig ist es genauso wahrscheinlich, dass der jeweilige Patient keine ausreichende persönliche Gesprächstherapie bekommt – die Zeit der Psychologen reicht für eine optimale Betreuung oftmals nicht aus. Psychopharmaka sind dann immer ein einfacher Weg, überhaupt etwas zu tun, den Patienten scheinbar zufrieden- und auch ruhigzustellen.

Im Jahr 2013 beschwerte sich eine Borderline-Patientin des Landeskrankenhauses Vorarlberg, die sich selbst eingewiesen hatte, über mangelhafte Behandlung, wie das Medium *Vorarlberg online* berichtet – ein kleiner, aber aufschlussreicher Einblick in die Behandlung in psychiatrischen Kliniken: »Auch den Kontakt mit dem ärztlichen Personal bemängelt die Patientin. Der Stationsarzt sei zwar dreimal die Woche zur Visite für Gespräche bereit gestanden. ›Da aber immer alle mit ihm sprechen wollten, blieben einem meist nur wenige Minuten für ein Gespräch‹, so Elisabeth. Auch sei für vier Stationen ein Psychiater zuständig gewesen, pro Station habe er bis zu 18 Patienten zu betreuen. ›Mit etwas Glück bekam man einmal in der Woche einen Termin bei ihm. Ich bekam trotz regelmäßiger Anfragen keinen‹, sagt die ehemalige Patientin.« Immerhin bekam sie 15 Tabletten jeden Tag. Hinzuzufügen ist, dass sich das Landeskrankenhaus Vorarlberg von den Vorwürfen allgemein distanzierte, die Medikation aber nicht bestritt.[85]

Bekommen auch Schüler, die von ihren Eltern oder vom Schulpsychologen in die Psychiatrie geschickt werden, grundsätzlich Psychopharmaka? Es ist leider im heutigen Gesundheitssystem zu vermuten. Dabei haben viele jugendliche Amokläufer wahrscheinlich über Monate und Jahre versucht, Gehör für ihre Probleme zu finden. Sie hatten mit Sicherheit ein überbordendes Bedürfnis, über ihr Leiden in der Schule und im Elternhaus zu sprechen. Eine Gesprächstherapie hätte hier den Druck nehmen können, hätte das Leid der Betroffenen zumindest verringern können, hätte ihnen einen Ausweg aus der Verzweiflung weisen können. Ein Amoklauf ist die Ultima Ratio für den betroffenen Menschen, der letzte Weg, von dem es dann kein Zurück mehr gibt. Es ist ein Weg, der auch eine totale persönliche Verzweiflung offenbart, die der Betroffene nie aussprechen konnte. Und Psychopharmaka haben nicht die Eigenschaft, bei den Betroffenen den Druck vom Kessel zu nehmen. Im Gegenteil: Einige ihrer Nebenwirkungen machen eine Tat wie einen Amoklauf erst nachvollziehbar.

Es erstaunt, dass Zusammenhänge zwischen Amokläufen und der Medikation der zuvor meist schon psychisch auffälligen Täter bislang nicht öffentlich diskutiert werden, dass dieses Thema freiwillig den Scientologen und deren Propaganda überlassen wird (Scientologen-Gründer Ron Hubbard hatte vermutlich selbst negative Erfahrungen mit der Psychiatrie gemacht – und anschließend den Kampf gegen die Psychiatrie zum wichtigen Ziel seiner Organisation erklärt). Zu den psychischen Diagnosen der deutschen Amokläufer und zu den verschriebenen Medikamenten findet man kaum wissenschaftliche Arbeiten, nicht einmal Zeitungsartikel. Allerdings existiert eine bemerkenswerte Studie zum Gewaltpotenzial von *Prozac*, die vom Hersteller Eli Lilly offenbar unter den Tisch gekehrt wurde. Die Existenz der Studie wurde erst im Dezember 2004 durch eine Veröffentlichung im *British Medical Journal* bekannt. Sie war 15 Jahre unter Verschluss gehalten worden, um die Verbreitung von ungünstigen Informationen zu *Prozac* zu verhindern, nachdem ein Konsument von Fluoxetine (dem *Prozac*-Wirkstoff), Joseph Wesbecker,

1989 an seinem Arbeitsplatz acht Menschen umgebracht und danach sich selbst das Leben genommen hatte. Die Studie, an der 14 198 Patienten teilgenommen hatten, wies nach, dass bei der Einnahme von *Prozac* signifikant mehr psychotische Depressionen, Anfälle von Feindseligkeit und absichtliche Körperverletzungen auftraten als bei anderen trizyklischen Antidepressiva. [86]

In der öffentlichen Debatte wird bei Amokläufen stattdessen ausschließlich über ein Verbot von Waffen und die Gefährlichkeit von Ego-Shooter-Computerspielen diskutiert – auch und gerade in Deutschland. Der Hinweis, dass es in den USA schon immer frei verfügbare Waffen gab, dass die Zahl der Amokläufe aber parallel mit der Zunahme des Psychopharmakakonsums steigt, wird kaum beachtet. Diese Parallelität gilt nicht nur für die USA, sie lässt sich auch in Finnland und in Deutschland beobachten. Hier besteht dringender Aufklärungs- und Forschungsbedarf.

Kapitel 4

Gesteuertes Leben

Wie die Leistungsgesellschaft
uns in die Arme der kleinen Helfer treibt

Gesellschaften bestimmen Krankheiten. Tatsächlich sind die Formen des Leidens von kulturellen Verabredungen und Gegebenheiten abhängig. Was als Krankheit gilt und welche »Störung« noch zur Normalität gehört, wird in jeder Gesellschaft neu definiert. Natürlich gibt es Vorfälle wie gebrochene Beine oder geschädigte Organe, die in nahezu jeder Gesellschaft unstrittig als pathologisch (d. h. als Krankheit) gelten. Aber gerade psychische Erkrankungen oder auch nur Auffälligkeiten, die nicht auf einen gebrochenen Knochen zurückgeführt werden können, sind schwer zu definieren und bekommen je nach Kultur eine unterschiedliche Bedeutung. So galt bis 1992 Homosexualität als eine von der Weltgesundheitsorganisation anerkannte Pathologie. Auch der Grad der gesellschaftlichen Ausdifferenzierung, der »Zivilisierung«, beeinflusst die Art der Krankheiten und die Vorstellungen von Krankheiten. Menschen, die in einer traditionellen Gesellschaft als Bauern leben, leiden oft an mechanischer Überforderung. Körperliche Gebrechen sind die logische Folge, und sie stehen im Mittelpunkt der gesellschaftlichen Aufmerksamkeit, für sie gibt es ausgefeilte Behandlungen. Psychische Auffälligkeiten existieren natürlich auch in einer traditionellen Gesellschaft, werden aber eher als Randerscheinung der Normalität gesehen (oder sogar als eine besondere Form der Weisheit oder der Verbindung mit Gott).

Menschen hingegen, die in einer modernen, postindustriellen Gesellschaft als Büroarbeiter leben, kennen kaum noch die körperliche Herausforderung. Stattdessen müssen sie sich in bürokratische Systeme einfügen, sitzen meist Tag für Tag am Computer, müssen sich mit Kollegen und Hierarchien auseinandersetzen. Acht Stunden im Büro, zwischendurch Autofahrten, womöglich Stau, ständige Anrufe auf dem iPhone, den Abend vor dem Fernsehen oder dem Computer verbringen … Wir wissen alle, dass ein gesundes Leben anders aussieht. Psychische Auffälligkeiten und Störungen wie Depressionen oder psychovegetative Erschöpfung (»Burn-out«) gehören in einer solchen Gesellschaft zu den zentralen Erkrankungen, zu den häufigen, als Nebenwirkung unserer Lebensweise akzeptierte Erscheinungen. Da in der modernen Gesellschaft die psychische Erkrankung keine Randerscheinung mehr ist, ist es nicht mehr angemessen, die Betroffenen abzuschieben, sie ins Bett zu legen oder in abgelegenen Sanatorien abzusondern. Ein zentrales gesellschaftliches Leiden muss zentral behandelt werden.

Neben den Formen des Leidens sind auch die Behandlungsmethoden von einer gesellschaftlichen Verabredung abhängig. Während in alten traditionellen Gesellschaften, in denen psychische Erkrankungen eine untergeordnete Rolle spielten, psychisch Auffällige oft im häuslichen Rahmen blieben und womöglich von den Angehörigen getröstet und betreut wurden, werden in der modernen Zivilisation die psychisch Erkrankten vor allem mit synthetisierten Stoffen behandelt, damit sie wieder »funktionieren« und auf die Außenwelt »losgelassen« werden können..

In unserer postindustriellen Welt, die von Wissenschaft und Technik geprägt ist, wird der medizinische Fortschritt vor allem als Weiterentwicklung der Pharmazie verstanden. Wo Menschen lernen, dass es für jedes Problem eine Lösung geben soll, muss es auch für jede Krankheit ein Mittel geben.

Alte Heilmethoden, mit Kräutern und Bädern, die auf den Körper als Ganzes wirkten, nicht unmittelbar auf ein Symptom antworteten, gelten heute für die Mehrheit der Bevölkerung als unzeitgemäß, passen nicht zur modernen Medizin. Von ihnen, so der allgemeine Konsens, sind kaum Beiträge zur Heilung moderner Zivilisationskrankheiten zu erwarten. Zumal in einer Gesellschaft, in der alles schnell, effizient und kostengünstig vonstattengehen muss und Kranke vor allem auch als betriebs- und volkswirtschaftliche Belastungen gesehen werden, eine Behandlung mit Psychopharmaka natürlich praktikabler erscheint als Zuwendung, psychologische Betreuung und Naturheilmittel.

Schematisches Denken

In der modernen Welt hat sich ein schematisches Denken etabliert, das für jedes Problem eine Lösung erwartet und auch anbietet. Wenn es irgendwo auf der Welt einen Aufstand gibt, dann kommen Soldaten und befrieden die Lage. Wenn ein Erdbeben Menschen verschüttet, dann schicken die Deutschen das Technische Hilfswerk. Und wenn die Menschen trotz oder wegen des täglichen Überangebots an lustigen Fernsehsendungen traurig werden, dann nehmen sie glücklich machende Pillen.

Das Denken von Ursache und Wirkung, von Problem und Lösung, von Aktion und Reaktion ist Teil unserer modernen Kultur. Die meisten Ärzte handeln nach diesem Muster. Sie erkennen die Symptome, die sie an der Universität oder in ihrer Praxis gelernt haben, und greifen in die spezielle Schublade mit dem speziellen Medikament. Dass Probleme auf einen derart einfachen Dualismus heruntergebrochen werden, hat durchaus Vorteile. Medizin ist keine Geheimwissenschaft mehr, die ein einfühlsamer Wunderdoktor betreibt, sondern eine standardisierte Reparatur. Während dieses Schema bei körperlichen Defekten wie gebrochenen Armen gut funktioniert, taugt es bei psychischen Erkrankungen deutlich weniger. Gerade bei auffälligen Erscheinungen der Psyche ist der Arzt gefordert, nicht nur das singuläre Symptom zu sehen, sondern den ganzen Menschen. Krankheiten verbergen sich hier oft hinter körperlichen Symptomen, die wiederum auf vermeintlich andere Ursachen verweisen. Es ist eine für viele schwer zu lesende Sprache der Psyche, die einen klassischen Arzt gerne und regelmäßig in die Irre führt. So sind Schmerzen im Halswirbelbereich häufig psychisch begründet. Manche Orthopäden sehen aber oft alleine die körperlichen Beschwerden der Patienten und deuten sie als Folgen von Verschleiß oder Fehlhaltung. Sie empfehlen den Patienten einen ergonomisch besser organisierten Arbeitsplatz, sehen aber nicht, dass die eigentliche Ursache ein psychisches Problem ist.

Eine meiner Patientinnen sitzt bei mir mit Rückenschmerzen. Sie hat eine erwachsene Tochter und zwei Enkelkinder. Allerdings gehen ihre Tochter und der Schwiegersohn keiner Arbeit nach; sie leben mit von der Rente und den Ersparnissen meiner Patientin. Folge ist, dass sich meine Patientin nicht nur für ihr Leben verantwortlich fühlt, sondern auch noch für das Leben von vier weiteren Personen. Alle ihre Gedanken kreisen um die Zukunft der Familie ihrer Tochter. Wie kann ich da eingreifen, wie bringe ich den Mann dazu, dass er zur Arbeit geht …? Meine Patientin hat eine Verantwortung auf sich genommen, die eigentlich nicht die ihre ist. Und sie trägt zu schwer an dieser Last. Dass sie nur Rückenschmerzen bekommen hat, ist ihr Glück. Die Schmerzen werden nicht durch einen besseren Stuhl oder durch eine teurere Matratze verschwinden, sondern erst, wenn sie es schafft, die Grenzen ihrer persönlichen Verantwortung zu ziehen.

Eine reine Symptombekämpfung, die bei einer Erkältung angemessen sein kann, verfehlt also bei Problemen oder Krankheiten der

Psyche in der Regel das Ziel, sie bringt dem Menschen keine Gesundheit. Im Gegenteil: Wer mit Medikamenten gegen psychische Erscheinungen angeht, der unterdrückt womöglich das Symptom, dringt aber nicht zur Ursache des Symptoms vor. Auch wer körperliche Gebrechen, die durch die Psyche bedingt sind, nur symptombezogen behandelt, verfehlt eine Behandlung der Ursache. Doch das krank machende psychische Problem lauert unverändert im Hintergrund und wird nicht von selbst verschwinden.

Leider ist eine reine Symptombehandlung in der westlichen Medizin und auch in der Psychiatrie verbreitet. Denn eine Symptombehandlung erreicht scheinbar schnell ihr Ziel (Symptomunterdrückung) und hinterlässt beim Patienten den Glauben, seine Krankheit sei besiegt, seine Probleme gelöst. Er vertraut den Ärzten und glaubt, dass seine Gesundung in richtigen Bahnen läuft. Psychopharmaka machen den unruhigen Patienten weniger unruhig, den gestressten Angestellten weniger gestresst, den überforderten Lehrer weniger überfordert. Ein Knopf wurde gedrückt, eine Sicherung womöglich ausgetauscht – und die Maschine läuft wieder. Dieses Funktionieren haben wir seit Generationen gelernt, dieser Glaube steckt tief in uns.

Aber die Erleichterung, die Psychopharmaka bringen, ist meist nur eine kurzfristige Illusion mit Schattenseiten.

Ein Beispiel: Wenn jemand einen nahen Angehörigen verliert und nach wenigen Wochen noch Symptome der Trauer und Niedergeschlagenheit zeigt, wird er mit großer Wahrscheinlichkeit ein Sedativum verschrieben bekommen. Das Mittel führt dazu, dass sich der Betroffene mit seinen verständlichen und ganz nachvollziehbaren Gefühlen nicht direkt konfrontiert; das sedierende Mittel verzögert oder verhindert eine effektive Trauerarbeit. Oftmals kehrt der so ruhiggestellte Mensch zu schnell in seinen Alltag zurück, mit der Folge, dass er auf Dauer psychisch instabil bleibt, statt zu seiner inneren Ruhe zurückzufinden. In der Folge wird er weitere Psychopharmaka bekommen – und immer schwerer sein Gleichgewicht finden.

Eine reine Symptombehandlung mit Psychopharmaka verursacht oftmals ungeplante und unkalkulierbare Nebenwirkungen und verhindert zudem Prozesse der Selbstheilung, sie macht aus leicht psychisch Auffälligen schwer Kranke: eine unheilvolle Spirale nach unten, ein Teufelskreis der Pathologisierung, angetrieben von immer mehr oder neuen Medikamenten. Die sogenannten Zivilisationskrankheiten breiten sich gerade *wegen* der Medikationen mit Psychopharmaka aus, die nicht funktionierenden bunten Pillen, von den Menschen unkritisch eingeworfen, sind Verstärker der Leiden. Das Grassieren psychischer Erkrankungen ist nicht allein eine Folge der modernen Arbeitswelt in der modernen Gesellschaft. Es ist auch und vor allem eine Folge falscher Antworten, die die Fachleute anbieten: Normierung und Medikation der Normabweicher. Es ist also kein Wunder, sondern es hat eine innere Logik, dass psychische Krankheiten und Psychopharmakaverschreibungen im Gleichschritt steigen.

Unerschütterliche Arbeitsmoral

In den vergangenen hundertfünfzig Jahren haben die Menschen gewaltige Leistung erbracht, gewaltige Fortschritte erreicht, ohne die wir alle nicht mehr leben wollen. Unsere Betten sind weicher geworden, im Winter sind die Häuser angenehm beheizt, und die Toiletten und Badezimmer sind hygienischer als sie je zuvor in der Geschichte der Menschheit waren. Unsere Nahrungsmittel liegen ideal temperiert im Kühl- oder Gefrierschrank. Im Supermarkt können wir alles das, was wir begehren, abgepackt und mit Mindesthaltbarkeitsdatum versehen kaufen. Doch gleichzeitig werden die Menschen in dieser idealen hygienischen Umgebung, in der alles gut und richtig scheint, krank. Obwohl die Menschen glücklich sein dürften, gehen sie mit Depressionen zum Arzt. Obwohl sie den Fortschritt von der Einbauküche bis zum Automobil, vom Telefon bis hin zum Internet genießen dürften, glauben sie, nur noch mit Psychopharmaka ihre Tage überstehen zu können. Obwohl die Menschen satt sind, fehlt die Zufriedenheit. Manche denken gar, dass sie hungrig glücklicher wären … Ein Zeitreisender aus dem frühen 19. Jahrhundert würde nicht verstehen, wie so viel Leid sich in der heutigen Gesellschaft ausbreiten konnte, obwohl doch alles gut, obwohl es doch die schöne neue Welt zu sein scheint.

Der Soziologe Max Weber hätte die Organisation unserer Gesellschaft und damit auch ihre Krankheiten mit der »protestantischen Ethik« erklärt.[87] Die Arbeit war im Sinne der protestantischen Ethik ein Dienst für Gott, die einzig angemessene Handlung für die Gläubigen. Deshalb fühlte sich der Protestant schuldig, wenn er nicht arbeitete, wenn er im Leben nach Genuss suchte. Arbeit wurde als gut verstanden, Vergnügen in jeder Form als schlecht.

Dieses Selbstverständnis – egal ob nun protestantisch oder nicht – hat sich seit dem 19. Jahrhundert in den westlichen Gesellschaften durchgesetzt. Je härter die Menschen arbeiten, umso kleiner wird ihre vermeintliche Schuld vor Gott, umso mehr werden sie geachtet, umso größer wird auch ihre Selbstachtung und ihr Selbstwertgefühl.

Von dieser protestantischen Ethik hat vor allem die Industrie profitiert. Menschen, die glauben, dass der Sinn des Lebens in der Arbeit liegt, lassen sich ausnutzen und ausbeuten. Sie entwickeln Computer und bauen Autos bis zum Umfallen. Psychische Erkrankungen wie das »Burn-out-Syndrom« sind da fast zwangsläufige, unausweichliche Folge und Nebenwirkung der Arbeitsmoral.

Die von dieser Ethik abweichende Vorstellung, dass der Mensch geboren wird, um das Leben zu genießen, um auf Blumenwiesen zu liegen und den Bienen zuzusehen, um mit anderen Menschen oder seiner Familie sein Leben zu genießen, ist uns fremd. Eine hedonistische Existenz liegt außerhalb der Vorstellung der meisten Menschen; sie wirkt für viele erschreckend, ja abstoßend. Probieren Sie es selbst an einem Arbeitstag während der üblichen Arbeitszeit aus: Tun Sie eine gewisse Zeit lang bewusst gar nichts. Sie werden sehen, dass Sie sofort ein ungutes Gefühl bekommen, dass Sie an die Arbeit denken, die noch auf Sie wartet. Es ist ein Schuldgefühl, das ganz tief in uns sitzt. Um diesem Gefühl zu entgehen, bemühen wir uns, jede Phase unserer Existenz »sinnvoll« zu verbringen, d.h. mit Bildung oder Arbeit zu füllen.

Die moderne Gesellschaft hat eine feste Erwartungshaltung an den Menschen: Er muss funktionieren, also arbeiten, zumindest bis zum Erreichen des Rentenalters, am besten noch darüber hinaus. Auch die Kindheit wird den Anforderungen der Arbeitswelt unterworfen. Ab dem Kindergarten sollen Kinder ausgebildet werden, damit sie später als Erwachsene im Beruf erfolgreich sind. Die Arbeitsethik bestimmt unsere Biografie vom Kindergarten bis hin zur Rente. Die Arbeitsethik macht uns aber gleichzeitig abhängig, macht uns zu Sklaven des Systems. Und sie macht uns schließlich krank.

Das ist doch längst Geschichte, könnte man einwenden. Die Religion hat doch längst ihren Einfluss auf die Gesellschaft verloren, die protestantische Ethik ist doch längst ein Auslaufmodell. Statt der strengen Arbeitsethik haben sich spätestens mit der 1968er-Revolution neue Werte durchgesetzt. Der Mensch hat die Freiheit bekommen, sich selbst verwirklichen zu dürfen. Gewerkschaften haben immer mehr Urlaub und Freizeit erkämpft. Selbst Reisen in ferne Länder sind heute selbstverständlich. Der Mensch hat seither die Chance, einen Sinn im Leben zu finden und diesen Sinn selbst zu definieren. Max Weber konnte nicht voraussehen, dass die Menschen heute flexible und kürzere Arbeitszeiten haben und ihre Freizeit genießen können.

Das ist alles richtig. In den vergangenen hundert Jahren hat sich in der Arbeitswelt fast alles geändert. Und doch hat die protestantische Arbeitsethik sich still und heimlich auch heute wieder durchgesetzt. Der Mensch war frei und wurde doch wieder auf Norm gebracht. Konsumversprechen und Kreditabhängigkeit haben ihn nach und nach wieder gefesselt – sodass er heute noch mehr arbeitet denn je zuvor.

Der Unterschied zu Max Webers Zeit ist, dass die Menschen heute im Glauben leben, sich selbst zu verwirklichen, aber doch genau das tun, was sie sollen, was Dritte ihnen sagen, nämlich konsumieren. Die Arbeitsethik des 19. und des frühen 20. Jahrhunderts ist tatsächlich nicht verschwunden, sie hat nur eine glänzende Verpackung bekommen, und für die bezahlen wir ziemlich teuer. Heute arbeitet man, weil man sich etwas gönnen, weil man wie ein zivilisierter Mensch leben will. Dieser Scheinglaube geht meist viele Jahre gut. Man spart auf die Wohnung oder das Haus, man finanziert das neue Auto, man wartet auf den nächsten Pauschalurlaub – in diesem Raster hat unermüdliche Arbeit eine Berechtigung. Nur der, der leistet, kann sich was leisten. Doch irgendwann bemerken die Menschen, dass hinter den Konsumversprechen *kein Sinn* wartet. Die Leere versuchen sie mit noch mehr Konsum zu füllen, doch wenn irgendein Faktor eine persönliche Krise auslöst, dann begreifen sie, dass die Erfüllung täglicher Bedürfnisse einen Lebenssinn nicht ersetzt, ja, dass sie überhaupt keinen Sinn für ihr Leben definiert haben. Und dann werden sie traurig und manchmal, immer häufiger, auch psychisch krank.

Sozialisation heißt Anpassung

Lange Zeit habe auch ich gedacht, dass wir auf dem Weg der Besserung sind, dass wir mehr und mehr die Chance bekommen, uns zu verwirklichen, dass immer mehr Menschen ihren Platz im Leben, ihren Sinn finden. Aber die zunehmende Zahl psychischer Probleme und die gleichzeitig dramatisch steigende Zahl verschriebener Psychopharmaka sprechen eine andere Sprache. Auch in meiner Praxis erlebe ich keine Anzeichen der Besserung: Den Menschen geht es äußerlich besser denn je, sie haben mehr Technik in ihrem Wohnzimmer und ihrer Küche und manchmal auch mehr Geld auf dem Konto – und es geht ihnen immer schlechter.

Lassen Sie uns die Lebensphasen des modernen Menschen betrachten – es sind Phasen der Kontrolle und Normierung, keine Phasen der Selbstverwirklichung und Selbstentwicklung. Die Vorstellung einer postindustrielle Freiheit, diese Utopie einer besseren Welt, an die um 1970 und auch noch um 1990 viele geglaubt haben, auch ich, existiert noch in den Köpfen. Aber die Realität hat sich längst anders entwickelt. Während wir an unsere Freiheit glaubten, hat sich still und effizient eine neue Normalität definiert, die immer enger und einengender wird.

Krippenalter

Die sogenannten »Barcelona-Ziele« der EU sahen vor, dass bis 2010 für 33 Prozent der Kinder bis zum dritten Lebensjahr Krippenplätze zur Verfügung stehen, damit die Eltern, vor allem die Mütter, schnell an ihren Arbeitsplatz zurückkehren können. Auch die Reaktionen auf die Einführung des »Betreuungsgeldes« in Deutschland für Mütter, die ihre Kinder in den ersten Jahren selbst betreuen wollen – es sei anachronistisch, hindere die Frau an der Karriere u.v.m. –, zeigen, dass bezahlte Arbeit weiter der höchste ethische Wert in unserer Gesellschaft ist. Es zeigt, dass Arbeitsleistung sogar mehr zählt als ein traditionell verstandenes Kindeswohl. Aber natürlich wurde in diesem Zusammenhang auch das Interesse des Kindes neu definiert: Es sei für ein Kind gut, schon im Säuglingsalter die sozialen Kontakte einer Krippe zu erleben. Unausgesprochen steht dahinter die Idee, dass schon das Baby die Organisation unserer Gesellschaft, und damit auch ihre normierende Wirkung, erfahren soll. Zu Hause bei der Mutter erlebt das Kind womöglich noch eine archaische Welt, erlebt es womöglich noch Werte, die es im späteren Leben nicht gebrauchen kann. Zu Hause bei der Mutter bekommt es »nur« Liebe und Zuneigung – Werte, die in der heutigen Zeit als zweitrangig wahrgenommen werden; man bekommt gar den Eindruck, dass sie inzwischen überflüssig geworden sind.

Bei der Diskussion um das »Betreuungsgeld« wurde gerade den Müttern, die ihre Kinder nicht in der Krippe betreuen lassen wollen, eine zweifelhafte Rolle zugeschrieben. Sie würden ihre Kinder aus egoistischen Gründen nicht zur pädagogisch sinnvollen Kinderbetreuung geben, sie würden es allein darauf absehen, Geld zu kassieren. Die nach Ansicht der Betreuungsgeldgegner überwiegend türkischen oder arabischen Familien, die ihre Kinder zu Hause behalten, würden zudem althergebrachte, unmoderne Familienbilder vermitteln und so die Integration in die moderne (Arbeits-)Welt erschweren. Man dürfe es als moderne Gesellschaft nicht zulassen, dass Kinder in diesem traditionellen und womöglich islamistischen Umfeld aufwachsen.

Strategisch geschickt wird hier mit dem Stempel »unterentwickelt« oder »anachronistisch« argumentiert, während es tatsächlich doch darum geht, zu verhindern, dass Menschen sich außerhalb der gewünschten Norm bewegen, einer Norm, die sich praktisch ausschließlich an wirtschaftlichen, nicht an menschlichen Bedürfnissen orientiert.

Diese Argumentation unterschlägt daher natürlich ein Grundbedürfnis des Kindes: Im Krippenalter fragt es nicht nach einer traditionellen oder einer modernen Gesellschaft, es interessiert sich nicht für Bildung und Arbeit. Es verlangt nach der Mutter und dem Vater, um sich mit beiden auseinanderzusetzen und so zu lernen, soziale Beziehungen aufzubauen. Die Wärme zwischen Mutter/Vater und Kind, das Zeigen von Zuneigung, der Austausch von Gefühlen – das alles hat höchsten Wert für das Kind und sein späteres Wohlergehen. Wenn die Eltern – die in der modernen Gesellschaft vermutlich beide arbeiten und am Abend das Kind gestresst von der Krippe holen und es dann schnell ins Bett befördern – keine ausreichende Gelegenheit haben, dem Kind Liebe und Zuneigung zu zeigen, dann wird dieses den Mangel an Zuwendung womöglich so interpretieren, dass es ungeliebt, unverstanden und vielleicht sogar unerwünscht sei. Kinder, die mit diesem Gefühl aufwachsen, tragen in sich die Grundlage für psychische Störungen und Beziehungsprobleme vielerlei Art. Eine Krippe ist also immer nur die zweitbeste Möglichkeit der Kinderbetreuung, da es die Kinder der familiären Geborgenheit entzieht. Nur bei schwierigen Familienverhältnissen, die belastend auf das Kind wirken (Drogensucht der Eltern, Gewalt in der Familie) kann eine Krippe die bessere Alternative sein. Es ist nicht im Interesse des Kindes, schon früh in das gesellschaftliche Raster gepresst zu werden. Zur Entwicklung des Menschen gehört die Ausbildung einer eigenen, selbstbewussten Persönlichkeit. Nur eine entsprechend ausgereifte Persönlichkeit wird sich später zum souveränen Menschen entwickeln.

Je mehr die Kinder jedoch in die neue Norm gepresst werden, je weniger sie Liebe und warme Häuslichkeit erfahren, umso leichter werden sie später dem Willen der anderen (und einer protestantischen Arbeitsethik) folgen und nicht das eigene Leben leben. Für die negativen Folgen einer solchen frühkindlichen Normierung, die psychischen Erkrankungen, gibt es dann auch eine genormte Therapie in Form von Psychopharmaka.

Ihr Verhalten, ihre Probleme, ihre Scheinlösungen wird die so sozialisierte Generation an ihre Kinder weitergeben … Wir erleben, wie eine fatale Entwicklung beginnt – hin zu einer Gesellschaft der Abhängigen und der Unglücklichen.

Kindergarten

Früher war es normal, dass sich Kinder im Kindergarten austoben konnten, dass sie unbeschwert Spaß hatten. Erzieherinnen und Erzieher mussten vor allem den Rahmen setzen, mussten aufpassen, dass sich Kinder nicht verletzen oder mit anderen Kindern streiten. Sie sollten trösten und ermuntern. Heute greift die Idee um sich, dass auch der Kindergarten schon ein Ort der Ausbildung ist. Kinder sollen hier bereits beginnen, schreiben zu lernen, bekommen womöglich schon erste fremdsprachige Vokabeln zu hören. Die Tatsache, dass kleine Kinder leichter und spielerischer lernen als große, soll genutzt werden. Das führt jedoch dazu, dass Kinder immer mehr in ein Korsett gesteckt werden. Sie sollen bestimmte Spiele spielen, müssen bestimmte Aufgaben erledigen und werden vermutlich sogar auf den Lernfortschritt hin abgefragt. Diese Erziehungsstrategie ist meist ganz im Sinne der Eltern, die ihren Kindern die besten Voraussetzungen für das spätere Berufsleben mitgeben wollen. Dabei verkennen sowohl Eltern als auch Erzieher, dass Kinder ganze Menschen sind, dass sie sich gerade im Krippen- und Kindergartenalter als Persönlichkeiten herausbilden. Das bedeutet, dass sie viel mehr lernen und erfahren müssen als lateinische Buchstaben und englische Vokabeln. Sie testen ihre Grenzen im Spiel, sie erleben soziale Kontakte und entdecken neue Räume. Wenn der Kindergarten einen Teil der möglichen Erfahrungen beschneidet, dann wachsen die Kinder sicher zu guten Angestellten heran – gut vorbereitet auf Dienst nach Vorschrift, aber schlecht vorbereitet auf ein selbstbestimmtes Leben als Mensch mit all seinen Facetten.

Hinzu kommt, dass viele Eltern als sogenannte »Helikopter-Eltern« stets über ihren Kindern schweben, jeden Schritt im Leben beobachten und womöglich korrigieren. Doch eine einseitige Ausrichtung der frühkindlichen Erziehung auf die Bildungs- und Berufswelt, gefördert und kontrolliert durch die Eltern, beschränkt die Persönlichkeitsentwicklung der Kinder und fördert die Gefahr, dass sie als Erwachsene Verhaltensprobleme und Probleme emotionaler Art entwickeln. Es führt auch dazu, dass sie den Sinn des Lebens, den Sinn und die Notwendigkeit ihrer Existenz, aus dem Auge verlieren.

Der dänische Familientherapeut Jesper Juul empfiehlt als Ausweg aus der überperfekten Erziehung Waldkindergärten. Es gibt sie bereits seit Jahren in Skandinavien, immer öfter jedoch auch in Deutschland. In Waldkindergärten bekommen die Kinder die Möglichkeit, Freiräume zu erobern. Ihre Erfahrungen werden hier nicht von Erziehern bis ins kleinste Detail vorkalkuliert. Der Wald und das Wetter sind jeden Tag ein wenig unberechenbar. »Den Kindern dort geht es viel besser als anderen Kindern. Sie sind kreativer, weniger krank, weniger gestresst – und sie haben seltener ADHS.«[88]

Also: Auch zur Normierung der Kinder im Kindergarten gibt es Alternativen oder ausgleichende Aktionen. Beispielsweise Ferien auf einem Bauernhof, Urlaube ohne Animateure, die den Tageslauf verplanen, Spaziergänge im Wald oder am Meer … Kinder dürfen sich austoben, dürfen fremde Welten auf eigene Faust entdecken, dürfen sich den Zwängen, die sie bereits spüren, widersetzen.

Die eigenen Freiheiten entdecken und ausleben – das fördert bei Kindern die Fähigkeit, ihre Ziele im Leben selbst zu bestimmen. Eine Voraussetzung für die souveräne Existenz.

Schule

Die Schule verpasst den Kindern das nächste Korsett. Sie müssen sich Wissen aneignen, das sie nicht interessiert (und den Lehrern gelingt es meist nicht, eine Neugier oder eine Begeisterung für die Inhalte zu vermitteln); sie müssen stundenlang still sitzen, um Dinge auswendig zu lernen, die sie nach dem Test wieder vergessen (die meisten Kinder sind immerhin so klug, dass sie instinktiv wissen, dass sie die in der Schule vermittelten Kenntnisse über Sinus- und Cosinus-Kurven und vieles andere Spezialwissen nie benötigen werden, dass sie eine Programmierung erleben, die an ihren Lebensrealitäten und ihren Wünschen vorbeigehen). Kinder werden auch in der Schule zu gut funktionierenden, für den Beruf geeigneten Maschinen ausgebildet. Aber das, was sie persönlich angeht, was das reale Leben betrifft, wofür sie sich engagieren könnten, das erfahren sie meist nicht. Wenn sie die Schule verlassen, ist ihr Kopf voll mit Biochemie und mathematischen Gleichungen, aber eine Kuh haben sie noch nie gemolken, einen Motor noch nie repariert, ein Sternbild noch nie identifiziert.

Die Schule wird heute als direkte Vorbereitung für den Beruf gesehen. Eine breite Allgemeinbildung, die einen klugen Menschen auszeichnet, besitzt kaum mehr Geltung (man kann ja immer Google fragen …). Auch die PISA-Tests ermitteln nicht die ganzheitliche Qualität von Bildung, sondern fragen teilweise über Multiple-Choice-Tests einen bloßen Wissensstand ab; oftmals nutzloses Wissen, das die Schüler lernen und vergessen, wieder lernen und wieder vergessen – wie kleine Roboter. PISA vergleicht Wissensanhäufung, nicht Bildung, nicht souveränes Denken. Ein freies Denken, ein eigenes Formulieren, ein selbstbewusstes Hinterfragen wird nicht gewünscht, lässt sich nicht zertifizieren.

Der einzelne Schüler bekommt in den modernen Schulen keine Freiräume mehr, in denen er herausfinden kann, was seine Vorlieben und seine Begabungen sind, in denen er austesten kann, wie er gerne leben würde. Unser modernes Bildungssystem, das ist meine Prognose, wird immer weniger Künstler, Querdenker und Freigeister hervorbringen, aber immer mehr unglückliche und unzufriedene Buchhalter und Bürokraten, die irgendwann begreifen, dass ihnen etwas Wichtiges fehlt, die irgendwann beim Psychologen sitzen oder womöglich Psychopharmaka verschrieben bekommen.

Ich bin noch in der Sowjetunion zur Schule gegangen und habe selbst durchaus überflüssige Dinge gelernt, so das Bedienen eines Kalaschnikow-Maschinengewehrs. Aber ich wurde gleichzeitig umfassend ausgebildet, in russischer Literatur genauso wie in Geografie und Physik. Ein Professor der Universität Bremen sagte mir später, als ich schon in Deutschland war, zu meiner Überraschung, dass nach seiner Erfahrung die Studenten aus Osteuropa grundsätzlich besser gebildet seien als die westeuropäischen. Er meinte, dass sie eine bessere Allgemeinbildung haben und deshalb auch kreativer sein können.

Der Vorteil der Allgemeinbildung sind eben nicht die breiten Kenntnisse an sich, sondern die Möglichkeit des Einzelnen, besser und sicherer den eigenen Standort in der Welt zu definieren. Wer weiß, was es gibt, der kann seine Auswahl begründeter treffen, der kann sich den Weg im Leben suchen, der am besten zu seinen Fähigkeiten und zu seinen Interessen passt.

Zumindest theoretisch. In der UdSSR war die Freiheit der Berufswahl natürlich eingeschränkt und nicht nur von Faktoren wie Neigung oder Begabung abhängig. Was wollte ein autokratischer Staat auch mit vielfältig ausgebildeten Menschen? Wo diese doch im späteren Leben nur wenige Freiheiten hatten und oftmals keine Gelegenheiten bekamen, das gelernte Wissen auch anzuwenden. Vielleicht diente die Bildung dazu, die zahllosen anderen Defizite der sowjetischen Gesellschaft zu kompensieren. Man war zwar eingesperrt und ohne Rechte, konnte sich aber in die russische Literatur hineindenken. Es gab zwar nichts zu kaufen, aber der Sternenhimmel bot mehr Glück als die Verlockungen des westlichen Konsums … Bildung war eine Strategie, um die Diktatur für den Einzelnen erträglicher zu machen. Nach 1990, nach dem Zusammenbruch der sowjetischen Ordnung, nach dem Einzug des wilden Kapitalismus standen Menschen mit umfassender Bildung auf der Straße und wurden nicht benötigt. Viele kluge Russen oder Ukrainer litten plötzlich Hunger, konnten ihre Fähigkeiten nicht zu Geld machen. Sie lasen Tolstoi und verkauften ihre Habseligkeiten, um zu überleben. Die moderne, aus dem

Westen importierte Welt, die scheinbar um so vieles besser und attraktiver war, fragte schon damals nicht nach dem gebildeten Menschen, der die Sterne kannte, sie benötigte schon damals, gleich nach der Wende, den Experten mit dem Spezialwissen. Russische Literatur, sowjetischer Film, Architekturexperimente – Dinge der Vergangenheit, irrelevant in der westlichen Ära, in der wir heute leben.

Insofern haben Lehrer und Eltern natürlich recht. Wozu soll mein Kind sich frei entfalten, weshalb soll es seine eigenen Wünsche entdecken – wenn das nicht systemkonform ist? Ist es nicht besser, wenn unsere Kinder funktionierende Fachleute werden, damit sie eines Tages gut verdienen, sich ein Fertighaus und einen Mercedes leisten können?

Nein, das glaube ich nicht. Ich erlebe in meiner Praxis so viel Leid und so viel Traurigkeit, dass ich weiß, dass die Selbstverwirklichung durch keinen anderen Wert zu ersetzen ist. Das persönliche Glück bleibt das höchste Gut.

Ein Schüler, der sich heutzutage systemkonform verhalten will, muss sich intensiv am Unterricht beteiligen. Die rege mündliche Beteiligung am Unterricht soll seinen Arbeitseifer unterstreichen. Der Lehrer oder die Lehrerin honorieren die Wortmeldung auch, wenn der Schüler einen Allgemeinplatz von sich gibt oder bereits Gesagtes nur wiederholt. Mündliche Beteiligung ist zum wesentlichen Kriterium für den guten Schüler geworden. Dabei gibt es in jeder Klasse auch stille Schüler, die lieber gründlich nachdenken, statt gleich loszureden. Häufig sind die stillen Schüler besonders intelligent, bedürfen sogar der Förderung. Doch im Schulsystem, das eine mündliche Beteiligung bei der Notengebung stärker gewichtet als die schriftliche Leistung, kommen die Stillen unter die Räder. Sie werden trotz teils hervorragender schriftlicher Leistungen mit schlechten Noten entlassen.

Die Schulen betreiben hier eine staatlich gewollte Auslese der schnellen Redner, die gerne die offiziellen Meinungen wiederholen,

gegen die stillen Nachdenker, die Grübler, die manchmal zu unge-
wöhnlichen Erkenntnissen kommen. Intellektuelle und auch kreative
Leistungen sind weniger gefragt, werden weniger honoriert. Derjenige, der sich anpasst, der der Meinung anderer Leute folgt, der kommt
gut durch die Schule, der wird als idealer Leistungserbringer irgendwann auf der Karriereleiter hochgelobt ...

Die Verkürzung der Schulzeit bis zum Abitur von 13 auf 12 Schul-
jahre scheint ebenfalls dem Ziel der Optimierung zu dienen. Das ein-
gesparte Jahr soll den Unternehmen zugutekommen, die schneller
neue Fachkräfte akquirieren können. Es soll aber auch dem Abiturienten nützen, der in seinem Leben nun ein Jahr länger arbeiten kann
(passend, dass auch das Rentenalter gerade nach oben verschoben
wurde ...). Gerade für die Abiturienten ist diese Schulzeitverkürzung
(bei weitgehend beibehaltenen Lehrplänen) ein tatsächlicher Zeit-
raub. Ihnen fehlen mehr und mehr die Freiräume, die sie benötigen,
um sich als Individuen zu entwickeln. Schule wird zum Vollzeitpro-
gramm, in dem jede Minute fest verplant ist. Aus einer falschen Fürsorge heraus kontrollieren die Eltern die Einhaltung der Lernvorga-
ben und verengen die Freiräume ihre Kinder immer weiter, bis diese
ganz verschwinden. Denn die Züchtung der kleinen Roboter wird
nach der Schule auch in der knappen Freizeit der Kinder weiter vorangetrieben. Eltern verplanen oftmals jeden Nachmittag und jeden Ferientag: Nachhilfestunden für bessere Zensuren. Reitstunden
für das soziale Ansehen. Musikstunden, um eine erkannte Begabung
zu fördern (auch wenn das Kind anderer Meinung ist ...). Danach
kommt die Sommeruni, an denen die Kinder »spielerisch« aufs Studium vorbereitet werden, oder ein Feriencamp mit pädagogischer
Betreuung. Was wie eine gute Erziehung aussieht, ist eine Überforderung der Schüler. Was wie beste Fürsorge erscheint, ist eine Bedro-
hung für den heranwachsenden Menschen. Hinzu kommen natürlich die neuen Medien, die die letzten freien Minuten besetzen:
Computerspiele und Smartphone-Akrobatik sind zwar selbst ge-

wählt, doch auch sie reduzieren die persönlichen Freiheiten immer mehr, weil die Schüler bereitwillig nach den Vorgaben der Programmierer agieren.

Kinder haben heute immer weniger tatsächlich freie, unprogrammierte Zeit für sich selbst, können immer weniger herausfinden, was gut und schlecht für sie ist. Je weniger Zeit und Raum ein Teenager zur Verfügung hat, umso unfreier wird er aufwachsen, umso weniger kommt er in Kontakt mit seinem eigenen Selbst. Man darf diese Entwicklungsphase nicht unterschätzen, nicht mit der Aussage abtun, dass die Jugend schon immer anders war: Die Identitätsbildung ist ein wesentlicher Prozess. Sollte er gestört oder behindert werden, sollte eine Dissoziation (Entfremdung) vom Ich auftreten, sind Voraussetzungen für das Entstehen späterer Neurosen geschaffen.

Studium

Bis zur Einführung des Bachelor- und Master-Studiums genossen Studenten viele Freiheiten. Sie konnten sich ihr Studium nach ihren Interessen zuschneiden, konnten ihren eigenen Weg ins Leben definieren. Doch mit dem neuen System geriet die Universität zu einer Fortsetzung der Schule. Studenten müssen heute vor allem Pflichtveranstaltungen belegen und können aus ihrem engen, vorgegebenen Stundenplan, der meist eine 40-Stunden-Woche vorsieht, nicht ausbrechen. Zeit, um sich mit den eigenen Interessen auseinanderzusetzen, bleibt kaum. Um die Anforderungen bewältigen zu können, wird eifrig Hirndoping betrieben. Schüler, die schon in der Schulzeit *Ritalin* bekommen haben, nehmen es weiter, aber auch neue Konsumenten kommen hinzu.

Die Zurichtung des Studiums und der Studenten auf den späteren Arbeitsmarkt ist Absicht. Als Gegenbild wird immer der Langzeitstudent angeführt, der langhaarig und politisch links die Abende in

Kneipen verbringt, über Jahre keine Linie in seinem Studium findet und ein Interesse nach dem anderen entwickelt. Diese Studenten hat es natürlich gegeben – der Selbstfindungsprozess und das Erwachsenwerden sind keine Entwicklungen, die immer glatt und schnell ablaufen. In jeder Biografie gibt es Brüche oder auch Verzögerungen, und bei manchen wurde die Selbstfindung zur Lebensaufgabe. Aber im neuen System, das ganz auf schnelle fachliche Ausbildung ausgelegt ist, um den Studenten rasch und gut vorbereitet auf einen Arbeitsplatz zu vermitteln, sind Fehlentscheidungen naheliegend. Viele Studenten lernen, wofür sie sich nicht interessieren, manche bereiten sich auf Berufe vor, für die sie nicht geeignet sind.

Lehramtsstudenten sind manchmal derart damit beschäftigt, ihre Punkte zu sammeln und den Notenschnitt für die Zulassung zu erreichen, dass sie sich darüber hinaus die Perspektiven ihres Berufes nicht ausreichend vor Augen halten. Manche erkennen erst sehr spät, dass sie mit Kindern nicht umgehen können oder mögen.

Die Möglichkeit, ein Auslandssemester einzulegen, wird zudem immer seltener wahrgenommen, obwohl es durch das europaweit gültige Bachelor-/Mastersystem doch gerade erleichtert werden sollte. Aber den Studenten fehlt heute die Zeit, sich auf ein anderes Land und eine andere Uni einzulassen.

Wenn Studenten ihren Fehler beim Studien- oder Berufswunsch erkennen, dann ist es meist zu spät, dann sitzen sie längst am falschen Schreibtisch in der falschen Firma oder der falschen Behörde, dann sitzen sie vor 30 Kindern und wissen nicht weiter. Depressionen oder das »Burn-out-Syndrom« sind die nächste oder übernächste Phase dieser Karriere – und natürlich die Einnahme von Psychopharmaka.

Beruf

Schon Anfang des 20. Jahrhunderts begründete der Amerikaner Frederick Winslow Taylor die Optimierung der Arbeitsabläufe an den Arbeitsplätzen. Damals ging es vor allem um Fabrikarbeiter, die effizient ihre Aufgaben erfüllen sollten. Der Werksleiter, der mit der Stoppuhr neben dem Arbeiter steht und jede Handbewegung misst und anschließend »optimiert«, ist vielleicht ein Zerrbild jener Zeit, doch der Taylorismus ist trotz gewerkschaftlicher Bemühungen nie außer Mode gekommen. Längst hat der Optimierungsdruck alle Berufsbereiche erfasst – vom Fließbandarbeiter bis hin zum Beamten. In den Pflegeberufen gibt es Minutenkontingente für die einzelnen Aufgaben, so eng gesetzt, dass Gespräche zwischen Pfleger und Patient kaum noch möglich sind. In der Medizin hat jeder Handgriff einen eigenen Code. Ärzte müssen, um ihr Pensum zu schaffen, in kürzester Zeit viele Patienten durch ihre Praxis schleusen. Tätigkeiten, die dem Patienten besonders guttun, die aber besonders viel Zeit kosten, wie die Hausbesuche, finden systembedingt kaum noch statt. Stattdessen sitzen die Ärzte stundenlang über den Dokumentationen der Behandlungen, für die selbst kaum noch Zeit bleibt. Auch die Angestellten in der freien Wirtschaft und die Beamten bekommen zu spüren, dass sie (auch mithilfe neuer Computerprogramme) immer mehr immer schneller schaffen sollen.

Um die Rationalisierungen voranzubringen, werden Beratungsgesellschaften beauftragt. Diese organisieren interne Abläufe und die Aufgaben der Mitarbeiter neu. Oftmals folgen Umstrukturierungen in enger Folge – und nach jedem Entwicklungsschritt ist die Arbeit noch mehr »optimiert«, ist der Angestellte oder Beamte noch produktiver (und noch mehr entfernt von seiner Wunschtätigkeit, auf die die Berater natürlich keine Rücksicht genommen haben).

Für Beschäftigte bedeutet die Optimierung, die in der Regel ohne deren Mitwirkung vollzogen wird, einen immer höheren Druck. Der

Arbeitgeber sieht in ihnen nur noch Maschinen, die ihre Belastungsgrenze noch nicht ganz erreicht haben, bei denen man weiter an den Stellschrauben drehen kann. Gleichzeitig werden die Unternehmen unpersönlicher. Die Beschäftigten wissen kaum mehr, weshalb und für wen sie arbeiten. Sie sind tatsächlich Rädchen in einem Getriebe geworden, dessen Sinn sie nicht verstehen – aber das wird auch nicht verlangt. Bestenfalls wissen sie, welche Produkte das Unternehmen vermarktet, schlechtestenfalls haben sie keine Ahnung, was ihr Tun überhaupt soll. Es ist nachvollziehbar, dass Angestellte unter diesen Voraussetzungen körperliche und psychische Beschwerden entwickeln.

Die Symptome wachsen meist über Monate und Jahre. Häufig beginnt die Krankheitsbiografie mit Rückenschmerzen, Gelenkschmerzen, Bluthochdruck, Migräne oder sogar Herzproblemen. Zuerst funktionieren die körperlichen und seelischen Abwehrkräfte noch – die Symptome kommen und verschwinden auch wieder. Der Betroffene fühlt sich noch gegen die Angriffe auf seine Gesundheit gewappnet. Doch irgendwann werden erste Beschwerden hartnäckiger. Mit Mühe kann der Betroffene sie einige Wochen oder Monate ignorieren, immer mit der Hoffnung, dass sie doch wieder verschwinden. Doch eines Tages ist der Weg zum Hausarzt nicht mehr aufschiebbar. Ratlos und peinlich berührt, steht man dann in der Praxis und denkt: »Ausgerechnet ich habe diese albernen Symptome. Ich will sie nur schnell loswerden.« Vielleicht trifft er auf einen Arzt, der ein Gespräch über die Ursachen führt und ihm einen Weg weist, wie er die Beschwerden auch ohne Medikation bewältigen kann. Viel wahrscheinlicher jedoch wird er auf einen Arzt treffen, der Mittel gegen die Symptome verschreibt: Schmerzmittel gegen die Rücken- oder Kopfschmerzen und Schlaftabletten gegen die Schlafstörungen. Doch die Medikamente lösen die Probleme nicht, sie sind nicht mehr als ein Aufschub. Auch die Tabletten können nicht darüber hinwegtäuschen, dass der Job keinen Spaß mehr macht oder der Vorgesetzte die

Schraube immer weiter anzieht. Am liebsten würde der Betroffene nun alles hinschmeißen, sich in ein Haus in den Bergen zurückziehen, ein anderes Leben führen. Aber er glaubt, das nicht zu können, denn die Kredite oder die Ausbildung der Kinder müssen bezahlt werden. Ja, die Aussicht, den Arbeitsplatz zu verlieren, schnürt ihm die Kehle zu.

Irgendwann verlieren die Medikamente, die er seit Monaten regelmäßig nimmt (obwohl der Arzt ihn vielleicht davor gewarnt hat), ihre Wirkung, die Schmerzen sind zurück.

Mit ein wenig Glück geht er jetzt zu einem Psychologen, der zusammen mit ihm nach den Ursachen forscht und Methoden erarbeitet, um mit seinen Problemen besser umgehen zu können. Doch wenn der Patient Pech hat, bekommt er Psychopharmaka – und kann wieder ein paar Monate oder Jahre wie betäubt weiterarbeiten. Um den Ablauf zu verdeutlichen, hier ein Beispiel aus meiner Praxis:

Menschen pflegen nach der Stoppuhr

Hannelore*, 57, eine zierliche Frau, arbeitet seit mehr als zwanzig Jahren in der Pflege. Einst war sie eine überaus engagierte Pflegekraft, stolz auf ihren Beruf. Sie liebte ihre Arbeit und bekam beim alten Arbeitgeber die Anerkennung, die sie brauchte. Irgendwann stellte diese Firma ihren Betrieb ein, und sie musste sich einen neuen Job suchen. Bei einem Pflegedienst im selben Ort fand sie Anstellung. Jetzt betreut sie alte Menschen in deren Wohnungen. Für jeden Handgriff hat sie eine feste Zeitvorgabe. Die Fallplanung ihrer Firma ist derart eng, dass nicht einmal Zeit zum Betanken des Dienstwagens bleibt. Für die Wege vom Auto zur Haustür der pflegebedürftigen Person sind in der Planung lediglich drei Minuten eingerechnet. Natürlich reicht die Zeit in der Praxis meist nicht aus; fast jeden Tag fallen so Überstunden an. Doch Hannelore bekommt nicht die Gelegenheit, die Überstunden in freie Zeit umzuwandeln. Im Gegenteil. Sie steht jeden Tag unter enormem Druck. Selbst auf Teile des ihr zustehenden Urlaubes verzichtet sie auf Wunsch ihres Arbeitgebers; sie hat das Gefühl, dass sie ihre Patienten nicht im Stich lassen kann. Tatsächlich arbeitet sie statt den 30 im Arbeitsvertrag vereinbarten Wochenstunden meistens 40, manchmal bis zu 46 Stunden. Und sie beschwert sich nicht …

Die Ausbeutung ihrer Kräfte kann Hannelore natürlich nicht endlos fortsetzen. Im Alter von 48 Jahren hatten sich bereits Rückenprobleme eingestellt, die sie noch mit Schmerzmitteln unterdrücken konnte. Als sie 53 war, erfolgte ein erster Zusammenbruch. Doch als der Hausarzt sie erst einmal krank schreiben wollte, damit sie sich etwas erholen könnte, weigerte sie sich. Wenn sie nach der Krankschreibung zurück in den Betrieb komme, dann erwarte sie die Hölle, behauptete sie. Sie bekäme dann nur die schwersten und schwierigsten Patienten und die schlechtesten Schichten mit den längsten Wegen zwischen den Patienten. Ihr Arbeitgeber wolle, dass sie und die Kollegen merken, dass es sich nicht lohnt, »krankzufeiern«.

Statt einer Krankschreibung bekam sie also ein Psychopharmakum, das sie regelmäßig einnahm und unter dessen Wirkung sie weiter arbeitete. Natürlich ging das nicht lange gut – mit Rückenproblemen wurde sie in die Klinik eingeliefert; eine orthopädische Behandlung sollte ihre Schmerzen lindern.

Zu mir kommt sie mit psychovegetativer Erschöpfung sowie Migräne. Ich merke schon nach den ersten Sätzen, dass sie am liebsten sofort zurückwill, um wieder ihre »Pflicht« zu erfüllen. Denn ihr wird es in ihrem Alter kaum möglich sein, einen anderen Job zu finden. Sie kann noch nicht in Rente gehen, das ihr zustehende Geld würde zum Leben nicht reichen. So hat sie keine andere Wahl, als den Job weiter auszuüben; sie kann nur auf die Einsicht oder die Gnade ihres Arbeitgebers hoffen.

Doch die Arbeitgeber alter Schule, die sich als Patriarchen verstanden, die sich um das Wohlergehen ihrer Beschäftigten kümmerten, sind fast ausgestorben. Die modernen Arbeitgeber haben den Taylorismus verinnerlicht. Beschäftigte sind ein Kostenfaktor, den der Arbeitgeber »optimieren« will … bis diese umfallen.

Alter

Wenn die Menschen mit 60 oder 65 Jahren in Rente gehen, denken sie, dass sie das Schlimmste hinter sich haben. Die womöglich ungeliebte oder stressige Arbeit ist vorbei, die freie Zeit wartet auf sie. Endlich können sie all das machen, was sie wollen … Doch nun erkennen sie vielleicht, dass sie keine Aufgabe im Leben haben, dass sie eigentlich gar nichts wollen. Was mache ich mit meiner Zeit?, werden sich viele fragen. Hinzu kommt, dass nach und nach körperliche Gebrechen auftreten und ihnen das Leben schwer machen. Auch die überraschend geringe Rente oder die Nebenkosten-Nachzahlung für die Wohnung hindern sie nun, lang ersehnte Reisen zu den Orten anzutreten, die sie immer schon einmal sehen wollten. Die Kinder sind wahrscheinlich in eine entfernte Stadt gezogen oder haben den Kontakt – aus welchen Gründen auch immer – abgebrochen. Viele Rentner finden in ihrer unendlichen freien Zeit nur eine neue Aufgabe: Sie setzen sich schon tagsüber vor den Fernseher.

Manchmal liegen sie dann, nach einem Tag mit Serien und Ratgebersendungen, in der Nacht wach und denken über ihr Schicksal nach. Bei ihrem Hausarzt klagen sie dann womöglich darüber, dass sie nachts nicht schlafen können, dass sie immerfort grübeln. Man muss wissen, dass alte Menschen generell weniger Schlaf benötigen, das aber oftmals nicht akzeptieren wollen. Sie wachen bereits in den frühen Morgenstunden auf und verstehen nicht, wieso. Anstatt die Patienten über das altersbedingt sinkende Schlafbedürfnis aufzuklären, verschreibt der Arzt ihnen möglicherweise ein Schlafmittel – eine oft sinnlose Medikation. Rentner, die ein Benzodiazepine-Schlafmittel nehmen, bauen den Wirkstoff oftmals sehr langsam ab, weswegen der Wirkstoff auch am folgenden Tag im Blut bleibt. Mit den nächsten Einnahmen kommt es zu einer allmählichen Überdosierung des Mittels; die Rentner sind auch tagsüber müde, sie wirken verlangsamt und verwirrt. Die Diagnose Demenz ist dann die fast logische Folge – obwohl die betroffenen Personen eigentlich gesund sind.

Alte Menschen benötigen in der Regel keine Psychopharmaka, sondern Kontakt zu anderen Menschen, ein wenig Austausch, ein wenig Aufmerksamkeit. Aber das ist natürlich Wunschdenken. In der Realität sediert die Gesellschaft die Menschen, für die sie keine Aufgabe mehr hat, mit denen sie nicht einmal mehr kommunizieren will.

Verschwundene Schäferidylle

In der Antike galt das Leben des Schäfers als Inbegriff der Gelassenheit und Beschaulichkeit. Der Schäfer liegt auf einer Wiese, blickt in die Landschaft und sieht seinen Schafen zu. So ähnlich malte Johann Heinrich Wilhelm Tischbein den Schriftsteller Johann Wolfgang von Goethe in der römischen Campagna (1786/87). Das Bild zeigt Goethe in entspannter Pose lagernd. Im Hintergrund erkennt der Betrachter die typische italienische Kulturlandschaft mit einem antiken Grabmonument. Goethe scheint in Gedanken, reflektiert womöglich die Vergänglichkeit der Kulturen. Offenkundig genießt Goethe eine Schäferidylle in Italien, genießt das freie Abdriften der Gedanken.

Das Goethe-Bild ist das vielleicht wichtigste deutsche Gemälde der Zeit – auch wenn es ein italienisches Motiv zeigt, auch wenn es von Tischbein in Neapel gemalt wurde. Es wurde endlos reproduziert und in zahllosen deutschen Wohnungen aufgehängt. Hunderttausende Deutsche konnten sich offenbar mit der Idylle identifizieren. Das ruhige Sinnieren war Vorbild, nicht die angestrengte Arbeit.

In 200 Jahren hat sich die Einstellung der Menschen dramatisch geändert. Heute zählt nicht mehr die Schäferidylle, sondern der *Ernst des Lebens*. Die Menschen von heute bewundern den Manager, der rund um die Uhr arbeitet, sie bewundern den Sportler, der jeden Tag mehrere Stunden trainiert und bei Wettbewerben extreme Leistungen bringt.

Mein Mann hat mir ein Illustriertenbild aus den 1980er-Jahren gezeigt, auf dem ein Politiker mit einem Aktenkoffer in der Hand lässig über einen Zaun springt. Daran sollte sich das Volk ein Beispiel nehmen: immer auf dem Sprung, immer bei der Arbeit. Die Berliner Band Ideal verwendete das Motiv für ein Plattencover, ließ den Politikerkopf allerdings weg. Nur der gesichtslose Körper springt noch über den Zaun, aber genauso lässig. Die 1981 erschienene Platte – ich habe sie erst vor Wochen auf dem Kissinger Flohmarkt entdeckt – heißt passend *Der Ernst des Lebens*. Irgendwann in diesen Jahren nach 1970, nach der vergeblichen Befreiung der Menschen durch die 68er-Revolution, begann wieder der *Ernst des Lebens* – diesmal verbunden mit einer Stimulierung und Aufputschung des Menschen durch Psychopharmaka.

Die protestantische Ethik oder vergleichbare Leitbilder haben uns in die Sackgasse der selbst gewählten Überforderung geführt. Unser Leben ist vom Kindergarten bis zum Rentenalter mit Ausbildung und Arbeit angefüllt. Die vorher freie, »unnütze« Zeit wird immer weiter verplant und durchorganisiert. Doch wir wehren uns nicht gegen die Verplanung unseres Lebens, wir halten sie für gut und richtig, ja, wir übernehmen mehr Aufgaben, als wir tatsächlich ausführen können – was oftmals nur mit leistungssteigernden oder sedierenden Medikamenten möglich ist.

Wer sich hingegen den Anforderungen der Welt entzieht und auf seinem italienischen Aussichtsplatz sitzen bleibt, wer auf Psychopharmaka verzichtet und sich auch seine Schwäche und Faulheit eingesteht, der bringt sich in ein dubioses Licht, der ist schnell der Leistungsverweigerer, der der Gesellschaft schadet, weil er zu wenig verdient und deshalb der Gemeinschaft einen Teil des Sozialprodukts entzieht.

Seit bald eineinhalb Jahrhunderten kommen wir nicht aus dem Automatismus der zunehmenden Arbeit heraus. Die Erfindung arbeitsentlastender Techniken – Dampfmaschine, Elektromotor, Computer – haben nicht dazu geführt, dass wir weniger arbeiten oder dass Arbeit an Bedeutung verloren hat. Im Gegenteil: Die neuen Techniken bedingen, dass die Angestellten noch mehr, noch optimierter, noch effektiver arbeiten. Ein kontemplatives Leben, für das Goethe auf dem Tischbein-Gemälde steht, ist Geschichte. Wir müssen es konstatieren: Der Fortschritt war für den Menschen ohne Sinn. Er hat den Menschen nicht befreit – das Gegenteil ist der Fall.

Das Gefühl der Sinnlosigkeit

Haben wir den richtigen Weg eingeschlagen? Sind Arbeit und Leistung der Sinn des Lebens? Wollen wir wirklich so und nicht anders die Zeit verbringen, die uns geschenkt wurde? Oder fehlt da noch etwas? Ich finde schon. Das tägliche Laufen im Hamsterrad bringt Geld – viel mehr aber auch nicht. Man kann sich für das Geld zwar viele schöne Dinge kaufen, aber es sind, sieht man vom Lebensnotwendigen ab, meist Ersatzbefriedigungen. Nein, Geld ist nicht alles. Irgendwann erkennen die Menschen, dass sie seit Jahren für die Arbeit leben, aber dass die Arbeit ihnen wenig zurückgibt. Sie bekommen zu wenig Anerkennung, sie können ihre Kreativität nicht ausleben, sie können nicht das machen, was sie wollen und wünschen. Es macht keinen Sinn, als Bankberater seinen Kunden Kredite zu verkaufen, die dieser womöglich nicht bedienen kann; es macht keinen Sinn, als Beamter jeden Tag Formulare zu stempeln, die anschließend zwischen Aktendeckeln verschwinden. Es macht keinen Sinn, im Callcenter Anrufe entgegenzunehmen – zumindest macht es keinen Sinn für den Einzelnen und sein Leben. Die meisten Menschen müssen begreifen, dass das Sinnversprechen der protestantischen oder einer von ihr abgeleiteten Arbeitsethik weitgehend eine Illusion ist und dass sie den Sinn des Lebens nicht in ihrer Arbeit finden werden.

In meinem Büro sitzen immer wieder Menschen, die verbittert feststellen mussten, dass sie sich in ihrem Beruf nicht verwirklichen konnten. Oftmals haben sie enthusiastisch mit der Arbeit begonnen, fühlen sich aber inzwischen ausgenutzt. »Habe noch drei lange Jahre bis zur Rente«, sagte einer meiner Patienten. »Bin froh, wenn es vorbei ist. Dabei hatte ich noch die guten Jahre. Kann dafür dankbar sein. Die Jungen beneide ich nicht. Die müssen wie aufgezogene Spielzeuge arbeiten. Nein, es ist alles schlechter geworden, wir werden nur noch ausgenutzt und ausgepresst.«

Menschen gestehen sich Sinnlosigkeit ungern ein, denn dieses Gefühl geht einher mit der Überzeugung, ein Verlierer zu sein. Entsprechend bleibt das Leiden am fehlenden Sinn im Verborgenen, es wird nicht ausgesprochen, es zehrt aber beständig am Menschen, es zieht ihn herunter, es lässt Krankheiten entstehen. Depressionen sind oftmals Folge einer gescheiterten Sinnsuche.

In einer Psychotherapie könnten die Menschen lernen, wie sie trotz einer wenig erfüllenden abhängigen Beschäftigung einen Sinn im Leben für sich definieren, wie sie mit den Voraussetzungen, die meist nicht zu ändern sind, leben können. Doch das Gesundheitssystem hat eine scheinbar einfachere Lösung parat. Bewusstseinsverändernde Medikamente sollen die Menschen wieder mit ihrer Arbeit und der Gesellschaft versöhnen – was selbstverständlich reine Einbildung ist. Wer in unserem unter Sinndefiziten leidenden Leistungssystem zusammenbricht, der wird unter Drogen gestellt, um wieder zu funktionieren, um keine Fragen zu stellen, um wunschlos unglücklich zu sein.

Manipulierbarkeit und Entmündigung

Es ist eine Folge der Sozialisation und des Bildungsweges, dass viele Menschen verlernt haben, auf sich selbst zu hören. Sie haben sich von ihren Gefühlen entfernt und die Fähigkeit verloren, sich selbst zu vertrauen, selbstständig zu denken und selbstbewusst zu handeln. Je entfremdeter ein Mensch von seinen Gefühlen und Gedanken ist, desto unvorteilhafter ist das für seine körperliche und seelische Gesundheit. In dieser Situation wird er steuerbar und manipulierbar. Da er auf seine Gefühle nicht mehr achtet, traut er sich immer weniger, eigene Entscheidungen zu treffen – selbst über zentrale Fragen seines Lebens. Der gefühlsunterdrückte Mensch folgt bereitwillig den Versprechen anderer Leute, die ihm sagen, was gut und schlecht, was richtig und falsch ist.

Psychopharmaka spielen in dieser Situation eine doppelte Rolle, sie führen zu einem unheilvollen Kreislauf: Mit unterdrückten Gefühlen und nicht funktionierender Richtig-oder-Falsch-Einschätzung wird der Mensch manipulierbar und anfällig für Psychopharmaka. Der Autorität des Spezialisten, der ihm womöglich die Psychopharmaka verschreibt, wird er keine eigene Meinung, kein überzeugtes Nein entgegensetzen. Wenn er dann mehr oder weniger freiwillig die Tabletten schluckt, entfernt er sich weiter von seinen Gefühlen – und gerät in einen Kreislauf, einen Strudel der Entmündigung. Der entmündigte und manipulierbare Mensch läuft immer schneller im Hamsterrad – er muss nur glauben, dass es ihm guttut. Und er will es auch glauben, der Wille mobilisiert seine Kräfte, und er rattert immer weiter …

So ein Mensch ist eine Marionette der Krankheitsindustrie. Sie wird ihn nicht zur Ruhe kommen lassen, er muss im Kreislauf der Medikation bleiben und den »Empfehlungen« folgen. Wenn er nicht mehr im Hamsterrad laufen kann, dann darf er liegen – mit anderen Medikamenten. Nach dem Aufputschen kommt das Ruhigstellen. Auf keinen Fall darf der Mensch auf die Idee kommen, frei und gesund zu werden und auf die Medikamente zu verzichten. Gesundheit wäre für die Pharmaindustrie und die gesamte, jedes Jahr alleine in Deutschland 300 Milliarden Euro verschlingende Gesundheitsmaschinerie eine Störung.

Was bleibt dem Menschen, der während der Sozialisation manipuliert wurde, der seine Gefühle nicht mehr versteht? Ist er der geborene Pillenschlucker, die geborene Maschine? Muss er vor den Interessen, die ihn in vorgegebene Bahnen zwängen, kapitulieren? Nein. Solange die Medikamente noch nicht über das Trinkwasser abgegeben werden,[89] kann der Mensch die Kontrolle über seine Gefühle und damit über seinen Verstand zurückgewinnen. Der Weg zurück zur Souveränität ist vielleicht mühsam und langwierig. Vielleicht erfordert er auch eine psychotherapeutische Begleitung. Aber der Mensch, der diesen Weg zurücklegt, wird belohnt mit körperlicher und seelischer Gesundheit, mit einem neuen Selbstbewusstsein, mit Handlungsfreiheit.

Die Macht von Versprechungen

Politik und Industrie unternehmen viel, um den Menschen vom Weg zurück zur Handlungsfreiheit abzuhalten. Sie halten ihm jeden Tag schöne Versprechen vor die Nase, denen er dann begierig folgt, während er seinen eigenen Weg aus dem Auge verliert. Versprechen sind ein gut funktionierendes Instrument der Macht. Sie erscheinen ungefährlich und verlockend: das Versprechen eines neuen Automodells;

das Versprechen neuer Urlaubsziele; das Versprechen einer TV-Flatrate; das Versprechen der nächsten Generation des Smartphones (in den Medien wird dies jedes Mal wie ein Riesenschritt in der menschlichen Evolution gewürdigt. Die Ankündigung steht in den großen Zeitungen gleichrangig neben den Berichten über Kriege und Revolutionen).

Mit Versprechungen lassen sich das Wertesystem und darüber hinaus das Verhalten des Menschen modellieren; sie ködern ihn und lassen seine abhängige Lage, die Sinnlosigkeit seines Daseins in einem schönen Licht erscheinen. Versprechen werden nicht nur meist medial vorgebracht, sie werden auch immer häufiger durch die Medien eingelöst: durch Unterhaltungsformate und Online-Shops. Viele Menschen können sich ein Leben ohne mediale Unterhaltung nicht mehr vorstellen. Viele gestresste Angestellte, die acht Stunden jeden Tag eine Arbeit verrichten, die ihnen keinen Spaß macht, oftmals am Computerbildschirm, setzen sich nach der Arbeit wieder an den Bildschirm, spielen Computerspiele, surfen durch Nachrichtenseiten oder chatten in sozialen Netzwerken.

Wenn man heute die jungen Leute nach ihren Prioritäten fragt, dann bekommt man keine Ballspiele, keine Abenteuer in freier Natur, kein soziales Engagement, sondern *Facebook* oder *YouTube* genannt. Soziale Netze wie *Facebook* versprechen den Menschen die Einbindung in Freundeskreise, die Teilhabe an der Welt. Bei *Facebook* können die Nutzer eine virtuelle Identität aufbauen. Hier hoffen sie, alle Gefühle zu erleben, die einen jungen Menschen begleiten – Liebe, Verlangen, Ablehnung, Trauer … Doch die Identitäten, die sie und die anderen besitzen, sind virtuell, nicht echt. Auch die Gefühle reagieren auf virtuelle Figuren, haben immer weniger Bezug zum wirklichen Leben, werden steuerbar, lassen sich instrumentalisieren – selbst von den Nutzern. Die meisten *Facebook*-Nutzer geben sich eine geschönte Identität. Sie versuchen auf den eingestellten Bildern möglichst gut auszusehen, bearbeiten die Bilder womöglich zuvor mit *Photoshop*.

Manche nehmen gar falsche, aus dem Internet kopierte Bilder, um möglichst begehrenswert zu erscheinen. Auch die sogenannte *Timeline* wird nur mit Ereignissen angefüllt, die cool und attraktiv erscheinen. Das Dasein wird auf die Außenwirkung zugerichtet. Mit vorgegebenen Funktionen können die Nutzer ihr Umfeld bewerten und andere coole Dinge »liken« – sie entwerfen ein Ich, das vor allem oder vielleicht sogar nur im Internet existiert. Durch diese Eingriffe auf *Facebook* erscheint ihnen ihre eigene und damit die ganze Welt attraktiver. Die designte Realität übertrifft das gewöhnliche Leben.

Wer sich in diesen konstruierten Welten bewegt (und daran mitwirkt, die Konstruktionen fortzuentwickeln), der fühlt sich kompetent und souverän – und ist doch in jeder seiner Regungen abhängig geworden. Aber er merkt es nicht mehr. Der *Facebook*-Nutzer ist abhängig von den Programmierern, die ihm die Selbstdarstellung in einem vorgegebenen Rahmen ermöglichen. Er ist abhängig geworden von standardisierten Gefühlsäußerungen, die die Online-Unternehmen vorgeben. Es begann mit den »Emoticons« und wurde durch die »Likes« bei *Facebook* verfeinert. Gefühle, das können wir erwarten, werden bald vor allem digital geäußert.

Aber noch sind nicht alle Versprechen, die die Menschen von ihrem wahren Ich ablenken, digital. Eine All-Inclusive-Pauschalreise beispielsweise ist ein analoges Versprechen. Zwar wird es meist medial gegeben, aber die Einlösung erfolgt noch durch reales Handeln in der Außenwelt.

Reisen war immer schon eine Möglichkeit für den Menschen, den eigenen Verstand zu schärfen. Doch die modernen Reiseangebote sind Teil einer manipulierten Gesellschaft.

Reisende werden in Länder gebracht, für die sie sich im Grunde nicht interessieren (abgesehen von der attraktiven Hotelanlage mit den tiefblauen Pools). Erst nach Reisewarnungen, die die Bundesregierung beispielsweise nach politischen Umstürzen herausgibt, bemerken manche Urlauber, dass es in dem Land, in dem sie sich befinden, noch etwas anderes als Hotel und Pool gibt. Wenn sie das jedoch nicht bemerken, dann üben sie eine Weltsicht, die ihnen vorgegeben wird. Animateure bestimmen ihre Aktivitäten. Sie bewegen sich vielleicht am Abend im Takt der Disco-Musik und glauben tatsächlich, die Welt zu sehen und ein Abenteuer zu erleben. Es ist unschwer zu erkennen, dass ein moderner Pauschalurlaub die Menschen nicht mehr dazu bringt, ihren Verstand zu schärfen. Im Gegenteil: Diese postindustriellen Urlaubsformen entfernen den Menschen von seinen wahren Gefühlen und vermitteln ihm mithilfe von Animateuren neue Gefühle: Ihm wird gesagt, wann er klatschen soll, wann er sich freuen kann, wann er konsumieren muss.

Der Konsum in den neuen Einkaufszentren, die heute in fast jeder europäischen Stadt die Kunden locken, gehört ebenfalls zu den Versprechen, die von den eigentlichen Problemen im Leben ablenken, von den schlechten Bedingungen am Arbeitsplatz beispielsweise. Wer mit gefüllten Tüten nach Hause kommt, der hat sich zumindest eine Ersatzbefriedigung gegönnt, der hat für ein paar Stunden einen scheinbaren Sinn gefunden, der ihn von seiner tatsächlichen Sinnlosigkeit ablenkt. In den Einkaufszentren bekommen die Menschen in immer denselben Geschäften immer dieselben Artikel. Die Variantenvielfalt nimmt sowohl bei den Geschäften als auch bei den Produkten kontinuierlich ab, was für die Markenindustrie durchaus Sinn macht. Über die Medien bekommen die Menschen die Produkte und Marken gezielt präsentiert. Eine Nachfrage wird aufgebaut, die der Konsument dann in den Einkaufszentren schnell und ohne Umwege befriedigt. Auch hier folgt er längst einer Strategie, einer Manipulation: Am Abend vor dem Einkauf haben vielleicht TV-Werbespots gezielt Gefühle in ihm ausgelöst. Über *Twitter* hat er noch einen Hinweis bekommen, und online liest er eine Produktbewertung ... Er kann gar nicht mehr der mündige Bürger sein, der eigene Bedürfnisse entwickelt und mit freiem Verstand entscheidet, was er kauft und was nicht.

In der neuen Normalität mit Fernsehen, Internet, Pauschalreise und Einkaufszentrum herrscht ein eklatantes Missverhältnis zwischen dem Glauben an Freiheit und Mündigkeit und den tatsächlichen Spielräumen, die die Menschen haben. Immer dann, wenn die Bürger der neuen schönen Welt glauben, frei zu sein, sind sie meist nicht mehr als gute Konsumenten – instrumentalisiert von Politik und von den postindustriellen Markenkonzernen wie Apple, Amazon oder Esprit.

Für die Politik sind manipulierte Menschen einfacher zu steuern, für die Konzerne sind sie einfacher abzuschöpfen – ein System, an dem nur der einzelne Mensch, der Außenseiter, der Querulant mitunter kein Interesse hat. Die »guten« Menschen des 21. Jahrhunderts, die »guten« Bürger der postindustriellen Zeit jedoch arbeiten wie Ameisen und konsumieren wie Ostdeutsche nach der Wende. Sie fahren in den All-Inclusive-Urlaub und surfen jeden Tag mehrere Stunden im Internet. Ihre Zufriedenheit, ja ihr Glück ist gekauft.

Manche Menschen lassen sich gerne und freiwillig von den neuen Versprechen ködern, lassen sich freiwillig in diesen Rahmen einbinden. Sie akzeptieren die Bedingungen der schönen neuen Welt als Normalität. Andere Menschen können mit den Verlockungen nichts anfangen. Sie lassen sich nicht so einfach blenden. Gerade deswegen sind sie leichte Opfer: Denn ihnen wird, wenn sie an der Sinnlosigkeit der Welt leiden, wenn sie deprimiert von der Arbeit kommen, eingeredet, dass sie Antidepressiva oder andere Psychopharmaka benötigen.

Kapitel 5

Keine Chance gegen die Pillen

Wie Menschen abhängig werden, ohne es zu merken

In dem amerikanischen Spielfilm *Love and Other Drugs* aus dem Jahr 2010 findet in einer Episode ein heruntergekommener Obdachloser *Prozac*-Tablettenpackungen in einem Müllcontainer. Ein Pfizer-Pharmavertreter hatte die Tablettenpackungen der Lilly-Konkurrenz mehrfach hineingeworfen – Packungen, die er zuvor in einer Arztpraxis heimlich gegen Pfizers *Zoloft* ausgetauscht hatte. Der Obdachlose schluckt sie begierig und macht daraufhin eine für den Zuschauer erstaunliche Wandlung durch. Einige Wochen später sehen wir ihn am Müllcontainer sitzen, ein Buch lesen und auf die nächste Tablettenlieferung warten. Wieder einige Wochen später trifft er als gut gekleideter Mann mit gestutztem Bart und gekämmten Haaren am Müllcontainer auf den Pharmavertreter und fragt diesen, ob er noch weitere *Prozac*-Proben für ihn habe, denn er müsse zu einem Vorstellungsgespräch für einen Job. Der Film, der auf amüsante und kritiklose Weise in die schöne Welt der Pharmazie einführt, propagiert mit dieser kleinen Szene die Wirksamkeit der Psychopharmaka: Aus einer gescheiterten Existenz wird ein ordentlicher Bürger – allein durch die Wirkung von *Prozac*.

Die legalen Drogen werden als Segen verkauft, während die illegalen verteufelt werden. Dabei erscheint die Realität nicht so rosig wie im Film. Etwa neunmal mehr Menschen sind von legalen Medikamenten als von illegalen Drogen abhängig. 1,9 Millionen Deutsche galten im Jahr 2012 als medikamentenabhängig – dabei wurden nur die ärztlichen Verschreibungen gerechnet, der graue Markt bleibt unberücksichtigt.[90] Nach dem Jahresbericht der Drogenbeauftragten der Bundesregierung nehmen etwa 200000 Deutsche regelmäßig illegale Drogen und können somit vermutlich als abhängig gelten. Im Jahr 2012 starben 944 Personen nach der Einnahme von illegalen Drogen.[91]

Der Staat verfolgt mit großem Aufwand selbst die Konsumenten des leichten Rauschmittels Cannabis, während gleichzeitig niedergelassene Mediziner jeden Tag und in jeder Stadt dafür sorgen, dass Menschen legale harte Drogen bekommen, an deren Nebenwirkungen sie leiden, von denen sie abhängig werden und an denen sie – wenn es schlecht läuft – sogar sterben. Zahlen hierzu werden von keinem Beauftragten der Bundesregierung ermittelt.

Während Konsumenten von illegalen Drogen wissen, dass sie ihre Gesundheit und womöglich ihr Leben aufs Spiel setzen, sind die Konsumenten legaler Medikamente ahnungslos. Immerhin bekommen sie die Psychopharmaka *verschrieben*. Zwar haben die Ärzte ihnen gegenüber womöglich Warnungen ausgesprochen, beispielsweise gesagt, dass sie Benzodiazepine nur eine sehr begrenzte Zeit lang einnehmen sollen, doch ein verschriebenes Mittel kann schließlich so schlecht nicht sein, es kann vielleicht nicht schaden, es doch ein weniger länger zu nehmen … Auf diese Missinterpretation des ärztlichen Willens folgen der schleichende Medikamentenmissbrauch und schließlich die Abhängigkeit. Die Medikamente schleichen sich in das Leben der Menschen und lassen sich dann nicht mehr abschütteln. Wenn der Betroffene sich eines Tages fragt, wie es dazu kommen konnte, weshalb er damit angefangen hat, dann muss er einsehen, dass am Beginn der legalen Drogenkarriere keine bewusste Entscheidung stand.

Es begann vielleicht mit einigen schlaflosen Nächten, mit einigen Tagen innerer Unruhe und einem Gespräch mit dem Hausarzt. Es begann mit einer Schachtel Tabletten … Das, was der Arzt und der Apotheker warnend ergänzten, als sie Rezept und Schachtel übergaben, ist natürlich längst vergessen. Wie in *Love and Other Drugs* kommen die legalen Drogen oft ungefragt zu den Konsumenten – sie fallen ihnen geradezu in den Schoß.

Ich will einige Fälle schildern, in denen nachvollziehbar ist, weshalb Menschen Medikamente nehmen, die sie nicht benötigen und die sie eigentlich *nicht wollen*. Gerade bei den Diagnosen Depression und ADHS werden Betroffene mit sanftem Druck dazu gebracht, Psychopharmaka zu nehmen. Sie können sich, wir werden es sehen, heute kaum noch gegen die Tabletten wehren. Oftmals kommen sie dann nach jahrelangem Psychopharmakakonsum zu mir – und eines kann ich nur nochmals betonen: Psychopharmaka bringen keine Heilung, und sie prägen genauso wenig wie illegale Drogen gute, glückliche Biografien.

Paradoxes Verhalten

Herzrasen, hoher Blutdruck, Tinnitus: Norbert*, 56 Jahre alt, geht es Monat für Monat schlechter. Dabei hat er gehofft, dass sein Leben wieder in Ordnung kommt, sich positiv entwickeln wird. Er hat nach einer gescheiterten Ehe eine Freundin gefunden. Für die neue Frau in seinem Leben opfert er sich auf. Er hat ihr das Badezimmer umgebaut und den Garten neu angelegt. Er erwartet keine Dankbarkeit, aber Beweise ihrer Zuneigung. Doch die neue Frau verhält sich indifferent, hört mehr auf ihren Sohn aus erster Ehe, der der neuen Beziehung ganz ablehnend gegenübersteht. Der Sohn will, dass die Mutter die Nächte nicht mit ihrem Freund verbringt – und sie folgt meist dessen Wunsch, vermeidet jede Konfrontation, geht einem klärenden Gespräch sowohl mit Norbert als auch mit ihrem Sohn aus dem Wege. Wenn sich Norbert mit ihr verabredet, dann kommt es immer wieder vor, dass sie mit irgendwelchen Ausreden absagt. Norbert ahnt, dass der Sohn dahintersteckt, dass sich seine Freundin nicht gegen ihn durchsetzen kann und will. Das macht ihn wütend, aber gleichzeitig versucht er, der verständnisvolle und zurückhaltende, der nicht-fordernde Partner zu bleiben. Dieser Spagat geht nicht lange gut. Erst stellen sich Kopfschmerzen ein, gefolgt von Herzrasen, hohem Blutdruck, Schweißausbrüchen und unruhigem Schlaf. Schließlich beginnt ihn ein Tinnitus zu quälen. Norbert erkennt selbst ein Muster in seinem Verhalten. Seine scheinbare Bescheidenheit hatte auch die vorherige Ehe zerstört, hatte zumindest dazu beigetragen. Er weiß, dass er dazu neigt, eine Beziehung sehr wichtig zu nehmen, es aber gleichzeitig nicht schafft, diese Bedeutung auch der Frau zu vermitteln. Nach außen ist er stets bescheiden, nach außen ist es ihm immer recht, wenn eine Verabredung platzt. So vermittelt er seiner Partnerin ein falsches Bild – und initiiert bei der Frau oder Freundin ein Verhalten, das ganz und gar nicht in seinem Interesse ist.

In Norbert sitzt tief ein Verbot, jegliche Form von Anerkennung, Wertschätzung und Belohnung anzunehmen. Er bemüht sich immer, zurückhaltend aufzutreten. Der gleichzeitige Wunsch nach Anerkennung und die Pflicht, bescheiden zu sein – die idealen Voraussetzungen für einen schweren inneren Konflikt. Immer, wenn er Belohnungen angeboten bekommt, dann lehnt er diese aus Bescheidenheit ab. Immer derselbe Fehler. Norbert weiß, dass er sich paradox verhält, aber er selbst kann das Paradoxon nicht auflösen, er benötigt Hilfe.

In den Gelben Seiten findet Norbert eine Reihe von Psychologen in seiner Heimatstadt. Zwei sind nicht erreichbar, bei einem dritten darf er sich in eine Warteliste eintragen lassen. Nach sieben Monaten hätte er eine Chance auf eine Therapie. Sieben Monate! Sein Leiden ist akut – die Unruhe und die Schlaflosigkeit zermürben ihn. Er raucht mehr als eine Packung Zigaretten am Tag. Enttäuscht von den Psychologen geht er zum Hausarzt und schildert seine Probleme. Der Hausarzt hört ihm aufmerksam zu, notiert die Symptome – und verschreibt ihm ein Antidepressivum sowie ein Schlafmittel. Norbert denkt, das ist besser als nichts, immerhin eine kleine Hilfe, ein Rettungsanker. Doch als er nach über einem Jahr Medikamenteneinnahme in meinem Büro sitzt, hat sich seine Lage kaum verändert, nur der Schlaf ist etwas besser geworden. Die Symptome bis hin zum Tinnitus sind geblieben, die Situation mit seiner Freundin hat sich nicht entspannt, nicht einmal ein klärendes Gespräch hat es gegeben. Niemand kann Norbert einen Vorwurf machen. Hatte er eine Wahl? Wurde ihm eine Alternative zu den Medikamenten geboten?

Die perfekte Gattin

Ihr Mann wurde am Herzen operiert und bekommt jetzt starke Medikamente, die eine unerwartete Nebenwirkung haben: Sie stärken sein sexuelles Verlangen. Ursula*, 66 Jahre alt, weist jedoch ihren Mann zurück. Damit es keinen Streit gibt, befriedigt sie ihn mit der Hand. Sie fragt mich, ob ihr Verhalten okay ist. Müsse sie nicht als gute Ehefrau mit ihrem Mann schlafen? Darf sie sich seinem Verlangen entziehen?

Ursula bemüht sich, in ihrem Leben alles richtig zu machen, eine gute Hausfrau, eine gute Ehefrau, eine gute Mutter und auch eine gute Großmutter zu sein. Doch gleichzeitig belastet, ja quält sie eine Geschichte aus ihrer Jugend, von der sie zögerlich erzählt. Es begann vor fünf Jahrzehnten.

Der Lehrer in ihrem kleinen Heimatort habe regelmäßig seine Arme um sie geschlungen und dann ihre Brüste angefasst. Ursula hatte damals stumm gelitten – und sich selbst die Schuld an den Übergriffen gegeben. Ihr Vertrauen in die Männer wurde zerstört. Der Mensch, dem sie damals vertrauen wollte, hatte sich als Feind gezeigt. Seit diesen Tagen in der Dorfschule hat sie keine Freude an körperlicher Nähe zu einem Mann. Sex war und ist für sie eine Pflicht. Dennoch hat sie geheiratet – wie man eben so heiratet, einen guten Mann, dem sie eine gute Frau sein will. Tatsächlich bemüht sie sich, eine 120-prozentige Frau zu sein, die dem Mann alle Wünsche von den Lippen abliest. Das Problem mit dem Sex will sie durch umso größere Liebe und Aufopferung kompensieren.

Schon vor über zehn Jahren hatte sie einen ersten Zusammenbruch. Der Körper konnte den Gegensatz zwischen äußerer Fassade und innerem Leiden nicht mehr ertragen. Ursula wurde mit hohem Blutdruck und Migräne in eine Klinik eingeliefert, die Symptome wurden behandelt, bald saß sie wieder zu Hause. Nichts war besser geworden. Sie wusste nun, dass sie dringend einen Psychologen sprechen sollte, sie wusste, dass der lange zurückliegende Übergriff des Lehrers ihr ganzes Leben beeinträchtigt hat. Doch ihrem Mann konnte sie aus Scham nicht von den Ereignissen in der Dorfschule erzählen, einen Besuch beim Psychologen konnte sie ihm gegenüber nicht begründen. Da in ihrem Ort kein Psychologe praktiziert, hätte sie in die nächste Stadt fahren müssen, wäre womöglich einen halben Tag unterwegs gewesen; die Nachbarn hätten Fragen gestellt; ihr Mann wäre misstrauisch geworden. Ursula verwarf die Idee, sich einen Psychologen zu suchen. Stattdessen ging sie zu ihrem Hausarzt im Heimatdorf, ein gut vernetzter Mann, Mitglied im Schützenverein, und sprach von ihren Symptomen (ohne natürlich den Missbrauch zu erwähnen). Der Arzt verschrieb ihr darauf hin das Antidepressivum Fluoxetin, in den USA unter dem Namen *Prozac* bekannt.

Seit knapp zehn Jahren nimmt sie das Mittel. Sie hat sich mit der Medikamenteneinnahme und auch mit ihren Problemen halbwegs arrangiert. Manchmal fragt der Arzt sie nach ihrem Befinden. Sie lügt dann, dass es ihr gut gehe. Vor zwei Jahren nahm sie alle Kraft zusammen und wollte die Medikamente absetzen. Sie fühlte sich immer so beunruhigt, so alarmiert. Nachts konnte sie nicht mehr schlafen. Ihr Hausarzt vertrat aber die Meinung, dass ein Absetzen zu riskant sei, dass dann Entzugserscheinungen drohen. Sie solle das Antidepressivum lieber weiter nehmen, die Nebenwirkungen seien doch gering. Heute, nach zehnjähriger Medikamentenkarriere sitzt Ursula in meinem Büro. Das Verlangen, mit einem fremden Menschen über ihre Probleme zu sprechen, ist dringend geworden. Durch das gestiegene sexuelle Verlangen ihres Mannes kommt plötzlich der gut verdrängte Missbrauch wieder hoch. Sie muss sich jeden Morgen mit dem Verlangen des Mannes auseinandersetzen – und will eine gute Frau sein. Der Konflikt, der plötzlich wieder den Alltag beherrscht, drückt sie an die Wand. Ein erneuter Zusammenbruch droht – trotz der braven Einnahme der Pillen. Die Jahre mit Fluoxetin haben ihr wertvolle Zeit geraubt, in der sie mit professioneller psychologischer Hilfe ihre Lebensqualität hätte zurückgewinnen können.

Mobbing und Missbrauch

Sie werde von ihren Kollegen gemobbt, erzählt mir Carola*, eine 29-jährige Verkäuferin. Es gehe ihr sehr schlecht und sie wolle nicht zurück an den Arbeitsplatz. Ich erfahre, dass sie als Kind von ihrem Großvater missbraucht wurde. Diese Tat belastet ihr ganzes junges Leben. Sex ist für sie eine Qual, Nähe in einer Beziehung ist für sie kaum zu ertragen. Vor zwei Jahren lernte sie einen Mann kennen und lieben. Obwohl Sex weiter ein Problem war, stimmte doch sonst alles. Carola begann, an Ehe zu denken. Aber Carola war nicht in der Lage, ihrem Freund von ihrer Missbrauchserfahrung zu erzählen, und so interpretierte er ihre körperliche Abwehr falsch und trennte sich bald wieder von ihr. Sie fiel damals in ein tiefes Loch, wurde wochenlang krankgeschrieben, erlebte sogar Episoden einer Derealisation, das heißt, fühlte sich nicht mehr eins mit ihrem Körper. Carola bekam Angst vor sich selbst und fürchtete sich vor einer Psychose, vor einem Verlust der Kontrolle über ihren Verstand. Nicht einmal bei ihrer Mutter konnte sie das Thema ansprechen, sie hatte Schwierigkeiten, überhaupt eine funktionierende Beziehung zu ihr aufzubauen.

Sie ging zum Psychologen. Doch die Gespräche verliefen nicht zufriedenstellend. Der Psychologe war wenig einfühlsam, fragte etwas zu schnell und zu deutlich, wollte ihr sogar Empfehlungen geben, was sie tun und lassen solle. Carola konnte kein Vertrauen aufbauen und verzichtete darauf, von der Missbrauchserfahrung zu erzählen. Der Psychologe diagnostizierte schließlich eine klinische Depression und verschrieb ihr ein Antidepressivum, das sie nun seit einigen Monaten nimmt. Unter der Wirkung des Medikaments geht sie wieder zur Arbeit, aber die Beziehungen mit den Kollegen gestalten sich für sie anstrengend, auch empfindet sie anders als früher keine Freude mehr am Job.

Heute sitzt sie bei mir und erzählt ihre Mobbinggeschichte – offenbar die Spitze eines Eisbergs. Ich spüre, dass bei Carola der nächste Zusammenbruch nur eine Frage der Zeit ist. Im Gespräch mit ihr versuche ich zu erreichen, dass sie ihre Gefühle abreagieren, dass sie mit ihrer Vergangenheit abschließen kann. Sie soll lernen, dass sie selbst für das Geschehen der Vergangenheit keine Verantwortung trägt.

Wenn sie auf eine psychologische Beratung verzichten würde, wenn sie stattdessen nur auf eine Medikation vertrauen würde, ist die nächste Krise garantiert: Bedingt durch einen äußeren Auslöser – vielleicht durch die Bemerkung einer Kollegin –, werden alle negativen Gefühle wieder hochkommen, wird sich die Traumatisierung wiederholen. Die sedierenden Medikamente belassen Carola in einem negativen Kreislauf, geben ihr keine Chance, auszubrechen und die Last der Vergangenheit zu überwinden.

Norbert, Ursula und Carola nahmen mehr oder weniger unfreiwillig Psychopharmaka. Hätten sie bereits früher das Angebot einer professionellen psychotherapeutischen Beratung bekommen, hätten sie gerne auf das jeweilige Medikament verzichtet. Dann wären sie in ihrem Leben schneller weitergekommen, statt über Jahre in einer unbefriedigenden, schmerzhaften Situation zu verharren.

Kapitel 6

Ritalin und kein Ende

Wie die Pharmaindustrie uns zu Stammkunden macht

An Psychopharmaka kommt man in der heutigen Gesellschaft schnell. Man muss sich keine große Mühe geben, man muss keinen obskuren Dealer finden – ein Arztbesuch reicht, und man nimmt ein Leben lang bewusstseinsverändernde Tabletten. Besonders schlimm ist jedoch die Situation bei Kindern. Sie vertrauen bei der Einnahme auf ihre Eltern, sie können sich in der Regel nicht gegen die Tabletten wehren. Sie nehmen, ohne es zu wissen, Mittel, die schwere Nebenwirkungen haben können und sie womöglich psychisch abhängig machen.

Was ist Aufmerksamkeit?

ADS (Aufmerksamkeitsdefizit-Syndrom) oder ADHS (Aufmerksamkeitsdefizit-Syndrom zusammen mit Hyperaktivität) sind Diagnosen, die heute weltweit Millionen Kinder betreffen. Mackensens Deutsch-Wörterbuch definiert »aufmerksam« als »hell, wach, gesammelt, hingerichtet auf«.[92] Oder strenger fachlich definiert: Aufmerksamkeit ist die Zuweisung von (beschränkten) Bewusstseinsressourcen auf Bewusstseinsinhalte, beispielsweise auf Wahrnehmungen der Umwelt oder des eigenen Verhaltens und Handelns sowie Gedanken und Gefühle. Als Maß für die Intensität und Dauer der Aufmerksamkeit gilt die Konzentration.[93] Aufmerksamkeit lässt sich als ein Mechanismus der Wahrnehmung beschreiben, der für uns bestimmte Dinge oder Phänomene in den Fokus der Betrachtung stellt. Das, was für uns die größere Relevanz und Bedeutung hat, ist automatisch im Zentrum der Aufmerksamkeit. Die Aufmerksamkeit ist wichtig, um unter den Reizen, die uns erreichen, auswählen zu können. Jeden Tag konkurrieren unendliche viele Dinge und Phänomene um unsere Aufmerksamkeit. Zudem verlangen auch unsere Gedanken nach Aufmerksamkeit: Ideen, Fantasien, Reflexionen und Reaktionen auf die äußere Welt.

Ein Kind oder ein Jugendlicher fokussiert seine Aufmerksamkeit besonders stark auf Dinge, die ihn interessieren. In der Regel hat die Aufmerksamkeit der Kinder andere Prioritäten als die Aufmerksamkeit der Erwachsenen, die an die Arbeit oder an unbezahlte Rechnungen denken, die sich vielleicht Sorgen um ihre Existenz machen. Was die Aufmerksamkeit eines Kindes auf sich zieht, ist für die Eltern oder für Lehrer nicht immer nachvollziehbar. Auch nehmen sie sich dafür oftmals nicht die nötige Zeit. Was aus Sicht der Eltern Aufmerksamkeit verdient, ist wiederum für ein normales Kind nicht immer nachvollziehbar – es hat eigene Prioritäten. So sagte mir ein Patient: »Ich konnte mich stundenlang mit Insekten beschäftigen. Ich war besessen von der Entomologie. Hätte über diese faszinierende Welt stundenlang erzählen können. Keiner hat mich damals verstanden, manchmal wurde ich ausgelacht. Die Eltern haben von mir etwas anderes erwartet als dieses ›alberne‹ Hobby. Ich fühlte mich deswegen immer mehr ›neben der Spur‹. Ich musste mich doch irgendwie anpassen. – Meine Leidenschaft habe ich darüber verloren.«

Die Aufmerksamkeit ist eine Fähigkeit, die sich nur mit Anstrengung steuern lässt. Ein Kind, das sich für Insekten interessiert, wird sich mühelos von den kleinen Tieren fesseln lassen, während es sich mit anderen Dingen weniger beschäftigt. Als Erwachsener hat man jedoch gelernt, dass es »richtig« ist, die Aufmerksamkeit auf bestimmte Themen und Dinge zu lenken, dass es jedoch »falsch« ist, sie an unwichtige oder vielleicht sogar alberne Gegenstände zu »verschwenden«. Ein Mangel an Aufmerksamkeit ist somit in Wirklichkeit der Zustand einer Aufmerksamkeit, die von der Umwelt als andersartig oder »fehlgeleitet« interpretiert wird. Ein Aufmerksamkeitsdefizit wird entsprechend durch die Erwachsenen festgestellt, wenn ein Kind sich nicht auf die Dinge konzentriert, auf die es sich konzentrieren *soll*.

Die unterschiedlichen Prioritäten der Aufmerksamkeit sind Realität in jeder Familie. Um es an einem etwas altmodischen Beispiel zu erläutern: Aus der Morgenzeitung holt sich jedes Familienmitglied einen anderen Teil, weil Mutter, Vater, Tochter und Sohn jeweils andere Interessen und Fragestellungen haben, auf die sie ihre Aufmerksamkeit richten. In einer »funktionierenden« Familie lassen sich die unterschiedlichen Prioritäten der Aufmerksamkeit durch Kommunikation ausgleichen. Um im Bild zu bleiben: Beim Frühstück lesen sich Mutter, Vater, Tochter und Sohn die Zeitungsartikel gegenseitig vor – so erfährt das Gegenüber von der jeweiligen Interessenslage und kann vielleicht seine Meinung oder nur einen Scherz beisteuern.

Wenn jedoch die Kommunikation in der Familien nicht funktioniert, wenn die Generationen nicht mehr miteinander sprechen, dann kommt es schnell zur Feststellung eines Aufmerksamkeitsdefizits. Der Vater behauptet dann vielleicht, dass sich der Sohn für »nichts« interessiert, hat aber gar nicht mitbekommen, dass sich der Sohn stundenlang mit höchster Aufmerksamkeit mit dem Thema Raumfahrt auseinandersetzen kann.

Doch auch wenn Lehrer und Eltern wissen, dass sich die Schüler für ein Thema interessieren, ist es oftmals das »falsche« Thema. Sie unterscheiden zwischen der falschen und der richtigen, der produktiven, der das Kind angeblich weiterbringenden Aufmerksamkeit. Doch dies führt oftmals dazu, dass Kinder versäumen, ihre eigene Talente und Neigungen zu entdecken und zu entwickeln. Kindern werden stattdessen die vorgefertigten Sichtweisen und Wertesysteme der Erwachsenen aufgedrängt. Dabei ignorieren die Erwachsenen einen wichtigen Aspekt der Realität: dass die Kinder in ihrem späteren Leben in einer anderen Welt mit anderen Werten leben werden und leben müssen, in einer Welt, die die jetzt Erwachsenen noch nicht kennen. Eltern und Lehrer können nicht vorhersehen, mit welchen Fähigkeiten, Wertvorstellungen und Lebensprioritäten ein Kind später einmal gut angepasst und erfolgreich sein kann.

Für die Entwicklung des jungen Menschen ist es wesentlich, eine eigene starke Persönlichkeit auszubilden. Dazu gehört, dass ein Heranwachsender auch seinen Interessen folgt, seine Fähigkeiten erkennt und ausbildet. Wenn die Eltern und Lehrer die Kinder und Jugendlichen jedoch zu stark reglementieren, ihren Interessen den Sinn absprechen, dann folgt daraus eine negative Erfahrung: »Ich darf nicht der sein, der ich will; ich darf nicht entscheiden, was für mich wichtig ist. Ich muss mich dem Willen der Anderen beugen.« Ein solches Denken ist keine gute Voraussetzung für den Start in eine glückliche und womöglich erfolgreich gestaltete Zukunft.

Das Feststellen eines Aufmerksamkeitsdefizits, auch die Diagnose eines ADHS missachtet in der Regel die Interessen der Heranwachsenden. Es ist eine zu einfache Antwort auf tiefer liegende Fragen: Wofür interessiert sich mein Kind? Woran hat mein Kind Freude? Gibt es Defizite in seinem Leben? Vermisst es etwas? Was will mir mein Kind mit seinem Verhalten sagen?

ADHS ist ein einfacher und schneller Stempel, der die Beantwortung dieser Fragen in der Regel verhindert. Schlimmer noch. Wenn dieser Stempel erst einmal auf die Stirn des Kindes gedrückt wird, bekommt es mit großer Wahrscheinlichkeit auch Medikamente verschrieben: *Ritalin, Adderall, Concerta, Equasym* oder andere Psychopharmaka. Es ist unschwer zu erkennen, dass unter dem Einfluss der »stimulierenden« Mittel die Beantwortung der Fragen noch weiter in den Hintergrund geraten wird.

Wir wissen bereits, dass mit Psychopharmaka allein Symptome behandelt werden. In diesem Fall soll ein vielsagendes Verhalten der Kinder unterdrückt und durch ein angepasstes Verhalten ersetzt werden. Aber dieser Vorgang ist nicht harmlos – ein Heranwachsender befindet sich in einer Phase seelischer und körperlicher Entwicklung. Wie er als Erwachsener sein Leben führen wird, das wird in seiner Kindheit und Jugend vorentschieden. Welche Wirkung haben hier die Psychostimulanzien? Wie verändern sie die Entwicklung des Kindes?

Ist ADHS eine Krankheit?

Die Symptome, die ADHS zugeschrieben werden, sind real und diffus: Eine »fehl«geleitete Aufmerksamkeit und eine Überaktivität sind die zentralen Auffälligkeiten und lassen sich bei manchen Kindern nicht leugnen. Vor allem sekundäre Folgen scheinen gravierend: Die unter ADHS zusammengefassten Symptome (und ich benutzte ab jetzt immer den Oberbegriff ADHS, da es mir hier um das Prinzip und nicht um die Ausdifferenzierung einer vermeintlichen Krankheit geht) führen zu Schwierigkeiten und Stress und womöglich auch zu Konflikten mit den Eltern, zu ebensolchen Konflikten in der Schule, zu Streit mit Lehrern und Mitschülern – und in der Folge zu schlechten Noten.

Doch benennen die Auffälligkeiten schon eine Krankheit? Ist ein Kind schon krank, wenn es mit der Schule nicht klarkommt, wenn es nicht ruhig über den Schulbüchern sitzen kann, wenn es statt dessen rennen, toben oder auch provozieren will? Ist ein Kind krank, wenn es über seinen ureigenen Interessen seine Pflichten vergisst? Eine breite Phalanx von Experten und Buchautoren behauptet: Ja!

Natürlich sind sich alle Verfechter einer ADHS-Diagnose im Klaren, dass das Krankheitsbild, begründet man es alleine mit psychischen Auffälligkeiten, auf wackligen Füßen steht. ADHS als Diagnose verliert ihre Logik, wenn man beginnt, die Fälle und die Familien genauer zu betrachten, und sich Zeit für die Kinder und deren Interessen nimmt.

Zur Absicherung der Diagnose (man bedenke, dass die Pharmaindustrie mit den Psychostimulanzien viele Milliarden verdient) wird inzwischen die Biochemie bemüht: Das Gleichgewicht der Neurotransmitter (Serotonin, Dopamin) im Gehirn sei gestört und verantwortlich dafür, dass das Kind Schwierigkeit hat, sich zu konzentrieren.

Wenn beispielsweise der Dopaminhaushalt der Betroffenen von dem »gesunder« Schüler abweicht, dann hätte man den Nachweis einer Krankheit, so die Idee. Noch sind sich jedoch die Wissenschaftler, die die Thesen formulieren, nicht einig, ob ADHS-Kinder nun einen Dopaminüberschuss oder einen Dopaminmangel aufweisen oder ob nicht sogar das Gehirn selbst »anormal« ausgebildet ist. Darüber hinaus ist auch die Frage nicht geklärt, ob es nicht als normal anzusehende Varianten biochemischer Strukturen gibt, ob von der Norm abweichende Dopamin- (und Serotonin- und Noradrenalin-) Werte nicht einfach nur Ausdruck einer individuellen psychischen Verfassung sind. Auch hier ist es anders als beim Beinbruch: Die Pathologie kann nicht evident sein, sie ist das Ergebnis einer Interpretation.

Gleichsam als Beweis für ADHS wird die angebliche paradoxe Wirkung des Methylphenidats angeführt: Auf ADHS-Kinder wirke es konzentrationssteigernd, auf »normale« Menschen hingegen wie eine Droge (also euphorisierend). Wenn also ein Wirkstoff bei ADHS-Menschen anders wirke, dann ist ihre Eigenheit und damit auch die Existenz der Krankheit gesichert. Nachdem genau dieses paradoxe Phänomen Gegenstand von Studien war, weiß man, was man mit ein wenig Sachverstand und Beobachtungsgabe längst hätte wissen können: Tatsächlich gibt es keinen Wirkungsunterschied von Methylphenidat. Auch bei »ADHS«-Kindern wirkt das Kinder-Koks wie eine Droge, auch bei »normalen« Erwachsenen verändert es so das Bewusstsein, dass sie konzentrierter erscheinen. Man muss es klar sagen: Für alle vermuteten biochemischen Ursachen von ADHS existieren bislang keine sicheren biochemischen Nachweise. Die Autoren Veit Rößner und Aribert Rothenberger kommen in ihrem Aufsatz »Neurochemie«, der die biochemischen Bedingungen von ADHS ergründen soll, zum wenig überraschenden Ergebnis, dass »die drei [...] Neurotransmittersysteme für Dopamin, Noradrenalin und Serotonin [...] die zentralen modulierenden neurochemischen Netzwerke bei ADHS dar[stellen]«[94]. Die Autoren hätten auch schreiben können, dass die genannten Neurotransmitter die zentralen modulierenden Netzwerke *beim gesunden Menschen darstellen*. Weiter schreiben sie: »Deren Detailfunktionen, Wechselwirkungen sowie Zusammenhänge mit anderen Neurotransmittersystemen ... und deren langfristige Reaktion auf Behandlungsmaßnahmen bedürfen – trotz vielfältiger neuer Erkenntnisse – noch weiterer Erforschung, um das Verständnis der Pathophysiologie von ADHS zu verbessern und so therapeutisch bessere medikamentöse Lösungen zu finden.«[95] Mit anderen Worten: Nichts Genaues weiß man nicht. Oder klarer: ADHS bleibt eine Interpretation von Verhaltensauffälligkeiten, die man Krankheit nennt.

Die biochemischen Thesen – und mehr als Thesen sind es nicht – folgen den Interessen der Hersteller von *Ritalin* & Co. Wir alle wissen, dass industriegelenkte Studien in der Medizin an der Tagesordnung sind, dass wir entsprechende Ergebnisse mit allergrößter Vorsicht genießen müssen.

Ich wage zu behaupten, dass ADHS eine Beziehungsstörung des Kindes ist, eine psychologische Auffälligkeit, die sich psychologisch, also ohne Medikamente, therapieren lässt.

Man kann auch noch etwas weiter gehen und ADHS schlicht als Normabweichung beschreiben. Wer die außerordentlich diffusen Symptome Hyperaktivität und Unbeständigkeit aufweist (und jeder, der eine Gemeinschaft irgendwie stört, bekommt diese Symptome zugeschrieben), steht außerhalb der Norm. Immer für 45 Minuten still zu sitzen, sich mit Themen zu beschäftigen, für die man sich nicht interessiert und für die der Lehrer kein Interesse wecken kann, am Nachmittag womöglich noch Schulaufgaben machen zu müssen – das ist eine Verhaltensnorm, der sich manche Schüler aus unterschiedlichen Gründen widersetzen, zum Beispiel:

▶ Sie sind überdurchschnittlich intelligent, werden von der Schule unterfordert und fühlen sich gelangweilt.

▶ Sie werden häufig nicht ihrem Temperament entsprechend eingeschätzt. Manche Schüler sollten Sport treiben oder sich körperlich betätigen, um ihre Energie zu kanalisieren.

▶ Sie haben nie gelernt, sich auch mit für sie uninteressanten Dingen auseinanderzusetzen, keine Fähigkeit entwickelt, sich mit abstrakten Themen zu beschäftigen (sie haben vielleicht immer nur ferngesehen oder am Computer gespielt).

▶ Sie können ihre Aggressionen nicht abreagieren; ein Kind, das Aggressionen zeigt, hat dafür stets Gründe, auch wenn diese nicht sofort offensichtlich sind.

▶ Es bestehen Beziehungsprobleme zu den Eltern, die Kinder fühlen sich beispielsweise unbeachtet und ungewünscht und neigen zur Kompensation dazu, die Aufmerksamkeit auf sich zu ziehen.

▶ Kinder empfinden Stress, beispielsweise durch erhöhte oder irrelevante Erwartungen der Eltern, die das Kind glaubt (oder Angst hat) nicht erfüllen zu können.

▶ Ein Kind weist Kommunikationsprobleme auf, bedingt evtl. durch kulturelle Unterschiede zwischen Elternhaus und Schule (beispielsweise ist es in einer anderen Kultur aufgewachsen und kann sich nur schwer mit den Anforderungen der Schule zurechtfinden).

▶ Ein Kind nimmt subjektiv einen starken Druck »von oben« (durch die Lehrer) wahr, der dann die Verhaltensreaktionen auslöst.

▶ Das Kind schläft zu wenig. Statistisch ist belegt, dass Kinder im Durchschnitt weniger Schlaf bekommen, als sie benötigen.

▶ Auch können physiologische Bedingungen eine Rolle spielen: Erhöhter Konsum von Koffein oder Aspartam (Süßstoff) kann für Hyperaktivität verantwortlich sein, ebenso stehen einige Konservierungsmittel im Verdacht, Hyperaktivität zu begünstigen.

ADHS als Normabweichung

Normabweichungen gehörten schon immer zu jeder Bevölkerungsgruppe und sind durchaus nicht als negativ einzuschätzen. Erst seit der Durchsetzung einer allgemeinen Schulpflicht und vorgegebenen Ausbildungszeiten verstärkt sich der Anpassungsdruck auch auf diejenigen Kinder, die nicht in die normierte Gesellschaft passen. Manche Hauptschüler, die gelangweilt darauf warten, dass ihre Schulzeit endet, wären vielleicht in einem anderen Kontext längst erfolgreich, wenn sie beispielsweise handwerklich oder auch intellektuell stärker gefordert würden. Aber heute gehört es auch für den begabten Handwerker, den wagemutigen Abenteurer und für den vorausprechenden Weltversteher zur Pflicht, das Schulsystem so anzunehmen, wie es ist, und die Regelschulzeit abzusitzen und zu pauken – bevor das eigentliche Leben beginnt. Auch die Kreativen – Maler, Musiker, Wissenschaftler, Philosophen – werden zuerst in das Korsett von Kindergarten, Grundschule und weiterführende Schule gesteckt, bis sie ausbrechen können, bis sie ihren Fähigkeiten freien Lauf lassen können.

Doch Kreativität beginnt als Abweichung von der Norm, vom Mainstream. Ist es nicht so, dass eine in die Norm gepresste Kreativität eher Kitsch hervorbringt, während eine freie, die Grenzen der Norm durchbrechende Kreativität zu wahrer Kunst führt? Künstler wie Mozart oder van Gogh waren schon in ihrer Kindheit auffällig und verhielten sich störend. Es ist zu vermuten, dass man bei ihnen heute ADHS diagnostizieren und sie mit Methylphenidat behandeln würde. Das Gleiche gilt für Albert Einstein und Friedrich Nietzsche. Was wäre aus ihnen geworden, hätten alle berühmten Künstler, Schriftsteller und Philosophen *Ritalin* bekommen? Sie wären womöglich ordentliche Schüler gewesen, hätten ihren Eltern und Lehrern weniger Ärger gemacht, hätten aber vielleicht auch nie ihre genialen Werke geschrieben, gemalt oder komponiert.

ADHS-Kinder werden von den betroffenen Eltern auch gerne »Indigo-Kinder« genannt. Der Begriff soll deutlich machen, dass es sich um besondere, begabte Kinder handelt, die die Welt mit anderen Augen sehen. Die »Indigo«-Auszeichnung soll das Stigma ADHS quasi ausgleichen oder »verschönern«. Damit können sich dann die Eltern trösten, die ihren Kindern trotzdem *Ritalin* geben – und damit alle Kreativität und alle angenommenen Indigo-Fähigkeiten begraben.

Ein Patient sagte mir, dass er sich in der Schule so unterfordert fühlte, dass er lieber aus dem Fenster schaute, um andere Kinder beim Fußballspiel zu beobachten, als der Lehrerin zuzuhören. Natürlich wurde sofort ein Aufmerksamkeitsdefizitsyndrom vermutet. Dabei, so sagte mein Patient, hatte er im Gegenteil höchste Aufmerksamkeit für die Dinge, die ihn interessierten: das Fußballspiel in all seinen Facetten und Feinheiten. Fußball stand allerdings nicht auf dem Lehrplan, auch nicht im Sportunterricht. Und ich brauche es kaum noch zu sagen: Als mit ADHS diagnostiziertes und mit *Ritalin* behandeltes Kind wurde er natürlich kein berühmter Fußballer, sondern ein ordentlicher Angestellter, der jetzt darunter leidet, einen falschen Weg in seinem Leben eingeschlagen zu haben.

Die ADHS-Diagnose bezeichnet in Wirklichkeit eine Normabweichung, die es teilweise schon immer gegeben hat, die früher vielleicht weniger häufig war als heute. Inzwischen führen die Bedingungen der Sozialisation offenbar zu stärker auftretenden Normabweichungen. Die Menschen, auch die Kinder, leben heute nicht mehr so wie zu Zeiten Goethes. Die Ansprüche, die an sie gestellt werden, sind höher und vielfältiger. Allerdings wird auch die gesellschaftliche Norm immer enger definiert. Oder anders herum: In der modernen Gesellschaft werden immer mehr Anormalitäten definiert. Wenn immer mehr einst »normale« Verhaltensweisen heute als »anormal« gelten, bleiben für den Normalen weniger Verhaltensvarianten. Das, was früher als Verhaltensvariante nicht infrage gestellt wurde, ist heute ein Thema der Medizin und der Psychologie und muss womöglich behandelt werden.

Die moderne Gesellschaft drängt dazu, Verhaltensweisen, die vielleicht auch früher schon »aus der Reihe fielen«, aber dennoch toleriert wurden, zu pathologisieren und sogar zu kriminalisieren. Wer früher als »frech«, »renitent«, »aufrührerisch« bezeichnet wurde, der ist heute »krank« oder ein Straftäter. Wer Symptome der Normabweichung aufweist, war früher ein Außenseiter und soll heute mithilfe einer Behandlung »in die Norm« zurückgedrückt werden. Junge Menschen, die aus der Gesellschaft und deren Normierung ausbrechen wollen, dürfen sich immer weniger Verhaltensvarianten aussuchen, die als tolerabel gelten. Wer zu laut ist, hat ADHS. Was früher eine Sinnkrise war, ist heute gleich eine Depression. Wer Cannabis raucht oder mit dem Fahrrad auf der falschen Seite fährt, ist kriminell. Und wer wiederholt auf der falschen Seite fährt, hat sicher auch ADHS.

Für das Ausbrechen aus der Ordnung existiert eine Vielzahl von Sanktionen. Doch die Schüler lernen natürlich bereits auf der Schule, wie die Ordnung einzuhalten ist. Auf der Schule werden bereits kleine Abweichungen tabuisiert – das Mainstream-Verhalten wird eingeübt, zur Not mit *Ritalin*. Der Schweizer Schulpsychologe Hans-Peter Schmidlin erklärte im August 2013, dass »eine Normabweichung wie zum Beispiel eine gewisse Verträumtheit einfach kein[en] Platz mehr« an der Schule hat.[96]

Die Autorin des Buches *ADHS bei Kindern, Jugendlichen und Erwachsenen*, Cordula Neuhaus, definiert ADHS besonders breit und schließt nach ihrer Logik alle Kinder ein, die durch Emotionalität, Intelligenz oder mangelnde Intelligenz irgendwie auffällig werden. Zu den Typen, die behandlungsbedürftig sein sollen, gehören bei ihr das »Träumerchen« und das »Trottelchen«. Die Kriterien, mit denen sich die kranken von den gesunden Kindern unterscheiden lassen sollen, wirken teilweise grotesk: »Bei stark ausgeprägter Symptomatik nach den Kriterienkatalogen finden sich bei Betroffenen noch weitere ›Besonderheiten‹. ›Typische‹ Symptome außerhalb der Kriterienkataloge DSM-IV und ICD-10 bei ADHS:

❱ Ausgeprägter Gerechtigkeitssinn […]
❱ Auffallend gutes Aufnahmevermögen und Gedächtnis für subjektiv Interessantes […]
❱ Bei Interesse extreme Konzentrationsfähigkeit (Hyperfokussierung)
❱ Spontane Hilfsbereitschaft, Empathiefähigkeit, Fürsorglichkeit […]
❱ Hypersensibilität […]
❱ Kreativität, Phantasie, Experimentierfreudigkeit;
❱ Oft: schauspielerisches Talent […]«[97]

In einem eigenen Fragebogen ermittelt Cordula Neuhaus, ob das Kind neben vielen anderen Kriterien »sonnig und fröhlich« ist, morgens »komisch« aus dem Mund riecht oder ob es gerne »viel erlebt«.[98] Wer bei diesen und den anderen »Beobachtungen« ein Ja ankreuzt, ist auf dem Weg zur ADHS-Diagnostizierung des Kindes ein paar Schritte vorangekommen. Vom Gerechtigkeitssinn bis zum sonnigen Gemüt: alles Kriterien einer Pathologisierung. Es ist schwer, in der

Masse dieser teilweise sehr positiv konnotierten Parameter noch ein gesundes Kind zu finden. Oder anders gefragt: Was sind die Parameter, nach denen man ein Kind heute als *gesund* bewerten kann? Sinn für Unrecht, eine schwach ausgeprägte Hilfsbereitschaft, düsteres Gemüt, eine nicht vorhandene Fantasie? Die ADHS-Apologeten führen mit ihren Argumenten ADHS ad absurdum.

Trotzdem: Jede Auffälligkeit, vom Zappeln bis zum unschuldigen Träumen, wird heute behandlungsbedürftig. Die Pathologisierung von immer mehr Kindern scheint allgemein akzeptiert. Die moderne Gesellschaft wünscht sich Kinder nicht mehr als kleine Individuen, die die Welt entdecken, die die Erfahrung und manchmal auch das Abenteuer suchen, die über die Stränge schlagen und provozieren, sondern als fügsame Wesen, Marionetten gleich, die über Büchern sitzen und langweiligen Stoff pauken, die sich in einem engen Mainstream bewegen, der direkt zum Arbeitsplatz führt.

Die Verantwortung der Eltern

Wobei ich nicht behaupten will, dass es bei sogenannten ADHS-Symptomen grundsätzlich keinen Behandlungsbedarf gibt. Der Leidensdruck von betroffenen Eltern und Kindern ist schließlich nicht zu leugnen. Auch können die naheliegenden Lösungen in der heutigen Gesellschaft nicht immer ergriffen werden: Kinder aus den Zwängen zu befreien, sie nicht mehr die Schulbank drücken zu lassen, sie womöglich in eine freie Schule à la Summerhill zu schicken usw. ist natürlich illusorisch. Der Anpassungsdruck, der auf den Schülern lastet, ist real. Manche sind nicht stark genug, um unter den gesellschaftlichen Voraussetzungen erfolgreich zu sein. Sie leiden eventuell schon unter Defiziten, die ihnen im Elternhaus mitgegeben wurden. Ihnen muss durchaus geholfen werden, damit sie in der heutigen Zeit bestehen können. Insofern ist ADHS eine Diagnose, die wahrscheinlich falsch ist, da sie keine tatsächliche Krankheit benennt, die die Eltern aber dennoch nicht ignorieren sollen – es besteht nicht immer, aber doch oft Handlungsbedarf.

Kinder, die aus »der Rolle fallen«, bekunden damit in der Regel ein emotionales Defizit.[99] Ihr Verhalten ist wie eine Sprache, der man zuhören, die man verstehen kann – oben habe ich schon eine Reihe von »Übersetzungen« genannt.

Sogenannte ADHS-Kinder werden von ihren Eltern meist zu wenig oder zu viel beachtet. Sie leiden unter einem häuslichen Druck, einer häuslichen Kontrolle oder einem Mangel an Zuneigung. Gerade in den modernen Familien ist es für Eltern oftmals schwierig, das richtige Maß in der Erziehung zu finden. Wenn Eltern ihre Kinder nicht mehr verstehen (und wenn sich dieses Nicht-Verstehen in der Schule fortsetzt), dann müssen sie wieder zu einer funktionierenden Kommunikation zurückfinden. Das gelingt ihnen jedoch oftmals nicht ohne fremde Hilfe, ohne eine Familientherapie. Es ist eben so, wie es der dänische Familientherapeut Jesper Juul schreibt: Kinder »werden heute gezwungen, den Lebensstil ihrer Eltern nachzumachen – obwohl die Eltern merken, dass sie selbst unglücklich sind«[100]. Kinder reagieren auf die Verhältnisse im Elternhaus. Kinder zeigen die Symptome der Verhaltensprobleme, die in der ganzen Familie herrschen. Mit Methylphenidat sediert man die Symptomträger, lässt aber die Ursachen unangetastet.

»Aber wir sind doch gute Eltern! Viel besser als andere«, werden manche Leser jetzt einwenden. »Und unser Kind hat trotzdem ADHS, die anderen Kinder aber nicht.« Jedes Kind ist anders, reagiert auch anders auf die Verhältnisse, kann unterschiedlich gut mit den Vorgaben in der Familie oder der Schule umgehen. Manche Kinder können selbst mit übermäßigem Druck oder auch mit einer gewissen Vernachlässigung im Elternhaus erstaunlich gut umgehen, sie sind widerstandsfähig genug, sie entwickeln keine Auffälligkeiten. Andere reagieren ganz sensibel auf jede Äußerung der Eltern, auf jede Kritik und jeden Vorwurf. Sie beginnen womöglich die typischen unter ADHS subsumierten Symptome zu entwickeln – nicht als Krankheit, sondern als Reaktion, auch als Hilferuf.

Eltern wiederum verstehen die Diagnose ADHS oft als Schuldzuweisung. Sie haben irgendwie bei der Erziehung versagt, haben es nicht geschafft, ein »normales« Kind zu erziehen. Das ist ein wichtiger Grund für den Erfolg der Medikation mit Psychopharmaka. Mit *Ritalin* geben die Eltern ihre Verantwortung ab. Oder deutlicher: Mit *Ritalin* weigern sich Eltern, ihre eigene Verantwortung für die Erziehung des Kindes anzuerkennen. Dabei sollen Eltern ADHS durchaus nicht als Schuldzuweisung verstehen. Die Psyche auch eines Kindes ist so komplex, dass eine Auffälligkeit nicht unbedingt Folge eines »falschen« Verhaltens der Eltern ist – das wäre zu schematisch gedacht. Eltern sollten vielmehr versuchen, die Auffälligkeit ihres Kindes als Hinweis oder Hilferuf zu verstehen und an den Ursachen zu arbeiten – am besten mit professioneller Therapeutenhilfe. Dann werden sie ihrer Verantwortung gerecht.

Die Erfolgsgeschichte von Ritalin & Co.

Der Siegeszug der Droge im Kinderzimmer begann bereits im Jahr 1937. Damals hatte der britische Arzt Charles Bradley Kinder mit dem Amphetamin *Benzedrin* behandelt und eine beruhigende Wirkung festgestellt.[101] Danach war allerdings lange Ruhe im Kinderzimmer – Psychopharmaka wurden an Soldaten und später an Sportler vergeben, an Kinder dachte noch niemand. Anfang der 1950er-Jahre wurde eine weitere Entdeckung gemacht, die sich als folgenreich erweisen sollte. Ein Chemiker des Unternehmens CIBA in Basel, Leandro Panizzon, verheiratet mit Marguerite Panizzon, kurz Rita, experimentierte mit einem neuen Stoff. Die ersten Tabletten, die aus seinem Labor kamen, nahmen er und seine Frau. Damals waren entsprechende Selbstversuche unter Chemikern durchaus üblich. Rita, so heißt es in der bekannten Anekdote, konnte mit den neuen Tabletten besser Tennis spielen. Seiner Frau zu Ehren nannte Leandro Panizzon die Tabletten mit dem Wirkstoff Methylphenidat *Ritalin*. 1954 kam *Ritalin* auf den Markt, aber erst seit 1978 wird es zur ADS-(ADHS-)Therapie eingesetzt – zugelassen ab sechs Jahren (passenderweise dem Alter der Einschulung).

Seit dem Einsatz zur ADHS-Behandlung steigen die *Ritalin*-Verschreibungszahlen kontinuierlich. Fünf bis sechs Prozent der deutschen Schüler sollen heute ADHS-Symptome 'zeigen, »therapiert« meist mit einem Methylphenidat wie *Ritalin*. Heute gelten *Ritalin* und die vergleichbaren Produkte als erste Wahl beim sogenannten »ADHS« – verschrieben von Ärzten, empfohlen von Lehrern.

Entwicklungsverzögerungen durch Psychopharmaka

Viele werden meiner Analyse zustimmen und sagen, dass eine Psychotherapie der bessere Weg sei. Aber bei der Schwierigkeit, einen Psychologen zu finden und bei dem Leistungsdruck in der Schule sei *Ritalin* eben der zweitbeste Weg, eine pragmatische und schnelle Lösung. Was Spezialisten empfehlen und was so viele Eltern machen, das könne so schlecht nicht sein. Tatsächlich liefert *Ritalin* schnelle Scheinerfolge. Schüler brüten über ihren Schulbüchern, sie lassen sich nicht mehr ablenken. In der Schule werden aus aufgedrehten Rabauken ruhige Hinterbänkler.

Ich habe schon auf einige Nebenwirkungen von *Ritalin* hingewiesen, die Konsumenten drohen – bis hin zu Suizidgedanken, die womöglich tatsächlich zum Suizid führen. Doch die meisten Tablettennutzer haben sich eine dicke Haut zugelegt. Entweder lesen sie die Beipackzettel gar nicht, oder sie denken bzw. hoffen, dass ihnen (oder ihrem Kind) das, was dort zu lesen ist, nicht passieren wird. In der Vergangenheit haben sie meist genau diese Erfahrung gemacht: Auch bei anderen Medikamenten, die sie genommen haben, Antibiotika beispielsweise, sind keine unerwünschten Nebenwirkungen aufgetreten. Dieses russische Roulette ist oft erfolgreich – zugegeben. Und jedes neue Roulettespiel, das man überlebt, wird als Beleg dafür genommen, dass eine Tabletteneinnahme grundsätzlich harmlos ist. Allerdings birgt die *Ritalin*-Einnahme neben den auf dem Beipackzettel dokumentierten Nebenwirkungen weitere Risiken.

Die regelmäßige Einnahme des Medikaments schafft bei Kindern die Voraussetzung für eine psychische Abhängigkeit. Sie entwickeln geradezu eine Erwartungshaltung, dass sie ihr Leben auch in Zukunft nicht selbstbestimmt in den Griff bekommen können, sondern immer von fremder Hilfe, von verschriebenen Medikamenten abhängig sein werden. Die Vorstellung, souverän und allein verantwortlich für das eigene Leben zu sein, wird ihnen mit jeder eingenommenen Pille fremder.

Psychoaktive Medikamente erschweren zudem die Entwicklung der wichtigen Fähigkeit, die eigenen Gefühle identifizieren zu können. Kinder oder Jugendliche unter Methylphenidat verlernen, sich selbstkritisch wahrzunehmen; sie können nicht mehr bewerten, was für sie gut und was schlecht, was wichtig und was zweitrangig ist – sie beginnen, kritiklos dritten Meinungen zu folgen. Auf einem Bewertungsportal für Medikamente ist folgender Eintrag eines 28-jährigen Mannes zu lesen: »[…] Langweilige Filme fand ich unter der Wirkung von Ritalin auf einmal spannend und sehenswert!«[102] Bewertungskriterien kommen abhanden – wenn die Vorschau oder das Plakat einen »guten« Film ankündigt, dann wird er auch als gut wahrgenommen. Wenn überhaupt noch Interesse daran besteht, das Haus zu verlassen. Ein 23-jähriger Mann beschreibt als Nebenwirkung neben Aggressivität und ausbleibenden schulischen Erfolgen auch die »Zurückgezogenheit«.[103]

Eine Mutter schreibt in einem Beitrag für eine Internetseite, die sich der Ritalin-Kritik widmet: »Allerdings hat auch mein Sohn (geb. Juli 89) von Januar bis Mai 1999 Ritalin bekommen. Er war zum damaligen Zeitpunkt in der Schule sehr schlecht und hatte beginnende Depressionen. Er hatte ausschließlich Negativerlebnisse und sprach öfter vom Tod. Das machte mir Angst und ich hoffte, daß sich seine schulischen Leistungen dank Ritalin so verbessern würden, daß er wieder etwas Selbstvertrauen zu sich bekommt. Seit diesem halben Jahr hat sich das Kind total verändert. Er ist nicht mehr der Zappelphilipp, der er mal war, sonder eher ruhig. Er ist verträumt, und bekommt vieles gar nicht mehr mit. Ich habe den Eindruck, als wäre er manchmal alleine in sich und hat Schwierigkeiten wieder rauszukommen. Ich habe ihm morgens eine Ritalin gegeben. Wenn er mittags um 13:00 aus der Schule kam, konnte ich nicht merken ob und wie die Tablette wirkt. Wir hatten nach wie vor starke Probleme bei den Hausaufgaben, ich hatte das Gefühl er ist unzufriedener. Er hatte kaum noch Appetit und an einschlafen war selten vor 23:00 zu denken. Im Mai kam er zur Kommunion. Ich überlegte mir, damit er die lange Zeit in der Kirche gut übersteht, gebe ich ihm eine Ritalin. An diesem Tag sah ich das erste Mal, wie diese Tablette bei meinem Kind wirkt. Er war überhaupt nicht mehr er selbst. Er war ganz ruhig und teilnahmslos, wie eine Puppe, eine Marionette. Nichts schelmisches, keine plötzlichen Aktionen mehr, sondern nur Teilnahmslosigkeit. [...] Ich kenne inzwischen einige Kinder die Ritalin bekommen. Die Eltern sind begeistert davon und meinen ich würde meinem Kind die Chance nehmen, in der Schule ›normal‹ zu sein. Denn mein Sohn hat nach wie vor große Schulprobleme.«[104]

Die Mutter schildert, dass das Medikament auf den ersten Blick eine positive Wirkung hat: Das Kind wird ruhiger, unauffälliger. Eltern, die intensiv mit der Karriere oder dem Hausbau beschäftigt sind, werden das zu schätzen wissen. Auch aus der Schule werden nur positive Rückmeldungen kommen ... Bis dann eine Situation folgt, in der die Eltern den wahren Zustand des Kindes entdecken, in der sie erkennen, dass ihr Kind sediert ist, in der sie erkennen, dass ihr Kind nicht mehr ihr Kind ist.

Die Zürcher Kinderpsychologin Judith Barben und der Hamburger Kinderarzt Andreas Bau schreiben in *Ritalin – die verkannte Gefahr*: »Gerade aber die sogenannte Verhaltensstörung ist oft ein Appell des Kindes an die Beziehungspersonen, sich mit ihm zu beschäftigen. Damit sich das Kind gesund entwickeln kann, dürfen diese ›störenden‹ Verhaltensweisen keinesfalls chemisch niedergehalten werden, sondern die Beziehungspersonen müssen das Kind verstehen lernen, seine ›Verhaltensauffälligkeit‹ richtig interpretieren und seine spontane Aktivität in gesunde Bahnen lenken. Das Kind will beachtet und geliebt werden, und es will einen positiven Beitrag zur Gemeinschaft leisten. Ritalin jedoch unterdrückt und betäubt das Gefühlsleben, wie das bei allen Drogen der Fall ist. Unter der Wirkung des Mittels kann das Kind weder lernen, seine eigenen Gefühle wahrzunehmen, noch, mit ihnen umzugehen. Gerade diese Fähigkeit aber ist im Sinne einer Ausgestaltung und Differenzierung der emotionalen Intelligenz von allergrösster Bedeutung. Ohne die Entwicklung dieser Fähigkeit – eigene Gefühle wahrnehmen und mit ihnen umgehen – ist eine normale Reifung und Entwicklung der Persönlichkeit nicht möglich. Das Kind bleibt emotional stehen.«[105]

Eine hervorragende Zusammenfassung: Kinder verpassen unter *Ritalin* einen Teil ihrer Entwicklung. Sie können im durch das Medikament stimulierten Zustand keine ausreichende emotionale Kompetenz ausbilden. Der von Methylphenidat verursachte emotionale Stillstand wird die Schüler ein Leben lang belasten. Es ist sehr wahrscheinlich, dass Schüler, die Methylphenidat nehmen, frühe Kandidaten für eine Psychotherapie sind. Wenn sie dann an den falschen Spezialisten geraten, bekommen sie für ihre von Methylphenidat verursachten Störungen noch mehr Psychopharmaka. Ein Teufelskreis, von dem immer nur die Gesundheitsindustrie profitiert.

Akquise der Konsumenten

Da ADHS keine klar zu definierende Störung ist, sondern eine Zusammenfassung von Symptomen, kann man die Gruppe der Betroffenen nur schwer eingrenzen. Bis vor wenigen Jahren war es dem subjektiven Urteil der Psychologen oder Kinderärzte überlassen, ADHS zu diagnostizieren. Bestimmte Kriterien wie Unruhe oder Konzentrationsschwierigkeiten reichten aus, um ein Schulkind als behandlungsbedürftig zu erklären. Inzwischen gibt es standardisierte Tests wie den »Conners-3-Test« und andere. Über einen Fragebogen wird ADHS erkannt oder ausgeschlossen. Wohlgemerkt, über einen Fragebogen: Es gibt keinen Blutwert, der zu ermitteln wäre, keinen verlässlichen biochemischen Marker.[106] Eine positive ADHS-Diagnose beruht allein auf Antworten auf gestellte Fragen. Man könnte meinen, dass durch einen detaillierten Fragebogen die Zahl der Diagnosen zurückgeht. Vermutlich haben doch die Fachleute, die ohne standardisierte Hilfsmittel ADHS diagnostiziert haben, häufig danebengelegen. Doch genau das Gegenteil ist der Fall: Je umfassender Kinder, Jugendliche und Erwachsene inzwischen auf ADHS getestet werden, umso eher bekommen sie die positive Diagnose.

Da nicht jeder womöglich Betroffene gleich zum Arzt geht, lassen sich im Internet Selbsttests finden, die interessierte oder betroffene Menschen schon aus Neugier mitmachen werden. Diese Tests funktionieren wie altmodische Fliegenfallen. Wenn der Mensch erst angefangen hat, den Test zu bearbeiten, dann ist er fast schon ein ADHS-Fall, fast schon ein Konsument von Psychopharmaka.

Ein im Internet verfügbarer ADHS-Selbsttest für Erwachsene besteht beispielsweise aus 22 Fragen, die ich hier vollständig dokumentiere:[107]

»1. Ich bin unaufmerksam gegenüber Details oder mache Sorgfaltsfehler bei der Arbeit.

2. Bei der Arbeit oder sonstigen Aktivitäten (z. B. Lesen, Fernsehen, Spiel) fällt es mir schwer, konzentriert durchzuhalten.
3. Ich höre nicht richtig zu, wenn jemand etwas zu mir sagt.
4. Es fällt mir schwer, Aufgaben am Arbeitsplatz, wie sie mir erklärt wurden, zu erfüllen.
5. Es fällt mir schwer, Projekte, Vorhaben oder Aktivitäten zu organisieren.
6. Ich gehe Aufgaben, die geistige Anstrengung erforderlich machen, am liebsten aus dem Weg. Ich mag solche Arbeiten nicht oder sträube mich innerlich dagegen.
7. Ich verlege wichtige Gegenstände (z. B. Schlüssel, Portemonnaie, Werkzeuge).
8. Ich lasse mich bei Tätigkeiten leicht ablenken.
9. Ich vergesse Verabredungen, Termine oder telefonische Rückrufe.
10. Ich bin zappelig.
11. Es fällt mir schwer, längere Zeit sitzen zu bleiben (z. B. im Kino, Theater).
12. Ich fühle mich unruhig.
13. Ich kann mich schlecht leise beschäftigen. Wenn ich etwas mache, geht es laut zu.
14. Ich bin ständig auf Achse und fühle mich wie von einem Motor angetrieben.
15. Mir fällt es schwer abzuwarten, bis andere ausgesprochen haben. Ich falle anderen ins Wort.
16. Ich bin ungeduldig und kann nicht warten, bis ich an der Reihe bin (z. B. beim Einkaufen).
17. Ich unterbreche und störe andere, wenn sie etwas tun.
18. Ich rede viel, auch wenn mir keiner zuhören will.
19. Diese Schwierigkeiten hatte ich schon im Schulalter.
20. Diese Schwierigkeiten habe ich immer wieder, nicht nur bei der Arbeit, sondern auch in anderen Lebenssituationen, z. B. Familie, Freunde, Freizeit.

21. Ich leide unter diesen Schwierigkeiten.
22. Ich habe wegen dieser Schwierigkeiten schon Probleme im Beruf und auch Kontakt mit anderen Menschen gehabt.«

Die geschilderten Sachverhalte, denen man in vier Abstufungen von 0 bis 3 zustimmen kann (0 = trifft nicht zu, 3 = trifft voll und ganz zu), sind wahrscheinlich jedem vertraut. Wer verlegt nicht einmal einen Schlüssel, wer ist nicht mal unruhig, beispielsweise bei einem langweiligen Kinofilm … Von den 22 Kriterien müssen im Test lediglich zehn positiv beantwortet werden, damit ADHS sicher diagnostiziert werden kann. Auf der Skala von 0 bis 3 wird aber jede Antwort größer als »0« als positiv bewertet. Wenn man also nur mit dem Wert »1« sagt »Ich bin zappelig« und damit meint, dass man ab und zu auch mal unruhig ist, wird das schon als ADHS-Indiz gewertet. Nach dieser Logik wird jeder Mensch, der sich etwas selbstkritisch einschätzt, ADHS haben. Nur diejenigen, die sich wie eine Maschine verhalten, die nie unruhig sind, die nie etwas vergessen, die jede uninteressante Aufgabe mit Begeisterung übernehmen oder diese Eigenschaften zumindest vorgeben, haben kein ADHS.

Je mehr Menschen einen solchen Fragebogen vorgelegt bekommen, das kann man prognostizieren, umso mehr ADHS-Diagnosen wird es geben. Zugespitzt kann man sagen, dass nach diesem Fragebogen das unperfekte Menschsein mit ADHS gleichgesetzt wird.

Ich will noch ein Beispiel bringen: In einer Werbeschrift des Arzneimittelherstellers Lilly werden die pathologischen ADHS-Symptome beschrieben – so wie dieses: »Wenn die Tätigkeit wenig anregend ist, können die Personen abwesend, verträumt, wenig ausdauernd und unorganisiert wirken«.[108] Soll man es Menschen vorwerfen, wenn sie bei einer stupiden Tätigkeit anfangen zu träumen? Muss ein Mensch immer konzentriert sein – egal wie dumm die Aufgabe ist, die ihm zugemutet wird? Was für ein Menschenbild steckt hinter dieser Annahme? Die Antwort ist einfach: das Bild eines immer funktionierenden Menschen, einer Maschine, eines Roboters.

Der Autor des zitierten Fragebogens zur Selbsttherapie, Michael Rösler, zeigt eine Nähe zur Pharmaindustrie. Der amerikanische Konzern Eli Lilly hat ihn als Mitautor einer Werbeschrift zur ADHS-Behandlung gewonnen.[109] Für das Unternehmen Shire, das das ADHS-Medikament *Equasym* vertreibt, sitzt er in der Jury des »ADHS-Förderpreises«[110] (allein die Namensgebung des Preises ist vielsagend – es ist zweifellos im Interesse der Industrie, die ADHS-Diagnosen zu fördern!). Ich kenne Röslers Beweggründe nicht und will die Autorenschaft und die Jury-Tätigkeit nicht bewerten. Aber eines ist klar: Pharmaunternehmen haben systembedingt ein großes wirtschaftliches Interesse daran, dass vermeintliche oder echte Krankheiten wie ADHS unter der Bevölkerung grassieren. Je mehr Kranke, umso höher die Umsätze. Ein Selbsttest-Fragebogen in der zitierten Form ist ein ideales Mittel, um den Krankenstand zu erhöhen.

Widerstand gegen die Pille scheint heute nahezu aussichtslos. Eltern müssen viel Mut aufbringen, um sich gegen den gesellschaftlichen Druck, der nicht zuletzt durch die im Internet verfügbaren Fragebögen aufgebaut wird, zu behaupten. Sie müssen hinnehmen, wenn ihr Kind bei *Ritalin*-Verweigerung in einigen Fällen selbst von den Lehrern unter Druck gesetzt wird. Eltern, die ihren Kindern Psychopharmaka »vorenthalten«, gelten als Rabeneltern, werden ob ihrer »fundamentalistischen« Weltanschauung kritisiert, ja diffamiert. Sie stehen auf einer Stufe mit Impfverweigerern, die der Volksgesundheit schaden.

Zwar sollen, so die Empfehlung an die Ärzte, bei ADHS zuerst die psychotherapeutischen Möglichkeiten ausgeschöpft werden, doch tatsächlich werden Psychopharmaka oftmals als erste Wahl angeboten.[111] Die Autorin und Mutter Barbara Simonsohn, die *Ritalin* ablehnt, hat sich trotzdem ein Rezept für ihren Sohn geben lassen, um herauszufinden, wie intensiv die therapeutische Begleitung ist. Auf regelmäßige Bitten bekam sie über ein ganzes Jahr immer neue Rezepte ausgestellt. In diesem Zeitraum fragte der Arzt jedoch kein einziges Mal nach, wie es dem Kind geht, ob der Einsatz des Medikamentes Erfolge zeitigt, ob es womöglich Nebenwirkungen gibt.[112]

Ritalin als Hirndoping

Ein Schüler, der heutzutage psychostimulierende Pillen nimmt, muss sich nicht schämen, kann dies ganz offen bekunden – und wird womöglich von anderen Schülern sogar bewundert. Unter diesen Voraussetzungen erstaunt es nicht, dass *Ritalin* auch in anderen Bereichen der Gesellschaft üblich geworden ist, dass die Beeinflussung des klaren Verstandes mehr und mehr zu einer neuen Norm wird – vom Obdachlosen bis hin zum Uni-Professor. Tatsächlich nehmen die zukünftigen und aktuellen Leistungsträger der amerikanischen, aber auch der deutschen Gesellschaft *Ritalin* oder Vergleichbares, als seien die Tabletten bunte Smarties. *Ritalin* wird nicht verschämt geschluckt, sondern hat sich wie *Prozac* zu einem Lifestyle-Mittel gemausert.

Meine Beobachtungen zum Konsum von Energydrinks als Doktorandin vor einigen Jahren offenbarten mir nur die Spitze des Eisbergs. Damals hatte ich noch nicht hinter die Kulissen geschaut, hatte noch nicht gesehen, dass viele Studenten, Doktoranden, Lehrbeauftragte und Professoren längst die Tablettenschachteln in ihrer Schreibtischschublade liegen hatten. *Ritalin* soll bei der Konzentration helfen und die Prüfungs- oder Arbeitsleistungen verbessern. In einer Gesellschaft, die auf Konkurrenz und kontinuierlicher Leistungssteigerung aufbaut, scheint ein Weiterkommen mit Stimulanzien einfacher zu sein. Die Studenten rechtfertigen die Drogeneinnahme mit dem Hinweis, dass die Prüfungen jetzt gut bestanden werden müssen, dann könne die große Karriere beginnen. Sie übersehen dabei, dass sie mithilfe von Psychopharmaka in eine Gesellschaft starten, die auch nach

Abschluss des Studiums weiter nur Leistung erwartet. Die Einnahme der Pillen, das kann man prognostizieren, wird zur Gewohnheit werden. Ohne Pillen, so scheint es, ist Karriere im 21. Jahrhundert nur noch schwer möglich. Eine Studie aus dem Jahr 2012 kommt zu dem Ergebnis, dass unter den 28–29-jährigen Studenten 12 % Psychopharmaka zum Hirndoping einnehmen.[113]

Im Magazin *Campus* der Wochenzeitung *Die Zeit* schrieb 2009 ein anonymer Autor über einen Selbstversuch. Er nahm als Student *Ritalin*, um seine Leistung zu steigern.

»Ich nehme also eine Pille, erst einmal zu Hause. Keine Viertelstunde, und meine Umgebung wird leicht heruntergefahren; ein Gefühl wie der Dämmerzustand frühmorgens, wie die konzentrierte Ruhe nach einem langen Kinobesuch. Die Dinge entwickeln eine seltsame Singularität: Ich sitze auf meinem Sofa und lese. Nach einer Weile merke ich, dass der Fernseher auf voller Lautstärke läuft – ich hatte ihn gar nicht gehört. Ich vergesse nicht, was um mich herum geschieht, es interessiert mich nur nicht mehr. Ich sehe die Dinge einzeln, eines nach dem anderen. Andere Drogen bewirken einen Rausch, Ritalin macht sehr nüchtern.

Der nächste Tag in der Bibliothek ist ein großer Erfolg. Ritalin ist kein Wundermittel, es stärkt nicht meine Arbeitsmoral, aber zumindest lenkt mich nichts mehr ab. Ich schaue nicht aus dem Fenster. Läuft jemand in der Bibliothek an meinem Tisch vorbei, dann blicke ich nicht auf, sondern starre eisern auf die Buchseiten. Ich arbeite konzentriert drei, vier Stunden lang. Ich vergesse den Druck, den Gärtner, den Kaffee.

Mittags dann stehe ich in der Mensa und überlege, auf welches Menü ich Lust habe – und ich weiß es nicht. Ich wähle zufällig eines aus und stochere lustlos darin herum, das Ritalin hemmt meinen Appetit. Dann nehme ich wieder eine Pille und gehe zurück in die Bibliothek. Ja, ich bin ein Zombie, aber ein Zombie, der lernt wie eine Maschine.

Es gefällt mir. Nur meine Freunde beobachten mich jeden Tag misstrauischer. Manche von ihnen sind konservativ, sie besuchen Vorlesungen in Hemd und Jackett und betrachten Drogensüchtige in der Fußgängerzone wie Anomalien im Raum-Zeit-Gefüge. Sie sagen, ich sei so anders in letzter Zeit: lebhafter, aggressiver und etwas anstrengend. Das stimmt. Ich trete Geldautomaten, die mir zu langsam sind, und fluche über vergessliche Kellner im Café.«[114]

Auf Nachfrage des anonymen *Zeit*-Autors erklärt Gerald Hüther, Neurobiologe in Göttingen, die Nebenwirkungen: »›Sie haben auf nichts mehr Lust, Ihre ganze Emotionalität und Affektivität ist zugedröhnt. Sie empfinden keine Neugier, kein Bedürfnis nach menschlichen Bindungen und sind weniger kreativ. Deshalb nehmen eher BWL-und Medizinstudenten Ritalin, weil dort weniger Kreativität verlangt wird.‹«[115]

Eine Verbesserung der Aufmerksamkeit bei gleichzeitiger Reduzierung der Kreativität: Was uns die Pharmaindustrie als Ausgleich eines angenommenen chemischen Ungleichgewichts verkaufen will, ist in Wirklichkeit ein massiver Eingriff in unser Bewusstsein und in unsere Persönlichkeit. Man muss es so deutlich sagen: Unter *Ritalin* verändern die Menschen ihr Verhalten. Gerald Hüther: »Wenn man anfängt, seine Affekte mit einer Pille zu kontrollieren, dann ist man kein Mensch mehr. Dann ist man ein Roboter.«[116]

Hirndoping ist das freiwillige Eingeständnis, dass man besser als Maschine denn als Mensch arbeitet. Wenn man ohne die Überredungskunst eines Arztes Psychopharmaka einnimmt, dann hat man schon vor der Gesellschaft kapituliert, dann hat man akzeptiert, dass man als gedopter Roboter leistungsfähiger sein wird als ein Mensch mit Verstand und Gefühlen.

Die Spirale der freiwilligen und unfreiwilligen Medikation mit Psychopharmaka dreht sich immer weiter und immer schneller. Nachdem die Gruppe der Schüler von der Pharmaindustrie bereits gut als Konsumenten erschlossen wurde, kommen jetzt die gesunden

Erwachsenen dran. »Eine amerikanische Studie, die die Häufigkeit der Erwachsenen-ADHS in der Allgemeinbevölkerung untersucht hat, konnte zeigen, dass bei etwa 4 % der Erwachsenen eine ADHS vorkommt. ... ADHS im Erwachsenenalter ist sicherlich unterdiagnostiziert und nicht ausreichend therapiert«,[117] heißt es in einer Werbebroschüre des Psychopharmaka-Herstellers Lilly im Jahr 2004.

Der Mantel der Medikamentierung hüllt die Menschen immer mehr ein. Sie empfinden die Wärme der Versorgung und merken nicht, dass ihnen die Wärme nicht bekommt ...

Kapitel 7

Volksdroge Antidepressiva

Warum Pillen sich als einfache Lösung präsentieren

Seit den 1980er-Jahren steigen in den USA die Diagnosen von depressiven Episoden, und mit zeitlicher Verzögerung folgte der Anstieg der Diagnosen auch in Europa. Manche Wissenschaftler und mit ihnen auch viele Ärzte und Psychiater behaupten, dass die Ursache der Depression ein biochemisches Ungleichgewicht im Gehirn ist, das durch Medikamente ausgeglichen werden kann. Sie wiederholen bis heute diese Begründung wie ein Mantra. Wäre der Patient ein Diabetiker, so sagen sie, würde er schließlich auch sein Leben lang Insulin nehmen und es nicht infrage stellen. Diese Begründung hat letzte Hemmschwellen eingerissen: Psychopharmaka werden heute so selbstverständlich genommen wie Vitaminpräparate. Ich frage immer wieder meine Patienten über ihre individuellen Erfahrungen mit Psychopharmaka.

Gedämpfte Gefühle

Corinna*, 39 Jahre alt, hat vor zweieinhalb Jahren erstmals ein Antidepressivum verschrieben bekommen. In ihrer Anamnese steht zwar nichts von einer Depression, allerdings wurde eine psychovegetative Erschöpfung festgestellt. Zwei Jahre hat sie das Medikament genommen, dann aus eigenem Antrieb abgesetzt. Sie sitzt vor mir mit angespanntem Körper. Ihre Pose und ihre Gestik zeigen, dass sie den Glauben an ein besseres Leben aufgegeben hat.

»Beschreiben Sie Ihre damalige Situation, als Sie das Medikament verschrieben bekommen haben.«

»Ich war total überfordert«, sagt sie mit emotionsloser Stimme. »Ich arbeite zwar nur halbtags in einem Büro, muss aber meine alte demente Mutter pflegen, meiner schwerbehinderten Schwester helfen … und dazu streite ich mich immer wieder mit meinen anderen Geschwistern … Es ist alles zu viel für mich.« Sie blickt auf den Boden, schweigt einen Augenblick, um dann fortzufahren: »Ich war verbittert. Musste immer wieder weinen. Mein Arzt hat mich wochenlang krankgeschrieben. Mich schließlich zur Kur geschickt, in eine psychosomatische Klinik. Dort habe ich dann das Mittel bekommen.«

»Wie waren Ihre Erfahrungen damit?«, frage ich.

»Zuerst war die Dosierung so hoch, dass ich damit gar nicht klarkam, es ging mir von morgens bis abends schlecht. Dann haben sie die Dosierung halbiert, und es wurde erträglich.«

»Beschreiben Sie mir Ihr Empfinden, Ihre Gefühle, als Sie das Medikament genommen haben.«

»Ich war irgendwie gedämpft«, sagt Corinna. Sie sitzt in unverändert angespannter Position. »Alles war gedämpft. Alle Gefühle waren ganz tief unten. Ich hatte aber immer noch den Wunsch, weinen zu wollen. Meine Situation war ja keine Spur besser geworden, dieselbe Arbeit, derselbe Ärger. Aber wissen Sie, die Tränen kamen nicht. Ich wollte weinen und die Tränen kamen nicht. Ja, das hat das Mittel gebracht.«

»Wie lange haben Sie das Antidepressivum genommen?«

»Zwei Jahre, danach wollte ich nicht mehr.«

»Aus welchem Grund?«

»Mein Mann war unzufrieden. Ich auch. Sie müssen wissen, dass ich keine Lust mehr empfand, verstehen Sie? Mein Mann wollte Sex, aber ich nicht. Aber das kann doch nicht sein, dass ich keine Lust mehr habe … So will ich doch nicht leben.« Tränen stehen in ihren Augen, aber sie spricht weiter:

»Mein Mann hat viel Verständnis für mich. Aber sonst? Mit niemandem kann ich reden. Dabei wird meine Mutter älter und meine Schwester hilfsbedürftiger. Was soll ich nur machen? Wieder das Mittel nehmen?«

Antidepressiva dämpfen Corinnas Gefühle, verhindern, dass sie zum Ausdruck kommen. Sie sorgen dafür, dass sie nicht in der Öffentlichkeit weinen muss, aber gleichzeitig unterdrücken sie ihr sexuelles Verlangen. Mit der Einnahme des Antidepressivums hat Corinna eine Auseinandersetzung mit ihren Problemen verhindert, zumindest verschoben. Als sie bei mir sitzt, hat sie dieselben ungelösten Fragen und Konflikte wie zu dem Zeitpunkt, als ihr in der psychosomatischen Klinik das Antidepressivum verschrieben wurde.

Heute ist es medizinischer Standard, Depressionen mit Antidepressiva zu behandeln. Doch was bringt es dem Patienten? Depressionen entwickeln sich aufgrund nicht abreagierter Gefühle wie Ärger, Wut, Trauer. Es sind Gefühle, die rauswollen, die eine Auseinandersetzung beanspruchen. Dass Corinna immer wieder weinen musste, war ein Zeichen der Gefühlsverarbeitung. Doch es wurde als lästiges Symptom gesehen, das es zu beseitigen galt. Doch wenn das Abarbeiten der Gefühle chemisch unterdrückt wird, dann wächst das Leiden im Inneren. Wenn jemand seine Gefühle nicht mehr wahrnimmt und nicht auslebt, dann arbeiten sie in der Tiefe gegen ihn. Irgendwann brechen sie mit Macht hervor – ein Suizid ist manchmal die dramatische Folge des Hervorbrechens unterdrückter, unbearbeiteter Gefühle. (Um daran zu erinnern: Viele scheinbare unerklärliche Gewalttaten beruhen auf einem plötzlichen Ausbrechen unterdrückter Gefühle.)

Antidepressiva sind also kein effektiver Therapieansatz, sondern sie verhindern durch die blockierte Gefühlsverarbeitung eine Heilung. Auch die Selbstheilungskräfte, die jeder Mensch in sich trägt, die in vielen Fällen erfolgreich wirken, werden in diesem Fall gebremst. Antidepressiva sorgen dafür, dass ein depressiver Mensch krank bleibt und kränker wird. Die etablierte biochemische Behandlung ist ein grotesker Versuch, Kranke durch Symptomunterdrückung zu heilen. Aber es kommt noch besser: Viele der Patienten, die unter der Wirkung von Antidepressiva oder auch nach dem Absetzen der Mittel Suizid begehen, nehmen oftmals erneut dieselben Mittel, die sie gegen die Depression verschrieben bekommen haben, um sich umzubringen – nun in bewusster Überdosierung.

Psychotherapeutische Maßnahmen gegen Depressionen, die auf die Gabe von Antidepressiva verzichten, bestehen vor allem darin, die aufgestauten Gefühle zu erkennen, abzureagieren und sich von ihnen zu befreien. Es ist notwendig, den Kontakt zu den Gefühlen wiederherzustellen und sich durch das Herauslassen von einem Druck zu befreien – so, wie man Dampf aus dem Schnellkochtopf entweichen lässt. Ohne die Gefühle zu ergründen und sie herauszulassen, kann man mit einer Depression nicht effektiv umgehen. Ohne ein Bearbeiten der persönlichen Einstellung und der individuellen Verhaltensmuster, die regelmäßig zu den niederschlagenden Gefühlserlebnissen führen, werden sich die Zustände der Depression immer wieder einstellen.

Bei Corinna kann ein psychotherapeutischer Ansatz dazu führen, dass sie ein besseres Verhältnis zu ihren Geschwistern aufbaut. Bislang ist sie nicht in der Lage gewesen, überhaupt mit ihnen zu reden;

sie ärgert sich über ihre Unfähigkeit und hat das Gefühl, dass sie selbst in einer Sackgasse gelandet ist, aus der sie nicht mehr herauskommt. Durch eine psychotherapeutische Beratung kann sie einen eigenen Ansatz finden, die Kommunikation so zu führen, dass sie nicht weiter darunter leidet. Auch am Arbeitsplatz kann sie dadurch die Einstellung zu ihrer Tätigkeit und auch das Verhältnis zu den Kollegen ändern. Darauf zu warten, dass ihre Kollegen, die gerne den Ellenbogen benutzen und auch sonst nicht zimperlich sind, sich ändern, dass die Kollegen ein anderes Verhalten ihr gegenüber an den Tag legen, ist allerdings nicht realistisch. Sie kann aber durch ihr eigenes Verhalten die Kollegen abblocken und ausbremsen, sie kann die Verhaltensmuster, wenn sie sie erkennt, auch verstehen und wird dann nicht weiter darunter leiden.

Die Regulation im Gehirn

Das menschliche Gehirn ist ein faszinierendes Gebilde. Seine unglaublichen Kapazitäten und Eigenschaften konnten bis heute nicht ausreichend erforscht und nicht annähernd verstanden werden. Das Gehirn zeichnet sich vor allem durch seine Fähigkeiten zur Kompensation aus. Wenn ein Bereich geschädigt ist, kann ein anderer dieselben Aufgaben übernehmen. Darüber hinaus wurden im Gehirn beeindruckende Mechanismen zur Selbsterhaltung und zur Steuerung von Regelkreisläufen entdeckt. Dazu gehört die Regulation des Serotoninspiegels.

Serotonin ist ein Hormon und Neurotransmitter, also ein Stoff, der als Bote zwischen verschiedenen Nervenzellen fungiert. Es spielt eine wichtige Rolle in unserem Nervensystem und beeinflusst auch unsere Stimmung (von der Niedergeschlagenheit bis zur Euphorie). Bei niedrigen Serotoninwerten ist unsere Stimmung »im Keller«. Allerdings lässt sich nicht so einfach nachweisen, ob ein niedriges Serotoninniveau die Ursache einer depressiven Verstimmung ist oder ob erst nach dem Auftreten der Depression der Spiegel des Serotonins sinkt. Ob Serotoninmangel Ursache oder Folge ist, bleibt in der Fachwelt umstritten.

Wie schon im Zusammenhang mit *Ritalin* erläutert, behaupten psychiatrische Wissenschaftler und Ärzte bis heute gerne, dass Psychopharmaka ein chemisches Ungleichgewicht im Gehirn korrigieren. Dank Antidepressiva, so deren immer wieder vorgebrachte These, kann ein verloren gegangenes oder seit der Geburt nicht existierendes biochemisches Gleichgewicht wiederhergestellt werden. Mit anderen Worten: Wenn der Serotoninwert niedrig ist, dann reicht eine Zuführung von Serotonin – und der Mensch fühlt sich wieder gut.

Um einen hohen Serotoninpegel zu erreichen, wurden die bereits erwähnten sogenannten selektiven Serotonin-Wiederaufnahmehemmer (SSRI) entwickelt, dazu gehören die in Deutschland zugelassenen Arzneistoffe Fluoxetin, Fluvoxamin, Paroxetin, Sertralin, Citalopram und Escitalopram.

Nach einer massiven Werbekampagne – in den USA ist die Werbung für verschreibungspflichtige Medikamente erlaubt – gehört das Fluoxetin-Präparat *Prozac* in den Vereinigten Staaten zu den meistverschriebenen und meisteingenommenen Medikamenten. In Deutschland wurden 2011 von den genannten Stoffen nicht weniger als 498,2 Millionen sogenannte »definierte Tagesdosen« verschrieben.[118]

Den Menschen wurde der Glaube vermittelt, dass die neue »Zauberpille« nun endlich ihr Gehirn in das erhoffte Gleichgewicht bringt, dass ihr »biochemisches Problem« namens Depression mit einer Pille zu lösen sei. Doch bald wuchs die Ernüchterung. Das Medikament wirkte nicht wie erwartet. In den ersten Tagen und Wochen nach der Einnahme schien es kaum Effekte nach sich zu ziehen. Der körpereigene Regelmechanismus sorgte dafür, dass trotz der Wiederaufnahmehemmer der Pegel im Blut so niedrig blieb wie zuvor. Allerdings zeigten sich nach Ende dieser ersten Phase durchaus Wirkungen: Der körpereigene Regelkreis kam nun aus dem Gleichgewicht und das von außen zugeführte Medikament steuerte die Biochemie im Gehirn. Je länger die Einnahme, desto mehr passt sich das Gehirn an die fremden Stoffe an. Erhebliche Folgen treten vor allem dann auf, wenn das Medikament plötzlich abgesetzt wird – das Gehirn muss dann erst wieder lernen, einen eigenen funktionierenden Regelmechanismus zu rekonstruieren.

Die Einnahme von selektiven Serotonin-Wiederaufnahmehemmern führt also keineswegs dazu, ein natürliches System ins Gleichgewicht zu bringen, es ersetzt es vielmehr durch ein anderes, künstliches – und bringt vieles durcheinander. Die Patienten verspüren Wirkungen – aber oftmals nicht die gewünschten, sondern beginnen beispielsweise unter Schlafstörungen, Schwindelsymptomen oder allgemeiner Unruhe zu leiden. Auch sinkt bei vielen das sexuelle Verlangen.[119]

Wir sehen an diesem Beispiel, dass ein Eingriff in die komplexen Regelkreisläufe des Gehirns ein riskante Sache ist: Die erwarteten Effekte treten nicht unbedingt ein, unerwartete Effekte kommen hinzu.

Klar ist für mich als Psychologin nur eins: Sinnvoller ist es, sich nicht auf Tabletten, sondern auf sich selbst zu verlassen und an den Aspekten zu arbeiten, die für ein gutes Leben wichtig sind: wieder gute Beziehungen mit der äußeren Welt aufzubauen, um sie als Quelle positiver Emotionen nutzen zu können, zu lernen, Niederlagen einzustecken und für sich selbst einen guten Weg zur Bewältigung von Schwierigkeiten zu finden. Mit Tabletten wird es ungleich schwerer, diesen Weg zu finden. Unter meinen Patienten, die Antidepressiva nehmen, habe ich nie einen glücklichen oder zumindest zufriedenen Menschen gesehen.

Zauberei

Einer meiner Freunde erzählte mir, dass er mit seinem Auto liegen geblieben war, mitten auf einer Hauptverkehrsstraße.

Er rief den ADAC, musste eine Stunde warten, und als die Helfer kamen, stellte sich heraus, dass es bloß eine winzige Kleinigkeit war. Im Grunde, so sagte ihm der Mechaniker, hätte mein Freund auch selbst unter die Motorhaube schauen können: Ein Handgriff und der Wagen wäre wieder gefahren. Aber mein Freund wollte das nicht wissen: »Es ist mir ein Rätsel, wie so ein Wagen funktioniert. Ich bezahle einfach den ADAC, der kommt und zaubert.«

Ich dachte an die ukrainischen Männer und musste unwillkürlich Parallelen ziehen. Nicht nur mein Vater, von Beruf Ingenieur, konnte an seinem Auto alles selbst reparieren, sondern auch alle Männer in unserer Nachbarschaft waren dazu in der Lage. Es war tatsächlich keine Zauberei. Es waren nur Zeit, die notwendigen Ersatzteile und ein wenig Enthusiasmus nötig. Der moderne westliche Mensch hingegen neigt dazu, in den Bereichen, in denen er sich nicht kompetent genug fühlt, gar nicht erst zu handeln. Das betrifft das Auswechseln der Scheinwerfer-Birnen ebenso wie Bereiche, die nichts mit der Technik zu tun haben, sondern mit dem eigenen Wohlbefinden, mit der eigenen Gesundheit. So, wie die Menschen in den westlichen Staaten sich nicht trauen, unter die Motorhaube ihres Wagens zu blicken, genauso wenig trauen sie sich, in sich selbst hineinzublicken, und überlassen ihr Innerstes lieber irgendwelchen Zauberern. Bei der eigenen Gesundheit ist das allerdings ein riskantes Handeln mit manchmal dramatischen Folgen. Dazu ein Beispiel:

Einer meiner Patienten war noch immer von einem Erlebnis aufgebracht und hatte dadurch das Vertrauen in Psychologen fast verloren. Er war verheiratet und hatte zwei Kinder. Seine Frau, die immer zufrieden war und mit der er eine glückliche Ehe führte, so dachte er wenigstens, wurde nach einer längeren Krankschreibung wegen orthopädischer Probleme zur Kur geschickt. »Dort wurde ihr«, erzählt mein Patient, »die Diagnose Depression gestellt und empfohlen, sich von ihrem Mann scheiden zu lassen, da er die Ursache für die Depression sein soll.« Zur Bestürzung meines Patienten hat seine Frau genau das getan, was ihr die Spezialistin in der Kurklinik empfohlen hatte: Sie nahm die verschriebenen Antidepressiva, ließ sich scheiden und lebt jetzt mit den gemeinsamen Kindern allein.

So weit sind wir also schon gekommen: Gesunde Menschen, die noch keine Depression haben, können diese verschrieben bekommen. Und sie folgen dann dem Rat der Psychologen – auch wenn es das eigene Leben auf den Kopf stellt, auch wenn der Rat dem eigenen Denken und Fühlen zuwiderläuft.

Der moderne Mensch traut nicht mehr seinen Gefühlen, er vertraut nicht mehr seinem Verstand – sondern er folgt blind den Spezialisten, den Zauberern.

Kapitel 8

Das Rundum-Sorglos-Paket

Warum alle von den Pillen zu profitieren scheinen

Argumente gegen die Psychopillen zu finden, ist in unserer Gesellschaft nicht leicht. Man muss sich bewusst gegen das eingespielte, gut funktionierende System wenden, das uns einredet, dass die Psychopharmaka gut und notwendig sind. Man muss den Zauberern widerstehen, die uns erklären, dass sie das biochemische System genau verstehen und auch überlisten können.

Nun gibt es zum Glück viele Menschen, die eigentlich ganz genau wissen, dass bewusstseinsverändernde Medikamente kein vorteilhafter und kein kluger Weg sind, dass sie durch Pillen ihre Probleme nicht lösen können. Es sind Menschen, die durchaus resistent gegen die vielversprechenden Worte der Zauberer sind. Es sind Menschen, die sich eigentlich vernünftig verhalten. Aber trotzdem berichten sie mir, dass sie Psychopharmaka nehmen. Viele meiner Patienten verfolgen aufmerksam Medienberichte über die Unwirksamkeit, das Suchtpotenzial und die schweren Nebenwirkungen dieser Medikamente. Sie informieren sich umfassend und bilden sich eine kritische Meinung; und sie nehmen dann trotzdem Psychopharmaka. Viele meiner Patienten wissen, dass ihre Kinder eigentlich ganz normal sind – und sind trotzdem einverstanden, wenn der Arzt ihnen ein

Methylphenidat-Medikament verschrieben. Vernünftige und kritische Menschen akzeptieren Psychopharmaka – wider besseres Wissens.

Psychopharmaka haben eine offenbar magische Wirkung, die die Vernunft außer Kraft setzt. Sie beruht auf einer irrationalen Hoffnung, dem Glauben an eine Wahrheit aus einer anderen Welt, die man nicht rational widerlegen kann. Der Verstand kann Psychopharmaka ablehnen, der hoffende Mensch will trotzdem an sie glauben.

Magisches Denken

Manche Menschen glauben an die Wirkung der Psychopharmaka wie an den Einfluss der Sterne. Nur machen es die Medikamente mit ihren tatsächlichen Nebenwirkungen leichter, den Glauben aufrechtzuerhalten – nach dem Motto: Was schädliche Wirkungen hat, das muss auch positive aufweisen. Dieser Glaube an die Tablette wird im Gesundheitssystem nicht hinterfragt, im Gegenteil, er wird von den Medizinern noch unterstützt. Tatsächlich könnten die Menschen genauso auf den Weihnachtsmann warten. Empirisch belegt sind nämlich immer nur die sedierenden oder stimulierenden Wirkungen sowie natürlich die Nebenwirkungen – aber keine Heilungen. Studien, die die Unwirksamkeit der Antidepressiva nachweisen, werden systematisch nicht veröffentlicht. [120]

Mit der Hoffnung auf die Wirkung von Pillen geben Menschen generell gerne ihre eigene Verantwortung ab – doch vor allem bei den Psychopharmaka ist die Kluft zwischen erhofften Wirkungen und tatsächlicher Wirksamkeit besonders groß. Sie sollen einem alles Mögliche ersparen: die Beantwortung persönlicher Fragen, das Nachdenken über das eigene Leben, die Änderung unproduktiver Lebensgewohnheiten oder Verhaltensmuster, die Kommunikation mit Lebenspartnern oder Kindern, die Konfrontation mit einem tiefen emotionalen Problem. Denn all diese Tätigkeiten tragen die Gefahr des Scheiterns in sich. Jede Lösung eines psychologisches Problems bedarf einer Anstrengung, die nicht zwingend zum Ziel führt. Oft müssen die Menschen ihre Wege und Strategien korrigieren, um schließlich zur psychischen Gesundheit zu finden. Die Wege, Irrwege und neu gefundenen Wege zu begehen ist oftmals ein schmerzhafter Prozess. Menschen haben Angst davor, dass die Wege ins Nichts führen, dass sie ihre Probleme nicht lösen können, dass die Beziehung mit dem Lebenspartner trotz ihrer schmerzhaften Bemühungen nicht funktioniert, dass auch das Ändern von Lebensgewohnheiten, mit dem Rauchen aufzuhören beispielsweise, nicht gelingt. Ein Minenfeld von Ängsten breitet sich vor denen aus, die aus ihren Problemen herauswollen. Je mehr sie vorhaben, desto mehr Fallgruben tun sich auf.

Deswegen sind Psychopharmaka so verlockend. Sie versprechen Heilung ohne Anstrengung und Konflikte. Die Einnahme erfordert keinen Mut und führt angeblich schnell zu Ergebnissen. Auch aufgrund dieser verlockenden Magie werden die Tabletten verniedlichend »Glückspillen« oder »kleine Helfer« genannt.

Die *Realität* der Medikamenteneinnahme ist in der Regel schmerzhafter als der Weg einer Psychotherapie. Auf den Konsumenten warten nicht nur teilweise schwere Nebenwirkungen. Unbewältigte psychische Probleme, die mit den Tabletten übertüncht wurden, treten irgendwann vielleicht in schlimmerer Form wieder auf und ziehen auch körperliche Krankheiten nach sich.

Doch es gibt keine Gruppen und Verbände, die ein Interesse daran haben, den Menschen ihr magisches Denken zu nehmen. Vom Glauben an die Tabletten scheinen alle zu profitieren: natürlich die Pharmaindustrie, aber auch die Ärzte, die Patienten und die Jugendlichen. Die Gruppen haben unterschiedliche Interessen, die sich aber auf geradezu magische Weise ergänzen.

Das Interesse der Industrie

Die am leichtesten zu durchschauende Rolle in der magischen Interessengemeinschaft nimmt die Industrie ein. Sie will selbstverständlich ihre Produkte verkaufen und Gewinne einfahren. Sie hat sich, sofern das Unternehmen eine Aktiengesellschaft ist, ihren Aktionären gegenüber verpflichtet, so profitabel wie möglich zu produzieren. Eine AG wird niemals aus Wohltätigkeit auf Einnahmen verzichten oder aus reiner Menschenliebe Medikamente vom Markt nehmen. Natürlich investieren die pharmazeutischen Unternehmen viel Geld in die Forschung und die Entwicklung neuer Wirkstoffe, aber auch die Forschung soll immer zu einem Ziel führen: gut verkäufliche Tabletten auf den Markt zu bringen, womöglich »Blockbuster« wie *Viagra* oder *Prozac* zu etablieren. Pharmazeutische Unternehmen sind in der Regel sehr kreativ darin, Gutachten, die schädliche Wirkungen eines Medikamentes belegen, kleinzureden oder gar verschwinden zu lassen.

Bei dieser Ausgangslage darf es uns nicht wundern, dass eine tatsächliche Heilung von psychisch Kranken kein zentrales Anliegen der pharmazeutischen Industrie ist. Hätte ein Unternehmen ein Medikament entwickelt, das bei psychischen Krankheiten heilend wie ein Antibiotikum wirkt, dann würde es den Wirkstoff womöglich unter Verschluss halten, denn er würde dazu führen, dass das bestehende milliardenschwere Geschäftsmodell »Psychopharmaka« zusammenbricht. Aber die pharmazeutische Industrie muss sich keine Sorgen machen: Mit Pillen wird man niemals psychische Probleme lösen können – dazu ist unser Menschsein zu komplex. Deshalb wird die Industrie sie weiter auf ein biochemisches Ungleichgewicht zurückführen, was die Bedeutung aller sozialen Interaktionen für die Psyche verkennt.

Das Interesse der Ärzte

Den Medizinern kann man nicht wie der Pharmaindustrie ein rein monetäres Interesse unterstellen. Ihr einziges Interesse, das haben sie geschworen, soll das Wohl der Patienten sein. Doch es gibt auch bei Ärzten Interessenkonflikte. So ist bekannt, wie die Produzenten die Mediziner umgarnen, damit diese die entsprechenden Medikamente an ihre Patienten verschreiben. So werden Ärzte zu Seminaren ins Ausland eingeladen; die Reisen entpuppen sich dann mehr als Erholungs- denn als Bildungsreisen. Auch andere Vergünstigungen wie kostenlose Medikamentenmuster werden gerne gewährt. Der Bundesgerichtshof stellte im Juni 2012 fest, dass bei privaten Ärzten auch eine finanzielle Zuwendung der Industrie nicht als Bestechung zu werten ist.[121] Durch den höchstrichterlichen Segen sind die Vergünstigungen sicher nicht weniger geworden. 2012 wurde zudem bekannt, dass die von den Apotheken erhobenen Rezeptdaten von den Pharmaunternehmen so detailgenau ausgewertet werden können, dass klar wird, welche Praxis welche Medikamente verschreibt.[122]

Der einzelne Arzt wird sich dennoch nicht als korrupt oder abhängig bezeichnen. Er wird sagen, dass er das jeweilige Medikament sowieso verschreiben würde, dass es indiziert und nur zum Wohle des Patienten sei. Aber gleichzeitig wird er vielleicht weniger über Alternativen nachdenken, da diese ihm mehr schaden als nutzen. Wenn ein Hausarzt auf das Verschreiben von Psychopharmaka verzichtet und alle Patienten zum Psychotherapeuten schickt, würde er gleich doppelt verlieren: die regelmäßigen Besuche des Patienten, der neue Tabletten verschrieben bekommen möchte, und die Zuwendungen der Industrie. Die Ärzte können es sich häufig nicht leisten, so »leichtfertig« auf Einnahmen zu verzichten.. Vielleicht war ihr Studium oder die Weiterbildung mit anschließender Approbation kreditfinanziert. Sie haben für den Erwerb und den Ausbau der Praxis und die Anschaffung teurer Geräte möglicherweise Kredite aufgenommen. Vielleicht haben sie sich darüber hinaus in Erwartung eines guten Einkommens ein Haus und ein großes Auto geleistet. Wer kann schon von sich behaupten, dass ihn die Sorgen um die Rückzahlung von Krediten nicht belasten, dass sie ihn nicht vielleicht sogar beherrschen? Aber ich will die Ärzte nicht unter einen Generalverdacht stellen. Vielleicht sind die Aufwendungen und Aufmerksamkeiten der Pharmaindustrie kein entscheidender Faktor. Vielleicht werden sie gerne »mitgenommen«, aber beeinflussen den Arzt nicht. Letztlich geht es doch um den Patienten.

Dennoch ist das Verschreiben von Psychopharmaka für einen Arzt, auch für einen Hausarzt, attraktiv. Um gut zu verdienen, muss ein Arzt seine Praxis effizient organisieren. Möglichst viele Patienten müssen in möglichst kurzer Zeit behandelt werden. Es ist bekannt, dass sich heute in Deutschland jeder Arzt im Durchschnitt knapp acht Minuten Zeit für einen Patienten nimmt.[123] Ein reiner Durchschnittswert: Für alltägliche Probleme und Krankheiten steht sicher in der Regel noch deutlich weniger Beratungszeit zur Verfügung. Nach acht Minuten Behandlung ist aber kein Patient zufrieden – zumal er oftmals ein Mehrfaches der Zeit zuvor im Wartezimmer verbringen musste! Es sei denn, er bekommt einen Zettel in die Hand gedrückt, auf dem ein schwer zu merkender Name in meist schwer zu lesender Schrift notiert ist. Der Zettel ist eine dingliche Leistung des Arztes, die den Patienten real zufriedenstellt. Er kann den Zettel in der Apotheke gegen die magischen Tabletten einlösen, die seine Krankheit zum Verschwinden bringen sollen. So ist beiden gedient – dem Arzt und dem Patienten.

Wie man es dreht und wendet: Das System begünstigt die Verschreibung von Psychopharmaka – auch ohne Zutun der Pharmaindustrie. Vielleicht bleibt manchen Ärzten ein ungutes Gefühl. Vielleicht glauben sie trotz der vielen positiven Gutachten und trotz der Versprechen der Pharmavertreter, dass eine Psychotherapie der angemessenere Weg wäre, den ein Patient bei psychischen Problemen gehen sollte. Doch dann müssen sie damit leben, dass die Patienten unzufrieden die Praxen verlassen, weil ihnen die magischen Pillen verweigert werden. Dann kommt ihnen vielleicht das Schicksal eines Kollegen in den Sinn, der seine Praxis an die Wand gefahren hat, der seine Kredite nicht zurückzahlen konnte …

Natürlich gibt es sie trotzdem: Die unabhängigen und unbestechlichen Ärzte, die sich von Pharmavertretern und Provisionszahlungen nicht beeinflussen lassen, die sich für ihre Patienten Zeit nehmen und sie womöglich auch zum Psychologen schicken, sobald es sinnvoll ist. Vielleicht sind es viel mehr, als ich vermute. Doch eine Lehre bleibt: Ein Patient sollte eine Arztmeinung stets kritisch hinterfragen, wenn möglich eine zweite Meinung einholen – gerade dann, wenn es um die Einnahme von Psychopharmaka geht. Der selbstverantwortliche Patient, der die Interessen durchschaut, der weder an den Weihnachtsmann noch an das glücklich machende Rezept glaubt, der kann die besseren Entscheidungen für sich selbst treffen.

Vermeintliche Vorteile für erwachsene Konsumenten

Menschen, die eine Tablette nehmen, an deren magische Wirkung sie glauben, denken, dass sie sich etwas Gutes tun. Eine Krankenschwester, die in wechselnden Schichten arbeitet und unter der stressigen Arbeit leidet, benötigt vermutlich vor allem Zeit für sich selbst, um sich zu erholen und zu regenerieren. Doch sie hat gelernt, sich vor allem um andere zu kümmern, und macht auch noch Überstunden oder belegt Doppelschichten, wenn sie darum gebeten wird. Der Griff zur Tablette ist dann die kleine Aufmerksamkeit, die sie sich leistet. Wenn ich mir schon keinen Schlaf erlaube, dann gönne ich mir wenigstens den Luxus der Zaubertablette, dann tue ich etwas für mich. Dieses Verhalten haben sich viele Menschen in Berufen angeeignet, in denen sie übermäßig gefordert werden, in denen sie sich womöglich ausgebeutet fühlen. Erst sind es die Zigaretten, mit denen man sich etwas »gönnt«, dann kommen die Psychopharmaka. Während jedoch alle wissen, dass Zigaretten einen Betrug darstellen, der womöglich lebensverkürzende Nebenwirkungen nach sich zieht, werden Antidepressiva oder Stimulanzien ganz unkritisch genommen. Die öffentliche Meinung ist heute strikt gegen das Rauchen eingestellt, aber eher positiv gegenüber Tabletten. Umso leichter fällt es den Menschen, sich diesen kleinen Selbstbetrug zu erlauben.

Vermeintliche Vorteile für Eltern

Wenn Kinder die Diagnose ADHS bekommen, sind Eltern zuerst ratlos. Sie leiden nicht nur unter dem Theater, das die Kinder jeden Tag veranstalten, sie leiden natürlich auch unter dem Druck der Umwelt. »Schickt die Kinder zum Arzt!«, »Die sind doch durchgedreht, sind doch verrückt!«. »Die müssen zum Psychiater!« Natürlich gehen die Eltern irgendwann zum Arzt – allein schon ihren Kindern zuliebe. Sie hoffen, dass sich deren schulische Leistungen verbessern, dass sie sich konfliktfreier in ihre Umwelt einfügen. Manche Ärzte und Psychologen, wir haben es gesehen, werden nicht lange überlegen und Psychopharmaka verschreiben, den angeblichen »Goldstandard« der Therapie. Mit etwas Glück wird zuerst ein therapeutisches Gespräch geführt, wird der Arzt die Möglichkeiten ausloten, das Kind ohne Tabletten zu therapieren. Aber in vielen Fällen folgt dann schnell die Verschreibung von Methylphenidat. Mit dem Rezept in der Hand sind die Eltern zufrieden, oftmals zufriedener, als wenn der Arzt andere Maßnahmen wie eine Psychotherapie oder eine Ernährungsumstellung vorgeschlagen hätte. Die Tablette ist der dingliche Beweis, dass die Eltern gehandelt haben, dass sich das Kind nun schnell »beruhigen« wird. Wie bereits beschrieben, sind die Eltern auch deshalb erleichtert, weil sie die Last ihrer Verantwortung auf die Tabletten delegieren können.

Mit *Ritalin* & Co. finden sich die Eltern zudem in guter Gesellschaft. Sobald sie bei Freunden oder Kollegen das Thema anschneiden, erfahren sie, dass es viele Eltern gibt, die genauso handeln. Sie können sich nun gegenseitig bestätigen, das Richtige zu tun, das, was die moderne Medizin und neueste Forschung für sinnvoll erklärt hat. *Ritalin* bestätigt die Eltern darin, ihr Leben so weiterzuführen wie bisher. »Wir sind Doppelverdiener, uns bleibt wenig Zeit für die Kinder. Da müssen die eben durch. Aber wir tun das nur für sie, damit sie es später einmal besser haben.« Oder: »Die Kinder müssen lernen zu arbeiten. Dann kommen sie schon auf die richtige Spur.« Oder: »Heute haben die Menschen eben keine Zeit mehr, Quatsch zu machen, den Unterricht zu stören. Heute müssen die Kinder schnell was werden. Die Zeiten sind härter geworden.« Alles Gründe und Ausreden, weshalb heute Methylphenidat die erste Wahl ist, weshalb es alle Wege der Erziehung und Kommunikation ersetzt. Eine Mutter sagte zu mir: »Wenn ich abends nach Hause komme, dann will ich nur noch abhängen. Wenn mein Sohn dann glaubt, Chaos verbreiten zu können, drehe ich durch. Da haben die Tabletten viel geholfen … Früher hat er nur geredet, alles infrage gestellt. Mit Tabletten macht er das, was ich sage. Seit er *Ritalin* nimmt, gibt es keine Diskussion.«

Ich will von einem Elternpaar berichten, das das Methylphenidat-Medikament dazu benutzte, seine Kinder ruhigzustellen. Dieses eindeutige Beispiel für Medikamentenmissbrauch ist vermutlich leider kein Einzelfall – zu verlockend ist der entsprechende Einsatz von *Ritalin* & Co.

Mechanische Puppen

Eine meiner Patientinnen, Tania*, kam mit einem Problem zu mir, das sie seit Monaten nicht loslässt. Sie arbeitete als Erzieherin bei einer wohlhabenden Familie und erzählte, dass deren Kinder, ein 12-jähriger Sohn und eine 10-jährige Tochter, *Ritalin* bekommen. Als Erzieherin sollte sie unter anderem die Einnahme des Medikamentes kontrollieren. Beide Kinder waren hochbegabt; meine Patientin erlebte sie als sehr empfindsam. Jeden Abend um 18 Uhr sollte Tania den Kindern ein Abendessen bereiten. Wenn die Eltern dann gegen sieben nach Hause kamen, mussten die Kinder sofort auf ihre Zimmer, ihre Tablette nehmen und den Rest des Abends still im Bett, am Schreibtisch oder vor dem eigenen Fernseher verbringen. Ihnen war nicht gestattet, ins Wohnzimmer zu kommen. Vermutlich wollten die Eltern – zwei bekannte Persönlichkeiten in einer kleinen Stadt – nicht bei ihrem allabendlichen Ritual gestört werden: Sie betranken sich. Tania sah jeden Morgen die leeren Flaschen …

In den großen Ferien schlug Tania den Kindern einen Besuch im Tierpark vor. Zuerst schienen sie begeistert, doch dann nahmen beide ihre Dosis *Ritalin,* und bei beiden verschwand das Interesse am Ausflug und jedem anderen Vergnügen schlagartig. Die Kinder wirkten wie mechanische Puppen. Tania war von dieser Beobachtung schockiert.

Für die Eltern sind die Tabletten eine Möglichkeit, ihr Leben zu vereinfachen. Unter der Wirkung von Methylphenidat formulieren die Kinder keine Ansprüche, sie werden nicht laut, nicht frech und stören nicht die Abende. Sie gehen, wie in diesem Fall, um sechs brav auf ihre Zimmer, um dort einsam den Abend zu verbringen, und stehen am nächsten Morgen um sieben zum Frühstück bereit. Sie funktionieren wie kleine Roboter – ohne emotionale Bedürfnisse, ohne das Verlangen, etwas zu diskutieren.

Meine Patientin hätte gerne das Medikament versteckt und die Kinder aus ihrer Umnebelung befreit. Sie fühlte sich in einem täglichen Konflikt zwischen den Anweisungen ihrer Arbeitgeberin und ihrem Gewissen, sie sah sich geradezu als Mittäterin. Schließlich kündigte sie, bekam aber die Gedanken an die Kinder, die ihr ans Herz gewachsen waren, nicht mehr aus dem Kopf.

Natürlich wollen nicht alle Eltern ihre Kinder derart »abschalten«. Die meisten verabreichen die Medikamente mit den besten Absichten. Doch alle Eltern, die ihren Kindern Methylphenidat zumuten, erliegen der magischen Wirkung der Tabletten.

Vermeintliche Vorteile für Kinder und Jugendliche

Auffälligkeiten sind für Kinder oft eine Methode der Anpassung an das Verhalten der Erwachsenen. Ein Kind lernt beispielsweise, dass es in der Familie nicht verstanden, kaum wahrgenommen wird. Das Kind sagt etwas, die Mutter reagiert nicht, das Kind sagt wieder etwas, die Mutter glaubt dem Kind nicht. Erst wenn das Kind randaliert, sich auf den Boden wirft und schreit, handelt die Mutter womöglich.

Ein Kind verinnerlicht so ein Verhaltensmuster, das dazu führt, Aufmerksamkeit zu bekommen, und dieses als produktiv erfahrene Muster überträgt sich auf das Schulleben: Nach dem Motto »Um gehört zu werden, muss ich randalieren« handelt nun das Kind in allen sozialen Umfeldern. Durch die Diagnose ADHS bekommen die heranwachsenden Kinder dann die Bestätigung, dass sie für dieses Verhalten nicht verantwortlich sind. Sie können sagen: »Ich bin krank, ich darf mich auf den Boden werfen ...« Zudem bekommen sie von den Lehrern und womöglich auch von Mitschülern Anerkennung. Ihr Verhalten ist nun nicht mehr böse oder frech, sondern krankhaft und damit entschuldbar. Wenn sie zudem noch verkünden, *Ritalin* zu nehmen, bekommen sie oftmals schon bessere Noten, ohne bessere Leistungen zu bringen. Ihnen wird in der Erwartung eines verträglichen, braven Schülers ein *Ritalin*-Bonus gewährt. Gleichzeitig ergeben sich für manche Schüler durch die *Ritalin*-Verschreibung auch positive »Nebeneffekte«: Manche nehmen bewusst eine Überdosis, um »high« zu werden. Andere sammeln die verschrieben Pillen und verkaufen sie als »Speed« an die Mitschüler. Mit den magischen Pillen steigt das soziale Ansehen des Verkäufers – aus dem auffälligen Rabauken wird der gern gesehene Dealer.

Antidepressiva zur Konfliktvermeidung

Viele Erwachsene lassen sich gerne Antidepressiva oder Beruhigungsmittel verschreiben, da sie die Pillen als Bestätigung empfinden. Damit wird ihre Depression erst echt, erst anerkannt, erst bedauernswert. Gleichzeitig dienen Antidepressiva als Argument, vor Problemen zu flüchten und Auseinandersetzungen mit Eltern, Partnern oder Kindern aus dem Wege zu gehen.

Unerträgliche Schwiegermutter

Maria*, 49 Jahre alt, lebt mit ihrem Mann und ihrer Schwiegermutter in einem Dorf; die Kinder sind erwachsen und wohnen nicht mehr zu Hause. Maria und ihr Mann betreiben eine kleine Bäckerei. Das Verhältnis zwischen Maria und ihrer Schwiegermutter ist ausgesprochen schlecht. Die Schwiegermutter fühlt sich als heimliche Chefin im Betrieb, obwohl sie nur im Laden aushilft. Maria kann der Schwiegermutter nichts recht machen; sie arbeitet rund um die Uhr, gibt sich alle erdenkliche Mühe, aber hinterher hört sie trotzdem die spitzen Kommentare der alten Frau.

In den Wochen nach der Hochzeit hatte sich Maria noch bei ihrem Mann ausgeweint, über dessen Mutter geklagt, gehofft, dass ihr Mann alles zum Guten wenden könne und werde. Aber ihr Mann hat immer zu seiner Mutter gehalten, hat sich sogar deren Vorwürfe angeeignet und Maria vorgeworfen, dass sie keine Ordnung halten könne, dass sie schlampig sei. Maria gibt sich trotzdem Mühe, will alles gut und besser machen. Sie schätzt den erreichten Wohlstand, schätzt das große Auto. Welche Frau hat das schon erreicht, fragt sie mich zu Beginn unseres Gesprächs, eine eigene Firma, ein eigenes Auto, ein großes Haus.

Seit einigen Wochen liegt die Schwiegermutter nun pflegebedürftig im Bett. Aber die Hoffnung, dass sich die familiäre Situation bessert, hat sich nicht erfüllt. Maria soll die Frau, die sie nur als böse und hinterhältig kennengelernt hat, pflegen und womöglich füttern. Jeden Tag versucht sie, eine gute Miene zu machen – und leidet leise. Sie will kein böses Wort sagen, keine Beschwerde vorbringen, denn die Schwiegermutter würde sofort alles dem Sohn erzählen, und der würde sie bestrafen. »Irgendwann schlägt er mich, ich bin mir ganz sicher«, sagt sie mir.

Maria las in einer Frauenzeitschrift von den Wunderdingen, die Antidepressiva bewirken. Sie sind die Lösung, dachte sie und schaffte es, mithilfe eines Arztes der Nachbarschaft die Pillen zu bekommen. Nun nimmt sie jeden Tag das Antidepressivum Zitalopram, damit ihr die Arbeit bei der Schwiegermutter leichter von der Hand geht, damit sie sich nicht mehr vor dieser Frau ekelt, damit sie ihrem Mann eine gute Partnerin ist. Sie will daran glauben, dass sie mit dem Antidepressivum die Situation besser bewältigt.

Um die naheliegenden Ziele zu erreichen, scheint das Antidepressivum geeignet. Maria erledigt ihre täglichen Aufgaben routiniert und ohne Gefühle. Die Schwiegermutter schimpft wie immer – aber sie nimmt es nicht mehr wahr. Auch in diesem Beispiel ist jedoch kein Konflikt gelöst. Das offenkundige Beziehungsproblem zwischen ihr und ihrem Mann wird von Jahr zu Jahr unausgesprochen weitergetragen. Irgendwann, das ist fast sicher, kommt der große Knall.

Psychopharmaka scheinen das Leben auf den ersten Blick leichter zu machen. Sie üben auch mit diesem kurzfristigen Versprechen eine magische Wirkung aus. Warum, fragen sich die Betroffenen, soll man monatelang beim Psychologen sitzen und sich mit seinen Problemen herumschlagen, wenn es mit einer Pille auch getan ist? Warum soll ich mich mit meinen Kindern auseinandersetzen, wenn sie sich nach der *Ritalin*-Einnahme so mustergültig verhalten und nicht mehr stören? Warum soll ich mein Leben verändern, wenn ich mit einer Pille so weiterleben kann wie bisher?

Wir alle überblicken nicht unser ganzes Leben, sondern denken an die nahe Zukunft, an die Schwierigkeiten des morgigen Tags oder des nächsten Monats. Unter diesem beschränkten Blickwinkel scheint die psychostimulierende oder sedierende Pille vermeintlich attraktiv. Am nächsten Tag wird sie vielleicht helfen, den nächsten Monat wird sie vielleicht retten. Aber dann?

Tabletten für den Erfolg

Manchmal sind Patienten aufmerksame Zeitungsleser und Fernsehzuschauer. Sie registrieren, dass in den USA scheinbar kaum ein Prominenter mehr ohne Psychopharmaka auskommt. Die Einnahme von Tabletten ist eine Selbstverständlichkeit unter den Stars und Sternchen geworden.

Robbie Williams bekannte im August 2013, dass sich »außer Antidepressiva […] keine Drogen in meinem Blutkreislauf« befinden.[124] Es sollte wahrscheinlich lustig, auf jeden Fall harmlos klingen. Mit Kokain oder LSD im Blut ist man ein böser Außenseiter, mit Antidepressiva ein gutes Mitglied der Leistungsgesellschaft.

In *Prozac Nation*, der Verfilmung des gleichnamigen Bestsellers von Elisabeth Wurtzel, bekommt die unter Depressionen leidende Hauptdarstellerin Drogen wie *Prozac* und Lithium.

Sie rettet sich mit den Pillen über die nächsten Tage. Die Pillen, so sagte es eine Psychologin im Film, geben ihr den Atem, um aus der Krise herauszufinden. Der Atem reichte, um ein Buch zu schreiben. Der Film bricht hier ab. *Prozac* und Lithium haben es angeblich geschafft, dass sie ihre Depression überdecken, dass sie sogar erfolgreich werden und in der normierten Gesellschaft bestehen konnte.

Aber was ist aus der privaten Elisabeth Wurtzel geworden? Haben ihr die Medikamente geholfen, aus der Depression herauszukommen? Im Januar 2013 schreibt Elisabeth Wurtzel in einem Beitrag für das *New York Magazine* einen schonungslosen Text über sich selbst: »Ich habe weder Mann noch Kinder, keine Immobilien, Aktien oder andere Wertanlagen, keine vermögenswirksamen Leistungen, private Rentenversicherung, kein Ersparnisse für Notfälle – ich habe nicht mal ein Sparbuch. Nicht, dass ich keine Pläne für die Zukunft gemacht hätte – ich habe nur nicht für die Gegenwart geplant.« Weiter schreibt sie, dass sie nicht wirklich erwachsen geworden ist. »Ich lebe in einem Zustand des jugendlichen Chaos, ich trage sogar noch die alten Levi's. … Nach dem Erscheinen meines ersten Buchs habe ich eine Zeit lang jede Nacht einen anderen Mann mit nach Hause genommen und jeden Tag Heroin konsumiert – was meine Vernunft bewies, denn die restliche Zeit war ich völlig durchgeknallt. Sogar jetzt noch bin ich ständig verliebt – oder ich muss gerade mit der letzten Beziehung fertig werden oder eine neue ins Laufen bringen. Aber ich fürchte mich davor, auf diese Weise alt zu werden.«[125]

Elisabeth Wurtzel klingt in ihrem Text traurig, so als ob ein Leben voller Abenteuer und Ereignisse an ihr vorbeizieht. Es gelingt ihr nicht, das Leben festzuhalten, sie schafft es nicht, eine wirklich eigene Existenz aufzubauen. Man liest aus ihren Texten ein tief sitzendes Unglück und eine Verzweiflung. Sie ist eine talentierte und einzigartige Frau – aber einen Weg zum Glück hat sie mit *Prozac*, Lithium und *Heroin* nicht gefunden.

Psychopharmaka sind immer ein Geschäft mit dem Teufel. Der Psychopillenkäufer bekommt das, was er kurzfristig will, er verkauft dafür aber seine Seele. Unter Psychopharmaka wird die Entwicklung von Heranwachsenden verzögert, werden bestehende soziale Interessenskonflikte und Konfrontationen überdeckt. Unter Psychopharmaka lebt der Konsument ein unauthentisches Leben – entfernt von seinen wahren Gefühlen. Unter den bewusstseinsverändernden Medikamenten agiert er mehr wie ein Mechanismus – vielleicht scheinbar erfolgreich, aber immer unerfüllt. Die Konsumenten, die den Pakt mit dem Teufel geschlossen haben, wissen nicht mehr, was sie selbst wollen, sie tun das, was sie *sollen*. Darüber schrieb bereits Stanislaw Lem: »Um unser Stammhirn kümmern sich jetzt die Psychochemikalien. Sie versöhnen, mäßigen und beschwichtigen es von innen heraus und in Güte. Spontanen Gefühlen darf nichts überlassen bleiben; das wäre *unanständig*. Zu jedem Anlaß ist das entsprechende Fertigpräparat einzunehmen. Es hilft, stützt, lenkt, ertüchtigt und glättet. Im übrigen ist es kein Es; das ist ein Teil meiner selbst, ein erworbenes Organ, wie die Brille eines Menschen, der ohne Brille schlecht sieht.«[126]

Kapitel 9

Verschüttete Gefühle, zerbrochene Aufmerksamkeit

Warum Konsum und Medien uns nicht glücklich machen

»Da ja auf nichts mehr spontan reagiert wird, weil alle chemisch lernen, lieben, meutern und vergessen, hat der Unterschied zwischen manipulierten und ursprünglichen Gefühlen zu bestehen aufgehört.«[127] Stanislaw Lem war ein großer Visionär. Aber als er vor einigen Jahrzehnten seine Bücher schrieb, konnte er nicht ahnen, wie erfolgreich die Pharmaindustrie die Gefühle und die Bedürfnisse der Menschen instrumentalisieren würde. Der Unterschied zwischen manipulierten und ursprünglichen (= authentischen) Gefühlen wurde nicht nur nivelliert, die authentischen Gefühle sind längst ganz und gar verschüttet. Wer regelmäßig Psychopharmaka nimmt – und wir werden, wenn die Entwicklung so voranschreitet wie bisher, erleben, dass bald die Mehrheit der Städter bewusstseinsverändernde Mittel nimmt –, der hat, ohne sich dessen bewusst zu sein, seine authentischen durch manipulierte Gefühle *ersetzen* lassen.

Negative Evolution

Es soll noch Leute geben, die denken, dass der Weg des Menschen aus der steinzeitlichen Höhle in die moderne Zivilisation ein Aufstieg war. Der Verstand, durch den sich der Mensch angeblich von den Tieren unterscheidet, wird dafür sorgen, dass der Homo Sapiens sich die beste aller Welten erschafft, ein Arkadien des Glücks, der Klugheit, der Schönheit. Zweifellos eine altmodische Sichtweise. Die Evolution des Menschen hat vor einiger Zeit eine negative Wendung genommen. Vielleicht muss man irgendwann einsehen, dass der Tag, an dem das Amphetamin in Berlin synthetisiert wurde, ein Wendepunkt der Menschheit war. An diesem Tag wurden die Voraussetzungen geschaffen, den Verstand zu entmachten und die Menschen wieder zu Tieren werden zu lassen.

Der Mensch hat immer behauptet, dass er kraft seines Verstandes eine überragende Anpassungsfähigkeit besitzt, dass er in allen Lebensräumen überleben und mit den meisten Situationen auskommen kann. Wenn er friert, dann zündet er ein Feuer an und näht sich Kleidung. Um seinen Hunger zu stillen, erfand er Ackerbau und Viehzucht. Aber mit der Erfindung von Psychopharmaka gegen psychische Auffälligkeiten und Erkrankungen hat sich der Mensch einen Bärendienst erwiesen. Er hat seinen Verstand eingesetzt, um auch dieses Anpassungsproblem zu lösen, doch indem diese Innovation den Verstand ausschaltet, blockiert sie weitere Innovationen. Ohne Verstand und selbstständiges Denken werden die Menschen nicht mehr kreativ sein und Neues entwickeln, sondern nur noch Altbekanntes wiederholen.

Man könnte mir entgegenhalten, dass Psychopharmaka ja nur von wenigen benötigt werden, dass es nur um die Behandlung von Krankheiten geht. Aber die Realität sieht – wie beschrieben – bereits anders aus. Künstler und Wissenschaftler, Akademiker und Schüler leben und arbeiten freiwillig unter Psychopharmaka. Der Konsum sedierender und stimulierender Mittel steigt kontinuierlich – und wird vor allem nicht mehr infrage gestellt. Die Mitglieder der aktiven Mittelschicht, die das Handeln einer Gesellschaft bestimmen, betäuben ihren Verstand und glauben fälschlich, nun besser handeln, nun mehr leisten zu können. Allein: Sie können jetzt besser im Mainstream funktionieren, sie werden zu gut geölten Maschinen; aber sie verlernen gleichzeitig, ihre Kreativität einzusetzen, innovativ zu sein, auf neue Herausforderungen zu reagieren. Unter Psychopharmaka stehende Menschen wissen nicht mehr, in welche Richtung sie laufen sollen – sie folgen den Schildern und Aufforderungen, sie werden gesteuert. Aber diejenigen, die die Menschheit vorangebracht haben, die Erfinder und die Künstler, sind nie den Schildern gefolgt. Sie haben eigenständig gedacht und eigenständig gehandelt. Die großen Leistungen der Menschheit, die glänzenden Erfindungen, die herausragenden Kunstwerke – gehören sie also bald der Vergangenheit an? Unter den Bedingungen einer sedierten Gesellschaft sind sie jedenfalls immer schwerer zu erschaffen.

Die Evolution des Menschen hat mit der flächendeckenden Einnahme von Psychopharmaka eine negative Entwicklung eingeschlagen. Ich weiß nicht, wohin diese Entwicklung führen wird, was uns die Abhängigkeit von den legalen Drogen bringen wird. Eine schöne neue Welt wie die von Huxley prophezeite? Ist das eine erstrebenswerte Perspektive? Der moderne Mensch muss heute wohl nichts mehr Weltbewegendes leisten – es reicht, regelmäßig zu konsumieren. Die Menschheit wird auch während und nach der negativen Evolution überleben. Fragt sich bloß, in welcher Verfassung. Ich befürchte, dass der Downgrade der Menschheit für viele nur unter sedierenden Mitteln zu ertragen sein wird.

Vorher jedoch möchte ich dieses eigenartige Mysterium noch einmal würdigen, dieses ungreifbare Etwas, das für Technik und Kunst, für Kriege und Schönheit verantwortlich ist, das die Entwicklung des Menschen zu den jetzigen Höhen vorangetrieben hat: den Verstand.

Verstand

Den Verstand hat uns die Natur geschenkt, und wir haben alle Freiheit, ihn einzusetzen. Zwar können Regierungen und Kulturen unser Handeln reglementieren, aber der Verstand und das Denken bleiben in unserem Besitz und frei. Der Verstand ermöglicht es uns nicht nur, die Welt zu begreifen und zu beurteilen, er versetzt uns darüber hinaus in die Lage, uns selbst zu verstehen und zu beurteilen. Ohne den Verstand könnten wir keine Beobachter sein, wir wären nur bewusstlos Handelnde. Ohne den Verstand würden wir keine Erkenntnisse gewinnen, würden wir nicht nachdenken und Schlüsse ziehen. Mit unserem Verstand können wir unser Leben gestalten, »unser Schicksal selbst in die Hand nehmen« und verhindern, dass man uns betrügt oder instrumentalisiert. Ohne Verstand wären wir keine souveränen Individuen. Ohne Verstand würden wir das machen, was andere wollen. Der Verstand ist natürlich nicht unfehlbar. Manchmal täuschen wir uns, manchmal beurteilen wir die Dinge falsch. Aber uns bleibt die Möglichkeit, uns zu korrigieren.

Aber der Verstand ist nicht das Einzige was den Menschen auszeichnet. Ohne die Gefühle wüsste der Verstand nicht, was er tun soll. Die Gefühle sind die Signale, die uns sagen, ob wir eine Situation angemessen wahrnehmen und damit angemessen umgehen.

Gefühle

Die Fähigkeit, Gefühle zu erleben, ist uns ebenso angeboren wie die Denkkraft. Aber anders als der Verstand sind die Gefühle, unter anderem Ärger und Freude, Hass und Liebe, Glück und Trauer, ein selbsttätiges Regulativ. Die Gefühle sind psychische Energien, die auf die Situation antworten, in der wir uns befinden. Wir reagieren zuerst mit Gefühlen auf die Worte und Haltungen der Anderen. Gefühle (wie Zuneigung und Liebe) sind aber auch Anweisungen an den Verstand, dass er (zum Beispiel mit einer Liebeserklärung) handeln soll. Ein Mensch kann versuchen, seine Gefühle zu beherrschen, es wird ihm aber immer nur unzureichend gelingen. Besser, er hört auf sie und zieht daraus die nötigen Schlüsse. Nur ein Mensch, dessen Verstand und Gefühle harmonisch zusammenspielen, wird gesund und glücklich sein.

Bedürfnisäußerung, Bedürfnisbefriedigung

Gefühle sind archaischer als das verbale Denken und die Vernunft. Jedes Kind nimmt die Welt zuerst über sein Fühlen wahr. Ob die Welt gut zu ihm ist, weiß ein Kind dank seiner Gefühle. Wenn die Bedürfnisse eines Babys nicht erfüllt sind, wenn es nass und hungrig im Bett liegt, dann empfindet es ein negatives Gefühl, welches es sogleich durch Weinen zum Ausdruck bringt. Die Mutter, die ihrerseits mit dem Gefühl des Mitleids und der Fürsorge reagiert, nimmt das Baby aus seinem Bett, wechselt die Windeln und gibt ihm die Brust. So entsteht beim Kind ein Gefühl der Befriedigung. Babys beschäftigen sich ausschließlich mit ihren Grundbedürfnissen: Essen, Schlafen, Liebe. Das ist der Inhalt ihrer Psyche. Wenn ein Baby weint, dann ist es hungrig, müde, es hat Schmerzen, oder es benötigt Wärme und Zuneigung.

Manche Erziehungsratgeber empfehlen, Babys schreien zu lassen, damit das Kind »lernt«, die Eltern nicht zu »manipulieren«. Doch diese Ratgeber berücksichtigen nicht, dass ein Baby nur bei unerfüllten Grundbedürfnissen schreit. Die Äußerung seiner Gefühle sind notwendig, um diese existenziellen Bedürfnisse zu befriedigen. Wenn die Eltern das Baby in dieser Situation nicht hochnehmen und beruhigen, dann wird es daraus lernen, dass das Bedürfnis nach lebenswichtiger Liebe nicht oder nicht immer erfüllt wird, es wird irgendwann denken, nicht geliebt zu werden und nicht gewünscht zu sein. In dieser Phase des Lebens beginnt der Aufbau der Identität und der Aufbau eines Grundvertrauens zu den Anderen – eine entsprechende Bedeutung bekommen die in dieser Zeit gemachten Erfahrungen. Nach Erlebnissen der Vernachlässigung entwickelt ein Kind ein kompensatorisches Verhalten: Es versucht intuitiv, eine Methode zu finden, die am besten in seinem Sinne funktioniert. Es zeigt unter dieser Voraussetzung oft ein Bedürfnis nach übertriebener Aufmerksamkeit oder lernt, dass die Eltern sich nur dann mit ihm beschäftigen, wenn es ein destruktives Verhalten an den Tag legt. Wer ein Kind schreien lässt, nimmt ihm die Befriedigung der Grundbedürfnisse – und schafft dadurch erst die Grundlage dafür, dass ein Kind die Eltern manipuliert, um seine Ziele zu erreichen.

Gesteuerte Gefühle

Die Abfolge von Bedürfnisäußerung und Bedürfnisbefriedigung bestimmt den ersten Lebensabschnitt eines Kindes. Später kommt es vielleicht in die Krippe, dann in den Kindergarten. Nun tritt der sich ausbildende Verstand neben die Gefühle. Nun wird das Kind lernen und auch einsehen, dass nicht alle Bedürfnisse immer und sofort erfüllt werden können. Trotzdem reagiert das Kind auf nicht befriedigte Bedürfnisse mit Gefühlsäußerungen wie Wut, Ärger, Trauer oder Apathie. Es entfaltet sich eine Kommunikation um die Bedürfniserfüllung. Im besten Fall lernt das Kind hier ein souveränes, gelassenes Bedürfnismanagement. Im schlechteren Fall, wenn es von den Eltern zu oft enttäuscht wurde, lernt es ein zwanghaftes Bedürfnismanagement.

Es ist nicht immer der Fall, dass die Eltern und die Erzieher die Gefühle eines Kindes richtig interpretieren. Leider kommt es häufig vor, dass Eltern die Kinder bestrafen, die ihre Gefühle offen und unmittelbar zum Ausdruck bringen. So darf ein »gutes« Kind nach der Vorstellung einiger Eltern oder Erzieher keine »schlechten« Gefühle wie Unzufriedenheit, Frustration, Ärger, Wut oder Zorn entwickeln. Eltern etablieren oft ein System von Bestrafung und Unterstützung (Zuckerbrot und Peitsche), womit sie die Gefühle der Kinder steuern wollen. Ziel ist ein braves Kind, das ihnen möglichst wenig Sorgen bereitet. Auch in der Öffentlichkeit soll es keine negativen Gefühle wie Wutausbrüche zeigen.

Ein Kind lernt daraus, dass manche Gefühlsäußerungen nur Nachteile nach sich ziehen. Es versucht natürlich, möglichst viel vom Zuckerbrot zu bekommen und möglichst wenig die Peitsche zu spüren, und versucht, gerade die unerwünschten Gefühle nicht zu offenbaren. Eltern, die dieses Erziehungssystem etabliert haben, können sich auf den ersten Blick freuen: Ihr Kind scheint brav und gut erzogen; aber tatsächlich haben sie schon den Samen gelegt für die mögliche emotionale Verarmung des Kindes. Durch seine Erfahrungen lernt es nicht nur, seine Gefühle nicht zu zeigen, sondern gleichzeitig, sie nicht mehr ausreichend wahrzunehmen, sie zu unterdrücken, sie zu ignorieren. Dadurch verliert das Kind das wichtigste Instrumentarium, das ihm hilft, in der Gesellschaft den gewünschten Platz zu finden und erfüllende, glückliche Beziehungen zu anderen Menschen aufzubauen.

Das so geprägte Kind, der Jugendliche oder der Erwachsene hat die Haltung verinnerlicht, die Erwartungen der Anderen zu erfüllen, um das gewünschte Zuckerbrot zu bekommen. Der so erzogene Mensch hat nicht gelernt, sich ablehnend oder zurückweisend gegenüber Dritten zu zeigen; er hat nicht die Fähigkeit entwickelt, sich zu verteidigen oder sich durchzusetzen. Doch im Leben wird es immer wieder Situationen geben, in denen er sich behaupten muss.

Dasselbe gilt für die positiven Gefühle. Wenn ein Kind die Gefühlsunterdrückung verinnerlicht hat, fällt es ihm auch schwer, seine Zuneigung oder Liebe zum Ausdruck zu bringen, diesen Gefühlen, die den Jugendlichen oder jungen Erwachsenen überraschen und überströmen, zu trauen. Darf ich den anderen Menschen lieben? Ist es wirklich Liebe? Werde ich nicht »uncool« wirken?

Dissoziation

Ignorierte Gefühle verschwinden jedoch nicht. Auch Menschen, die in ihrer Kindheit gelernt haben, Gefühle zu unterdrücken, werden immer wieder einmal von ihnen überwältigt. Aber da diese Menschen den Kontakt zu ihren Gefühlen verloren haben, können sie nicht nachvollziehen, was sie manchmal so unzufrieden, wütend oder traurig macht. Die eigene Ratlosigkeit äußert sich auch im Gespräch mit Eltern oder Freunden: Menschen mit unterdrückten Gefühlen wissen häufig nicht, wie sie über ihre eigene Situation sprechen sollen – und werden dadurch immer verwirrter. Manchmal reicht eine kleine Irritation in den Beziehungen zu den Mitschülern oder Kollegen, damit ein von seinen Gefühlen entfernter Mensch sich in unvorhersehbarer Weise aggressiv verhält. Das Umfeld und auch die Person selbst kann dann oftmals nicht nachvollziehen, was zu dem »Ausrutscher« führen konnte. Sie haben in der Vergangenheit nur die ruhige Oberfläche des Berges gesehen und verstehen nicht, dass gerade eine Lawine vom Gipfel abgegangen ist, die sich während langer Zeit allmählich aufgetürmt hatte – eine Lawine aus kleinen Vorkommnissen vermutlich, die Stiche in der Seele hinterließen. Plötzlich wirkt der Mensch, der sich doch sonst immer so unauffällig verhalten hat, psychisch instabil. Nun ist der Weg zur psychologischen Behandlung vorgezeichnet, denn gerade die Menschen, die ihren Gefühlen nicht vertrauen, können dem Urteil der Umwelt (der Eltern, der Lehrer, der Kollegen, des Ehepartners, des Therapeuten) wenig entgegensetzen. Sie bekommen gesagt, dass sie »auffällig« sind, dass sie eine »Behandlung« benötigen. Auf den Rat der Eltern oder von Ärzten nehmen sie dann Medikamente – um die so plötzlich aufgedeckten Gefühle wieder gut zu verstecken ... und wieder damit zu beginnen, eine Gefühlslawine aufzutürmen.

Viele Kinder mit ADHS-Diagnose sind zuvor diesen Weg der Gefühlsunterdrückung gegangen. Auf die Ausbrüche der Seele wird mit dem Stempel ADHS reagiert. Ein Kind wird aus der Erfahrung der Pathologisierung voraussichtlich den falschen Schluss ziehen: dass es gefährlich und unangenehm ist, seine Gefühle nicht unter Kontrolle zu haben, dass es ein großes Risiko darstellt, sie einfach ausbrechen zu lassen, ja, dass seine mangelnde Gefühlskontrolle »anormal« ist. Die vermeintliche Abnormität wird innerlich bekämpft: Ein nächsthöheres Level der Gefühlsunterdrückung wird erreicht.

Auf diese Weise entfernen sich betroffene Kinder, Jugendliche oder auch Erwachsene immer weiter von ihren authentischen Gefühlen, fachsprachlich als Dissoziation bezeichnet. Sie tun das Gegenteil von dem, was eigentlich in ihrer Situation angemessen wäre, nämlich ihre authentischen Gefühle und Regungen zu erkennen und herauszulassen.

Mit der Einnahme der Tabletten wird ein Kreislauf der Dissoziation fortgesetzt, der oftmals schon im Babyalter begonnen hat, der sich über die Kindergarten- und Schulzeit bis in das Erwachsenenalter fortsetzt und immer weiter hochschaukelt. Statt Heilung zu bringen, wirken Psychopharmaka wie ein Treibmittel dieses negativen, verhängnisvollen Kreislaufs.

Folgen der Gefühlsunterdrückung

Wenn ein Mensch mit Tränen in den Augen, mit zitternden Lippen vor mir sitzt, dann frage ich, was für ein Gefühl er zur Zeit erlebt. Als Antwort bekomme ich dann manchmal und ganz typisch: »Ich weiß nicht, ich habe keine Gefühle.« Oder: »Ich *denke* ..., wie kann es sein, wieso weine ich …«. Vielen Menschen fällt es schwer, ihre Gefühle zu äußern. Entweder können sie sie nicht benennen oder sie trauen sich nicht, sie auszusprechen, da sie inzwischen zu einer fremden Welt gehören. Mancher sagt sogar dann »Ich fühle nichts«, wenn sich sein Gesicht rötet, er die Fäuste ballt und seine Lippen zittern.

Unterdrückte Gefühle lassen sich nicht so einfach kontrollieren, sie lassen sich nicht beherrschen. Sie haben die Eigenschaft, autonom zu sein – und wirken im Stillen weiter. Im Hintergrund haben die nicht wahrgenommenen Gefühle längst damit begonnen, den Menschen zu schädigen: Herzrasen, erhöhter Blutdruck, Schmerzen in den Gelenken, Hals- und Rückenschmerzen, Magenschmerzen, Schlaflosigkeit, sexuelle Dysfunktionen, Probleme in den Beziehungen zum Partner und den Arbeitskollegen sind typische Symptome. Ganz bewusst nenne ich neben körperlichen Symptomen auch Verhaltensauffälligkeiten, da die Gefühlsunterdrückung komplexe ganzheitliche Folgen zeitigt.

Zu nett für die Leistungsgesellschaft

Eine meiner Patientinnen, Silke*, 35 Jahre alt, eine talentierte und erfolgreiche Architektin, arbeitet in einem renommierten Büro in Frankfurt am Main. Dort betreut sie große Bauprojekte für internationale Kunden. In die Klinik kam sie als orthopädische Patientin. Im Hintergrund ihres Krankheitsbildes stand eine psychovegetative Erschöpfung, an der sie seit einigen Jahren leidet. Was konnte einer jungen, schönen, intelligenten Frau Schwierigkeiten im Leben bereiten?

Als wir miteinander sprechen, wird klar, dass ihre Eltern viel Wert darauf gelegt haben, dass die Tochter die Beste in der Schule ist, dass sie einen guten Beruf ergreift und natürlich erfolgreich wird. Die Erwartungen hat sie dann auch – eine nach der anderen – erfüllt. Die

Eltern erwarteten von ihr ebenfalls, dass sie immer brav und nett ist, weil sich eine Frau nicht grob und unhöflich verhalten darf. Nur hatten sie nicht vorhergesehen, dass ein nettes Verhalten im realen Leben nicht unbedingt zum Erfolg führt, dass sich ihre Tochter heute im Architekturbüro behaupten muss. Sie konkurriert mit ihren Kollegen und muss jeden Tag beweisen, dass sie das gute Geld, das sie verdient, auch wert ist. Darüber hinaus muss sie die lukrativsten Projekte an Land ziehen – und den Kollegen möglichst immer eine Nasenlänge voraus sein.

Wer in diesem großen, internationalen Büro nicht ganz vorne mitspielt, der verliert über kurz oder lang seinen Job. Silke hatte selbst erlebt, wie ein Kollege, der sich nicht ausreichend durchsetzen konnte, vor die Tür gesetzt wurde. Es war ein warnendes Beispiel für alle Mitarbeiter: Seht her, das kann auch euch passieren ...

So stand Silke jahrelang unter enormem Leistungsdruck und war einem erbitterten Konkurrenzkampf ausgesetzt. Die Kollegen schenkten sich nichts. Silke fühlte sich stets beobachtet, sie befürchtete, dass auch der kleinste Fehler, der ihr unterläuft, wahrgenommen und dokumentiert wird. Jede Kommunikation empfand sie als einen Angriff, wenn die Kollegen sprachen, hörte sie nur Bosheiten.

Ich frage sie: »Wie haben Sie darauf reagiert, als Sie direkt angegriffen wurden?«

»Ich habe nicht reagiert, ich bin einfach in mein Büro gegangen«, war ihre Antwort.

Einmal konnte sie aufschnappen, dass sie unter Kollegen als Autistin bezeichnet wurde – das bestätigte nur ihre Erwartung und verursachte weitere Angst. Angestrengt und verzweifelt versuchte sie, alles gut und richtig zu machen.

Doch ihre Strategie führte nicht zum Erfolg. Immer nett zu sein, wie es sie die Eltern gelehrt hatten, keine Schwächen zu zeigen und gleichzeitig erfolgreich zu sein, überforderte sie emotional wie körperlich. Immer präsenter wurden Ängste, zu versagen, sich vor anderen zu blamieren. Es gelang ihr nicht einmal, einer Kollegin, die sich über eine Vereinbarung hinweggesetzt hatte, klare Worte zu sagen. Silke konnte nachts nicht mehr ruhig schlafen, am Morgen fühlte sie sich wie gerädert, am Tag litt sie unter mangelnder Konzentration.

Sie übernahm in dieser Phase immer mehr Projekte und Aufgaben, um sich selbst und den anderen zu beweisen, dass sie alles kann, dass sie zumindest so gut ist wie ihre Kollegen.

Auf einer Geschäftsreise brach sie eines Tages auf einer Straße in Basel zusammen – kurz vor dem Treffen mit einem wichtigen Kunden. Sie wurde in ein Krankenhaus gebracht und versäumte den Termin (wofür ihr Chef sie später tadeln sollte). Die Ärzte diagnostizierten Kreislaufprobleme, organisch konnte man bei ihr aber nichts finden. Silke wurde für zwei Wochen krankgeschrieben.

Als Silke in die Firma zurückkehrte, hatte sich natürlich nichts geändert. Der Konkurrenzdruck und die gegenseitigen Sticheleien blieben. Irgendwann stellten sich bei ihr Rückenschmerzen im Bereich der Halswirbelsäule ein, von den Orthopäden gerne als »somatoform« (psychisch bedingt) bezeichnet. Sie musste zum Arzt, wurde wieder krankgeschrieben und bald zur Kur geschickt.

So landete die junge, blühende, schöne Frau wegen Schmerzen im Hals und Rücken in der Klinik und schließlich in meinem Büro.

Im Gespräch können wir feststellen, wer von den Kollegen ihr am meisten Angst bereitet: eine Frau, älter als sie, eine Art Rädelsführerin der mobbenden Mitarbeiter. Meine Patientin fühlt sich von ihr immer wieder persönlich angegriffen und verletzt. Sie zitiert die abfälligen Äußerungen der Frau, und ich lese in ihrem Gesicht die Emotionen und frage, was sie für ein Gefühl hatte, als die Kollegin sie so herablassend behandelte. Nach einer Pause der Überlegung antwortet sie mit plötzlicher, überraschender Erkenntnis: »Ich fühlte mich verletzt.«

Ich sehe, dass es ein guter Moment der Selbstwahrnehmung ist. Obwohl die Erkenntnis des Verletztseins auf der Hand liegt, kommt ihr dieser Gedanke doch ganz offenkundig zum ersten Mal. »Was denken Sie, will dieses Gefühl Ihnen sagen?«

»Dass das nicht in Ordnung ist, dass ich das nicht verdient habe.«

»Wie könnten Sie darauf reagieren?«

Sie scheint verwirrt, findet keine Antwort.

»Was meinen Sie, dürfen Sie sich wehren, wenn Sie jemand angreift?«, frage ich weiter.

»Theoretisch ja. Aber ich habe mich nie gewehrt.« Ihre Gefühle geben ihr noch die richtige Antwort, aber sie traut sich nicht mehr, sich entsprechend zu verhalten. Das Verbot ihrer Eltern sitzt zu tief.

Die Beziehungen zu anderen Leuten, egal ob Kollegen, Freunde oder Familienmitglieder, können nur dann funktionieren, wenn man selbst mit seinen Gefühlen in Verbindung bleibt und in den jeweiligen Situationen angemessen (nicht aggressiv) reagieren kann.

Die Scheinerfüllung der Bedürfnisse

Der Mensch – vom Baby bis zum Senior – hat natürliche Bedürfnisse, die er nicht oder nur schwer unterdrücken kann. Dazu gehören physiologische Bedürfnisse wie Ernährung, Schlaf und Regeneration, aber auch soziale Bedürfnisse wie Geborgenheit, Akzeptanz, Zuneigung, Liebe, Profilierung, Selbstverwirklichung und Respekt. In jeder Minute eines menschlichen Lebens warten Bedürfnisse auf ihre Erfüllung; es ist unser vorrangiges menschliches Streben, unsere Bedürfnisse zu befriedigen. Nach einer Bedürfnisbefriedigung fühlen wir uns unmittelbar belohnt. Wenn wir hungrig sind, essen wir – und fühlen uns anschließend angenehm satt. Nach einer Phase der Einsamkeit lernen wir einen Partner kennen und lieben – und fühlen uns glücklich. Nach dem sexuellen Akt empfinden wir ebenfalls Glück. So ist es immer: Durch die Bedürfniserfüllung werden wir glücklich und zufrieden.

Nun ist es im Leben leider so, dass nicht alle Bedürfnisse sofort erfüllt werden, manche werden nie erfüllt. In der modernen Welt scheint die Befriedigung des Hungergefühls noch die leichteste Aufgabe zu sein. Und auch das Dach über dem Kopf und die Wärme im Winter bleiben nur für wenige Menschen unerreichbar. Komplizierter ist die Situation bei Zuneigung und Liebe. Viele Menschen sehnen sich nach einer großen Liebe, ohne diese finden zu können. Und am Arbeitsplatz wird das Bedürfnis nach Anerkennung und Respekt häufig nicht erfüllt.

Wir sind so gestrickt: Wenn ein Mensch seine Bedürfnisse nicht erfüllen kann, wird er unzufrieden und ist bald frustriert. Doch die negativen Gefühle zu zeigen ist oftmals durch ein unbewusstes Verbot blockiert. Der moderne Mensch des 21. Jahrhunderts soll, so die verinnerlichte Vorstellung, immer aktiv, erfolgreich und zufrieden sein, aber nicht unzufrieden und grüblerisch.

Um mit einer Frustration, die durch nicht erfüllte Bedürfnisse entsteht, umgehen zu können, entwickelt der Mensch Ersatzbedürfnisse, die scheinbar einfacher und schneller zu erfüllen sind. Statt sich nach der stressigen Arbeit Zeit zu nehmen, sich zu entspannen, rauchen viele eine Zigarette. Sie erfüllen ein Scheinbedürfnis und empfinden dadurch eine Befriedigung. Wem Sex mit einem Partner fehlt, der beginnt häufig mit dem übermäßigen Essen. Das Stück Kuchen oder der Schokoriegel vermitteln ein Ersatzgefühl des Glücks.

Aber die Scheinbefriedigungen eliminieren die unterdrückten Bedürfnisse nicht. Das überdeckte Bedürfnis meldet sich schnell zurück und kann nur durch eine rasche erneute Scheinbefriedigung unterdrückt werden. Ein Kreislauf entsteht, der neue negative Gefühle nach sich ziehen kann. Die Schokoriegel beispielsweise machen den unerfüllten Menschen dick, auch hat ein frustrierter Mensch weniger Lust auf Sport und Bewegung. Die subjektiv wahrgenommene Körperfülle führt zu einem sinkenden Selbstwertgefühl, das wiederum einen unbefangenen Umgang mit einem Partner erschwert.

Durch die Scheinbefriedigung werden ursprüngliche Probleme (Arbeitsüberlastung, Einsamkeit) nicht beseitigt, sondern weiter verstärkt. Der Druck der nicht befriedigten Bedürfnisse steigt im Hintergrund kontinuierlich. Früher oder später fühlen sich die Betroffenen überfordert und enttäuscht, bemerken, dass sie sich in einer negativen Spirale befinden. Schreien und weinen dürfen sie nicht – die Umwelt erwartet doch, dass sie cool und beherrscht bleiben. Aber irgendwann fliegt der Deckel vom Kochtopf. Der heiße Dampf der unbefriedigten Bedürfnisse und vergrabenen Gefühle führt zu einer explosionsartigen Reaktion: zu einer extremen, für die Umwelt überraschenden Handlung oder zu einer körperlichen Krankheit – bis hin zum Infarkt.

Perfektionierte Gefühlsunterdrückung

Gunnar*, ein Ingenieur, 51, traut sich kaum, über sein Problem zu sprechen. Es erscheint ihm so peinlich, so uncool. Er, der im mittleren Management bei einem Konzern arbeitet, muss immer wieder wie ein Kind weinen. »Bin ich noch normal?«, fragt er mich. Nach außen gibt er das Bild eines Mannes, der stark und streng gegenüber anderen und sich selbst ist. Wäre nur das Weinen nicht: Ein kleiner Anlass, ein kleiner emotionaler Auslöser reichen – und die Tränen rinnen. Gunnar ist das klassische Beispiel für einen Menschen, der die Gefühlsunterdrückung perfektioniert hat. Aber trotz bester Strategien, die sein Verstand etabliert hat, finden die Gefühle immer eine undichte Stelle, brechen oftmals in den unpassendsten Momenten hervor. Dem Verstand gelingt es in diesen Momenten nicht, das Verhalten unter Kontrolle zu bringen.

Was soll Gunnar nun unternehmen? Sein Wunsch ist, das Weinen zu unterdrücken, damit das Bild, das er von sich vermittelt, nicht beschädigt wird. Vermutlich gibt es eine breite Palette von Psychopharmaka, mit denen er sein Ziel erreichen könnte: die Perfektionierung der Bedürfnis- und Gefühlsunterdrückung. Aber wie gesagt, Bedürfnisse und Gefühle »rächen« sich irgendwann für ihre Unterdrückung und kommen als üble Erkrankungen wieder hervor. Der richtige und nachhaltige Weg, den Gunnar einschlagen sollte, ist deshalb die Analyse der unterdrückten Bedürfnisse. Was sind das für Emotionen, die immer wieder durchbrechen? Weshalb muss er weinen? Was ist die Ursache?

Konsum als Quasi-Bedürfnis

Die *scheinbare, ersatzweise* Bedürfniserfüllung ist in der heutigen Gesellschaft nicht die Ausnahme, sondern die Regel. Die Sachzwänge, denen ein Mensch heute ausgeliefert ist – die Pflichten in der Schule oder am Arbeitsplatz, die sozialen Anforderungen in Vereinen oder unter Freunden –, lassen eine Befriedigung der natürlichen Bedürfnisse immer schwerer werden. Die anonymen Arbeitsstrukturen ermöglichen keine Anerkennung, die Arbeitsüberlastung steht dem gewünschten Sex entgegen, die abendlichen Verabredungen verhindern die Entspannung. Die Menschen in der modernen Zivilisation müssten eigentlich immer unzufriedener werden ... wäre nicht die Industrie auf eine gute Idee gekommen: Wir können unsere Bedürfnisse mit Konsum scheinbar erfüllen! Wir entdecken im Konsum einen Sinn, der die Frage nach dem Sinn des Lebens aus dem Blickfeld geraten lässt.

Wenn der Mensch an sich und seinem Leben zweifelt ... ein begehrtes Produkt vermittelt ihm wieder einen Sinn. Wer unzufrieden von der Arbeit kommt, geht noch schnell in die Stadt shoppen. Wer sexuell frustriert zu Hause sitzt, kauft noch eben online ein. Jeder Kauf, jedes Auspacken eines neuen Artikels ist ein kleines Glück und kann unbefriedigte Bedürfnisse für einen kleinen Zeitraum überdecken. Menschen, die Liebeskummer erleiden, fallen oftmals in einen richtigen Kaufrausch, da sie so wirksam von ihrer Frustration abgelenkt werden.

Die Ersatz-Bedürfniserfüllung nimmt mittlerweile groteske Formen an: Immer dann, wenn das Unternehmen Apple ein neues Telefon auf den Markt bringt, rennen Millionen Menschen auf der ganzen Welt zu den Apple-Läden, um zu den ersten zu gehören, die ein solches Gerät besitzen. Die Käufer gewinnen durch den Kauf eigentlich nichts. Telefonieren und im Internet surfen können sie auch mit dem jeweils älteren Modell. Dennoch empfinden sie ein überwältigendes Glücksgefühl, wenn sie das begehrte Objekt nach stundenlangem Anstehen in den Händen halten.

Das Unternehmen verstärkt noch die emotionale Wirkung des Kaufs, indem Mitarbeiter ein Spalier bilden und die erfolgreichen Käufer beklatschen – so, als ob sie gerade einen Marathonlauf gewonnen haben.

Das Objekt ist in diesem Zusammenhang schon zweitrangig geworden – es geht hier um das Generieren von großen Gefühlen, um das Schaffen einer Ersatzbefriedigung. Diese Formen des Konsums perfektionieren die Scheinbefriedigung einer Sinnsuche, sie wirken ähnlich wie ein Orgasmus – und sind auch genauso schnell vorüber. Der Handykäufer wird schnell feststellen, dass sein Gerät ein Stück Normalität wird. Das tiefe Gefühl des Glücks wird sich erst beim nächsten Kauf wieder einstellen.

Diese und andere Formen der Ersatzbefriedung können ein ganzes Leben strukturieren, ihm einen vermeintlichen Sinn geben. Fragen nach einem tieferen Sinn, nach der eigenen Rolle in Familie und Gesellschaft beispielsweise, können schnell und erfolgreich überdeckt werden.

Ich will den Menschen das Vergnügen des Konsumierens und Shoppens nicht grundsätzlich madig machen. Auch ich kaufe mit Begeisterung ein, verbringe gerne einen halben Tag mit meinen Freundinnen in Geschäften. Es ist meines Erachtens sogar legitim, seine Position im Leben als »Shopping Queen« zu sehen – sofern dies nicht allein dazu dient, andere Wünsche und Begehrlichkeiten vergessen zu machen. Denn die einseitige Ausrichtung auf eine schnelle Bedürfnisbefriedigung, die oftmals eine Scheinbefriedigung ist, beinhaltet Gefahren: Sie macht den Menschen abhängig von der Industrie. Wer nicht gerade Antiquitäten sammelt und unabhängig von Werbeversprechen bleibt, der lebt als Konsument in einem von der Industrie definierten Rahmen. Mode-Maniacs folgen den Stilen, die Paris oder Mailand vorgeben, Technikbegeisterte kaufen die Produkte, die Unternehmen am Markt lancieren. Konsumenten verhalten sich *erwartungsgemäß*, sie befinden sich im Mainstream. Eine konsumbezogene Sinnsuche verkommt schnell zu einem Nachlaufen und einem Nachäffen – zu einem gesteuerten Leben.

Auch hier gilt: Der mündige Mensch ist in der Lage, sein Leben selbst zu gestalten, seinen eigenen Interessen zu folgen – auch im Konsum. Der erwachsene Mensch ist in der Lage, mit seinen Interessen und Hobbys sein Glück zu finden und gleichzeitig Bedürfnisse wie Zuneigung und Liebe nicht zu verdrängen. Der gesteuerte Mensch jedoch, der den Versprechen der Markenindustrie hinterherläuft, der seiner eigentlichen Suche nach dem Sinn ausweicht, der konsumiert, um zu vergessen, der wird immer wieder das Kauferlebnis benötigen, aber keine anhaltende Befriedigung erleben und schon gar nicht sein Glück finden.

Kaufsucht – nichts anderes als das Symptom unerfüllter Bedürfnisse – ist inzwischen eine anerkannte Krankheit. Sie führt zu hohen Schulden und zu wachsendem Unglück. Aber – so funktioniert das System – auch die Kaufsucht wird instrumentalisiert und monetisiert. Psychosomatische Kliniken behandeln die Süchtigen. Wenn dann Psychopharmaka zum Einsatz kommen, schaukelt sich die Unterdrückung der Gefühle und das Nicht-Erkennen der eigentlichen Bedürfnisse immer weiter hoch.

Unglück

Hochzivilisierte Gesellschaften haben es also geschafft, ihre Bürger mithilfe von Konsum und Psychopharmaka unglücklich zu machen. Sie haben es geschafft, dass die Menschen immer mehr »Glückspillen« nehmen und sich immer unglücklicher fühlen. Wie konnte das geschehen? Warum haben uns technischer und sozialer Fortschritt nicht zum Glück geführt? Der OECD-Better-Life-Index, eine Art internationaler Glücksindex, listet Deutschland bei der »Life Satisfaction« nur im Mittelfeld, weit hinter Brasilien beispielsweise.[128]

Die Menschen in den westlichen Gesellschaften laufen dem Glück immer weiter hinterher und können es umso weniger erreichen, je mehr sie sich darum bemühen. Es rückt in umso weitere Ferne, je mehr Telefone und Automobile sie kaufen, je mehr Urlaubsreisen sie machen. In ihrer Aufgabe, möglichst vielen Menschen möglichst viel Zufriedenheit und Glück zu ermöglichen, haben die modernen Gesellschaften versagt. Leider sind die Geschichten vom wahren Glück meistens Geschichten aus dem Kino und der Vergangenheit. Den wirklich glücklichen Menschen kennen wir nur noch aus der Werbung für französischen Käse: Freunde und Verwandte versammeln sich um einen großen Tisch im Freien, essen und trinken, reden und lachen …

Etwas läuft falsch in dieser Welt.

Mensch ohne Macht

Konsum heißt immer auch, eine fremde Leistung zu kaufen, eine Leistung nicht selbst zu erbringen. Menschen kaufen aber nicht nur Dinge, sie kaufen inzwischen in allen Bereichen des Lebens auch fremde Dienste und Kompetenz: Sie lassen das Auto von Dritten reparieren, sich das Essen in einem Restaurant servieren. In einer modernen Familie haben die Ehepartner zudem eine tradierte Kompetenzaufteilung verloren. Die geschlechtsspezifischen Kompetenzen (Küche versus Technik) wurden nicht getauscht oder verbreitert, sie sind weitgehend verschwunden. Moderne Menschen erwerben Kompetenzen bei Dritten, weil sie glauben, keine eigenen mehr zu besitzen. Das mag in vielen Fällen sinnvoll sein (heute kann man sich nicht in allen Bereichen des Lebens auskennen), aber meist wird dabei das Kind mit dem Bade ausgeschüttet. Menschen kaufen inzwischen auch dort Kompetenz ein, wo sie sich naturgegeben auskennen sollten.

Die Lebensmittelindustrie hat es beispielsweise in den 1960er- und 70er-Jahren geschafft, stillenden Müttern Milchpulver anzudienen. Damals glaubten immer mehr Mütter an die »guten«, »entwickelteren« Erzeugnisse der Industrie, die die seit Jahrtausenden ausreichende Muttermilch angeblich übertrafen. Die Mütter übersahen dabei, dass die Erfahrung des Stillens für das Kind von großer Bedeutung ist. Es geht hier nicht nur um Nahrungsaufnahme, sondern auch um den Aufbau von Nähe und einem Urvertrauen zwischen den beiden.

Die Menschen haben heute sogar die Kommunikation mit ihren Kindern an Experten abgegeben. Weil ihr Kind angeblich sprachlich unterentwickelt ist, bringen sie es zum Logopäden, der dann einmal in der Woche mit ihm spricht.

Bei Urlaubsreisen verlassen sich die Menschen auf die Reiseveranstalter und bevorzugen »all inclusive«. Bei Hochzeiten wird die Verantwortung auf einen Hochzeitsberater übertragen. Beim Kochen vertrauen die Menschen mehr den Fertigprodukten als ihren eigenen Fähigkeiten. Für Wohnungseinrichtungen gibt IKEA Einrichtungsbeispiele und so fort.

Der moderne postindustrielle Mensch lässt sich eine Kompetenz nach der anderen aus der Hand nehmen, zahlt dafür Geld und denkt, alles richtig zu machen. Tatsächlich lässt er sich manipulieren und instrumentalisieren, denn an jeder Ecke wartet jemand, der ihm eine Scheinkompetenz verkaufen will: einen besonders erlebnisreichen Urlaub, bessere Kommunikation mit dem Kind, eine schönere Wohnung. Die Menschen können ihr Leben scheinbar nicht mehr ohne Spezialisten einrichten, sie haben die Vormundschaft an diejenigen abgegeben, die an ihnen verdienen. Die Sedierung mit Psychopharmaka erleichtert diese Entwicklung – und sie beschleunigt sie. Wer sediert ist, der will nicht mehr selbst entscheiden, der ist froh, wenn andere über ihn bestimmen.

Ende der Bildungsgesellschaft

Im letzten Satz des Buches *Wir amüsieren uns zu Tode* zieht der amerikanische Medienwissenschaftler Neil Postman ein irritierendes Fazit: »Die Menschen in [Huxleys] *Schöne neue Welt* leiden nicht daran, dass sie lachen, statt nachzudenken, sondern daran, dass sie nicht wissen, worüber sie lachen und warum sie aufgehört haben, nachzudenken.«[129] Sie haben, mit anderen Worten, ein Verständnis und ein Gefühl für die Bedeutung des Lebens verloren, sie amüsieren sich »nur so«.

Wie konnte es so weit kommen? In seinem erschreckend aktuellen Buch weist Postman eindrucksvoll nach, wie der Niedergang der Kultur des Denkens und der Aufstieg der Kultur der freiwilligen Sedierung mit dem Telegrafen begann: »Der Angriff des Telegraphen auf die aus dem Buchdruck erwachsende Definition von Urteilsbildung hatte drei Stoßrichtungen: Er verschaffte der Belanglosigkeit, der Handlungsunfähigkeit und der Zusammenhanglosigkeit Eingang in den Diskurs. Entfesselt wurden diese bösen Geister des Diskurses dadurch, dass die Telegraphie die Idee der kontextlosen Information Legitimität verlieh, also der Vorstellung, dass sich der Wert einer Information nicht unbedingt an ihrer etwaigen Funktion für das soziale und politische Entscheiden und Handeln bemisst, sondern einfach daher rühren kann, daß sie neu, interessant und merkwürdig ist. Der Telegraph machte aus der Information eine Ware, ein ›Ding‹, das man ohne Rücksicht auf seinen Nutzen oder seine Bedeutung kaufen und verkaufen konnte.«[130]

Das Medium veränderte die Inhalte. Der Telegraf und nach ihm der Fernseher transportierten Botschaften als endlosen Strom ohne Relevanz für unser Leben. Dennoch hören wir die Botschaften, dennoch beschäftigen wir uns mit ihnen im sinnlosen Eifer. Wir haben begonnen, uns aus der intellektuellen Kultur des Buches in die sinnfreie und anti-intellektuelle Kultur des Fernsehens zu bewegen. Der Fernseher ist eben nicht ein anderes Medium zur Wissensvermittlung, er vermittelt gar kein Wissen mehr, sondern Unterhaltung. Die deutschen Ingenieure, die das Fernsehen Anfang des 20. Jahrhunderts entwickelt haben, haben den Menschen eine Rassel gegeben, die ihnen jeden Tag vorgehalten und geschüttelt wird.

Im Fernsehen erfahren wir keine Informationen, die wir abspeichern, sondern nur noch scheinbar relevante Unterhaltung – die wir vergessen. Es gehe so weit, so Postman in den 1980er-Jahren, dass nahezu alle Fernsehsendungen, auch sogenannte Informationssendungen, mit Musik unterlegt seien, um beim Zuschauer *bestimmte Gefühle* abzurufen.[131] Die Informationen werden Unterhaltung, die unser Gedächtnis nicht mehr erreicht; die Gefühle sind nicht mehr unsere eigenen, sondern werden uns vorgegeben, um Konsum zu generieren.

Fernsehen ist keine Randerscheinung im Alltag geblieben, sondern hat die freie Zeit der Menschen erobert. Keiner schaut mehr nach dem Sinn des Lebens, alle schauen fern. Doch es steuert nicht nur unsere Gefühle und manipuliert uns, es beschleunigt auch die Entfremdung von unseren Kompetenzen. Es ist kein gutes Zeichen, dass Apologeten des Fernsehens dessen Wert für die Bildung betonen. Postman führt das Beispiel der *Sesamstraße* an, die ab 1969 in den USA und seit Anfang der 1970er-Jahre auch in Deutschland ausgestrahlt wurde und die Kindererziehung in ein TV-Unterhaltungsformat überführte. Schnell hintereinander geschnittene Informationshäppchen wurden nun zum Bildungsstandard. Fernsehsendungen, egal ob *Sesamstraße* oder *Star Wars*, folgen nach Postman drei Grundbedingungen, die auch heute noch zutreffen:

1. »Du sollst nichts voraussetzen«, das heißt, auch der naivste Zuschauer soll alles verstehen. Dieses Prinzip ist das Gegenteil einer intellektuellen Bildung, die gerade auf dem stufenweisen Zuwachs von Kenntnissen beruht.
2. »Du sollst nicht irritieren«, es werden also keine unerwarteten Fragen aufgeworfen. Es werden feste Erwartungshaltungen aufgebaut, die auch einzulösen sind. Ein Krimi ist ein Krimi, eine Show eine Show usw. Eine neue Sichtweise auf die Welt ist im Fernsehen in der Regel nicht zu erwarten.
3. »Du sollst die Erörterung meiden wie die Zehn Plagen, die Ägypten heimsuchten«. Der kritische Diskurs, in dem Pro und Kontra abgewogen werden, ist nicht Sache des Fernsehens. Stattdessen wird Alarmstimmung oder Beruhigung verbreitet. Allein in Diskussionssendungen können gegensätzliche Argumente ausgetauscht werden, aber auch die folgen längst den Unterhaltungsvorgaben und sollen Einschaltquoten und nicht Erkenntnis erreichen.[132]

Aber, wie Postman in Bezug auf die *Sesamstraße* ausführt, einen »Unterricht ohne Voraussetzungen, ohne Irritation und ohne Erörterung darf man wohl als Unterhaltung bezeichnen.«[133]

Aber Eltern wie Schüler dachten und denken, dass es sich bei den Informationshäppchen der *Sesamstraße* um ein Bildungsprogramm handelt, und Schüler übertragen die Vorstellung von unterhaltender Quasi-Bildung auf die Schule: Und sie wurden und werden natürlich enttäuscht. Die Schule bietet (noch) keine Bildungshäppchen, sie verlangt eine intellektuelle Auseinandersetzung, ein Speichern, Erinnern und ein Wissen, das auf Wissen aufbaut. Die Schüler der *Sesamstraße* können diese altmodische Form der Wissensvermittlung kaum noch ertragen. Sie finden Schule langweilig und können sich nicht mehr konzentrieren.

Gleichzeitig setzen die Eltern sie immer häufiger vor den Fernseher oder den Computer – gerade dann, wenn sie das gute Gefühl haben, dass die Kinder »Bildungsprogramme« ansehen. Doch alles, was diese aus dem glitzernden bunten Programm mitnehmen, ist, dass die Welt schnell geschnitten ist und man sich stundenlang Ablenkungen hingeben kann.

Die Kommunikation mit Eltern und Geschwistern dreht sich, wenn sie überhaupt noch stattfindet, um das Fernsehprogramm oder um Smartphone-Apps. Ein Waldspaziergang? Er langweilt die Kinder von heute. Urlaub auf dem Bauernhof? Nur, wenn es dort WLAN gibt.

Früher konnte sich ein Kind in der Natur mit realen Phänomen beschäftigen, es lernte barfuß im Fluss zu laufen, spürte die Kälte oder die Wärme, es konnte schwimmen und fischen lernen, es konnte feststellen, wie die physische Welt funktioniert, wo die Sonne auf- und wo sie untergeht, wo Norden und wo Süden ist. Das Kind redete über seine Erfahrungen mit seinen Geschwistern und Freunden und zog daraus Erkenntnisse. Es lernte, sich in einer realen Welt zu bewegen und im Leben auf beiden Beinen zu stehen. Jeder Tag bekam so seinen Gang, seinen Sinn, seinen Ablauf, seine Notwendigkeit. Nichts konnte ein Kind davon ablenken, zu lernen, wie es seine Bedürfnisse erfüllt.

Die Realität wird heute anders geschaffen und erfahren: In den USA sollen Zwei- bis Dreijährige bereits im Durchschnitt 322 Minuten täglich vor dem TV-Gerät sitzen. In Deutschland sehen 87 Prozent der Vier- bis Fünfjährigen jeden Tag fern.[134] Aber in dieser Zeit beziehen Kinder kein Wissen. Ein Kind wird nur wenige Inhalte aus den Sendungen wiederholen können. Nur eines hat es zutiefst begriffen: Wie Fernsehen und damit unsere Kultur funktioniert.

Bestenfalls ist ein Kind dank seiner Eltern so widerstandsfähig, dass die Fernseherfahrung wenigstens teilweise an ihm abprallt und es offen bleibt auch für Bücher und für die klassische Bildung. Im schlechteren Fall jedoch hat die Fernsehkultur sein Gehirn erobert und hat es inkompatibel mit der schulischen Art der Wissensvermittlung gemacht.

Während ein Kind im Fernsehen Morde oder kitschige Intimität vorgesetzt bekommt, erlebt es zugleich immer weniger echte Liebe und echte Freundschaft. Die natürlichen Bedürfnisse bleiben in der TV-erfahrenen Generation unbefriedigt, künstlich erzeugte Bedürfnisse werden im Übermaß erfüllt. Auch der sogenannte Cliffhanger in TV-Serien, der Zuschauer verleitet, auch die nächste Folge zu sehen, sie gar sehnsüchtig zu erwarten, ist ein klassischer Bedürfnisauslöser.

Als Neil Postman sein Buch schrieb, begann gerade erst der Siegeszug der Personal Computer. Zuerst waren sie noch Instrumente des Wissens, Hilfsinstrumente. Doch allmählich wurden sie Übermittler von Unterhaltung. Denn wie nutzen die meisten Menschen ihre Computer, ihre Tablets oder iPhones? Sie spielen, sehen Nachrichtenfetzen und Filme, kommunizieren über soziale Netze – und haben schon nach einer halben Stunde vergessen, was sie gesehen haben. Wir leben, das konstatierte schon Postman, in einem Zeitalter der »zerbrochenen Zeit und der zerbrochenen Aufmerksamkeit.«[135] Der Computer potenziert die Fernsehkultur, die allgegenwärtig geworden ist. Der Computer besetzt alle Bereiche des Lebens und der Kultur. Die Einführung des Tablet-PCs festigt noch die digitale Vorherrschaft. In einer britischen Untersuchung des Jahres 2013 wurde festgestellt, dass der Anteil der Kinder, die gar nicht oder nur gelegentlich ein Buch lesen, allein im Jahr 2012 um acht Prozent gestiegen ist. Der Grund wird darin gesehen, dass Kinder immer mehr Zeit mit Computerspielen an Tablet-PCs verbringen.[136]

Klassisches Wissen wird bald nicht mehr existieren. Die Menschen lassen sich unterhalten, sie amüsieren sich zu Tode. Wahrscheinlich hat Postman nicht geahnt, dass sein Buchtitel knapp drei Jahrzehnte nach Erscheinen wörtlich zu nehmen ist. Die Menschen amüsieren sich, leiden unter dem Amüsement, verfallen in angebliche Hyperaktivität und reale Depression – und richten sich mit Psychopharmaka zugrunde. Wir amüsieren und sedieren uns zu Tode, könnte man ergänzen.

Wenn man dem pessimistischen Postman folgt, dann gibt es keinen Weg mehr zurück. Die Medien sind die Botschaft, Inhalte sind Schall und Rauch. Eine Rückkehr zur alten, den Verstand und selbstständige Denkprozesse fördernden Buchkultur scheint ausgeschlossen, im Gegenteil, im Zuge zunehmender Digitalisierung werden wir immer stärker eingebunden in die Nutzung der Computermedien.

Für die Jugendlichen von heute sind Smartphones Teil ihrer selbst geworden. Ein Smartphone bindet laufend die Aufmerksamkeit, noch viel mehr als ein Fernseher, aber es macht die Menschen nicht gebildeter, sondern verwirrter. Sie lachen und wissen nicht mehr, wieso. Sie lachen über Gewaltvideos und brutale Pornofilme – und träumen davon.

»Und so bewegen wir uns mit hohem Tempo in eine Informationswelt hinein, die man mit vollem Recht als trivial pursuit, als trivialen Zeitvertreib, bezeichnen kann.«[137]

Anders als im bekannten Spiel *Trivial Pursuit* werden wir in der Wirklichkeit ruiniert. Der triviale Zeitvertreib hat uns von uns selbst entfernt, hat uns in die Arme der legalen Drogendealer getrieben. Trivialer Zeitvertreib ist ein anderes Wort für die große Sinnlosigkeit, überdeckt von TV, PC und SSRI.

Ein Leben in der Matrix

Die mediale Verwirrung trifft Menschen, die oftmals zugleich unter einer sozialen Veränderung leiden. Die klassische Familie, in der ein Kind eine vorhersehbare »heile« Welt erlebt, existiert häufig nur noch rudimentär. Kinder erleben immer häufiger Familien, in denen beide Elternteile arbeiten und nur noch wenig Zeit für die Kindererziehung haben. Sie müssen sich immer häufiger selbst beschäftigen oder verbringen ihre Zeit vor dem Fernseher oder am Computer.

Sie erfahren in ihrer Sozialisation immer weniger die Geborgenheit der Familie als vielmehr die vermeintliche Geborgenheit des Netzes. Im Netz lernen sie, souverän und mündig zu sein. Tatsächlich schaffen sie sich Lebenswelten außerhalb des familiären Rahmens, sie tauchen ein in virtuelle Welten.

Kinder und Jugendliche weisen heute eine außerordentliche Medienkompetenz auf. Wobei Kompetenz nicht die kritische Infragestellung meint, sondern die Virtuosität, mit der sie sich in medialen Welten bewegen – allerdings immer in dem Rahmen, den Programmierer vorgegeben haben. Schon Grundschulkinder besitzen Spielkonsolen und iPods. Sie kaufen sich von ihrem Taschengeld Apps und organisieren ihre Freundschaften bei *Facebook* – gelegentlich ersetzen die virtuellen Kontakte gar die echten. Jugendliche konstruieren sich im Internet ihr eigenes Profil und damit die eigene Identität. Sie besitzen hier eine große Freiheit, sich auszuleben, die für »Offline-Kinder« vor zwei Jahrzehnten noch undenkbar gewesen wäre. Sie erleben jedoch eine Welt der Freiheit und Mündigkeit, die nicht real ist, die ihre Grenzen an den Begrenzungen der Software findet. Dennoch empfindet gerade die jüngere Generation in virtuellen Welten so etwas wie Glück. Sie fühlen sich glücklich, wenn sie online sind ...

Ein 22-Jähriger in meiner Praxis: »Wenn ich spiele, ist mir alles egal. Ich brauche kein Essen und kein Trinken. Ich kann die ganze

Nacht spielen und fühle keine Müdigkeit.« Natürliche Grundbedürfnisse werden für ihn irrelevant. Er fühlt sich vertrauter mit Spielpartnern, die nur ein Avatar sind, die er noch nie getroffen oder gesehen hat, die er nie sehen wird. Immer häufiger betrifft diese soziale Selbstorganisation nicht mehr nur Kinder und Jugendliche. Auch viele Erwachsene verhalten sich nach diesem Muster. Und so gibt es heute Familien, in denen die Mitglieder selbst am Esstisch mit ihren Smartphones hantieren, um das Leben in der jeweiligen Matrix nicht durch ein Familienessen unterbrechen zu müssen. Auf das gemeinsame Essen ganz zu verzichten ist da nur der nächste Schritt.

Das Internet mit *Facebook* und anderen sozialen Netzwerken bietet den Menschen heute große Chancen, ein anderes und vielleicht interessanteres Leben zu führen. Gleichzeitig bedingt es ein Leben, wie es der Film *Matrix* von 1999 zeigt: Die Parameter, die Glück und Wohlergehen bestimmen, sind nicht mehr echt.

Wen wundert es da noch, dass immer mehr Kinder die ADHS zugeordneten Symptome aufweisen? Aber die Kinder sind nicht krank, ihr Verhalten ist nachvollziehbar, sie folgen allein den gesellschaftlichen Bedingungen, sie leben im Mainstream. Wen wundert es da noch, dass immer mehr Lehrer über unkonzentrierte Schüler klagen. Aber die Lehrer klagen von einer anachronistischen Position aus: Sie repräsentieren die Vergangenheit der Bildung – und sind schon kein Vorbild mehr. Wen wundert es da noch, wenn auch die Erwachsenen, die anders sozialisiert wurden, mit ihrem Leben nichts mehr anfangen können und vergeblich in der ihnen fremden Welt nach einem Sinn suchen? Der Sinn nämlich ist in der Matrix nur eine Illusion …

Der moderne Herr Mustermann, der in dieser schönen neuen Welt sozialisiert wird, der denkt nicht mehr nach und stellt nichts mehr infrage, der erlebt die künstlichen Befriedigungen, der findet seinen Sinn in der Illusion – er konsumiert, surft und amüsiert sich bis zu seinem Tode.

Um es noch einmal zu betonen: Die Veränderung unserer Gesellschaft, die negative Evolution, vom Telegrafen ausgelöst, vom Fernseher beschleunigt und vom Computer vollendet, führt nicht zu pathologischen Randerscheinungen, sondern zu Erscheinungen in der Mitte der Gesellschaft, die pathologisiert werden: als ADHS-Auffälligkeit oder Burn-out-Syndrom. Diese pathologischen Erscheinungen sind die Antwort auf die Realität und werden damit Normalität. Gleichzeitig verlieren sie ihre Stigmatisierung – sie finden stattdessen die Anerkennung der Gesellschaft, die sie hervorbringt.

Zerfall der Idee einer Gesellschaft mündiger Bürger

In einer sedierten Gesellschaft wird der mündige Bürger, auch der mündige Wähler, mehr und mehr Fiktion. Eine freiwillige Abgabe der Kompetenzen beobachten wir seit Jahren auch im Bereich der Politik. Bürger vertrauen immer weniger in ihre eigene Macht und ihre Beteiligungsmöglichkeiten. Sie gehen zwar noch mehrheitlich zur Wahl, wählen aber trotz Unzufriedenheit immer die gleichen Parteien und behaupten, dass sie sowieso nichts ändern können. Es hat sich ein eklatantes Missverhältnis zwischen den Wünschen, Sorgen und Meinungen der Bürger und dem Handeln in der Politik entwickelt. »Die machen ja doch nur, was sie wollen«, wird immer mehr zu einer Standardaussage. Egal ob Eurorettung, Bankenrettung oder Klimawandel – die Eliten in der Politik handeln nach anderen Maßstäben, als es der Bürger erwartet und wünscht; er hat die Hoffnung verloren, seine Erwartungen in der Demokratie durchsetzen zu können. Die Abgabe beziehungsweise die Übertragung der Macht an Abgeordnete ist ein Wesen der repräsentativen Demokratie. Die Abgabe der Verantwortung und des Verstandes ist ein Wesen der Demokratie des 21. Jahrhunderts.

Die Bürger legitimieren durch die Wahl die politischen Eliten und übertragen ihnen gleichzeitig alle Kompetenz des Handelns. Von den Folgen wollen sie nichts mehr wissen. Sie lassen sich unterhalten, sie konsumieren und finden in diesen Bereichen eine ausreichende Scheinbefriedigung ihrer Sinnsuche. Gesellschaftliches oder politisches Engagement ist für das Wohlergehen der einzelnen Person nicht mehr notwendig. Selbst das Politisieren in Kneipen oder unter Freunden nimmt ab, wird zum Modell eines anachronistischen Diskurses.

Als Europas Bevölkerung im Juni 2013 erfuhr, dass ein amerikanischer Nachrichtendienst die gesamte elektronische Kommunikation überwacht, speichert und auswertet, entstand nur wenig öffentlicher Protest. Nur wenige Hundert Menschen gingen auf die Straßen. »Wir können ja doch nichts ändern, die Amerikaner machen doch, was sie wollen« und »Für mich werden sie sich schon nicht interessieren« waren die häufig gehörten Reaktionen. Die Zeiten, in denen Bürger bei viel geringeren Anlässen auf die Straße gegangen sind, gehören der Vergangenheit an. Das Jahr 1982, als 400.000 Menschen in Bonn gegen die Politik der NATO demonstrierten, markiert den Höhe- und auch Endpunkt einer Phase engagierter Öffentlichkeit, die 1968 begonnen hatte. In den letzten drei Jahrzehnten haben die Menschen gelernt, dass ihre Kompetenz als Bürger in einem vorgegebenen Rahmen des Konsums liegt, dass sie frei entscheiden können, in welchem Einkaufszentrum sie shoppen, welches Fernsehprogramm sie sehen und bei welchem Reiseveranstalter sie ihren Pauschalurlaub buchen – und gleichzeitig finden sie in jedem Einkaufszentrum dieselben Geschäfte mit denselben Waren, auf jedem Fernsehkanal ähnliche Unterhaltungsformate und bei allen Reiseveranstaltern dieselben Ziele mit denselben Hotels.

Für alle Beteiligten scheint dieses System, das sich sehr erfolgreich etabliert hat und das sich immer mehr verfestigt, nur Vorteile zu bieten: Der einzelne Bürger kann sich ganz seinen privaten Wünschen hingeben (wenn sie konsumorientiert sind und den Erwartungen des Mainstreams entsprechen), die Politik kann unabhängig von den Bürgern vorgehen und entscheiden, die Markenindustrie kann ihre Produkte zielgenau anbieten und den Menschen ein scheinbares Glück verkaufen.

In diesem System und im selben Zeitraum konnte die Pharmaindustrie den Absatz von Psychopharmaka dramatisch steigern. Die nicht mehr mündigen Bürger nehmen die Tabletten, die sie nehmen sollen. Sie geben so noch mehr ihrer Handlungsfreiheit ab – und nehmen immer mehr Tabletten. Sind die Psychopharmaka die Henne oder das Ei? Sind die Menschen wegen der Drogen so steuerbar oder nehmen sie so viele Drogen, weil sie steuerbar sind? Auf jeden Fall sind die bewusstseinsverändernden Medikamente ein Teil des Systems der Entmündigung. Die freiwillige Entmachtung des Ichs führte zu einer Entmachtung des Bürgers und formt inzwischen eine machtlose Gesellschaft, die beliebig lenkbar ist. Demokratie ist eine Hülle geworden, hinter der sich die Strukturen auflösen, die sie tragen …

Vielleicht gibt es einen Ausweg aus der Spirale, eine Rückkehr zum mündigen Bürger, eine Rekonstruktion des festen Gebäudes der Demokratie: die Auflehnung gegen die Pathologisierung der Bürger, gegen die Einnahme von Psychopharmaka. Stattdessen eine Auseinandersetzung mit dem Wandel der Gesellschaft – mit wachem Verstand und authentischen Gefühlen. Wunschdenken?

Kapitel 10

Die anderen und ich

Widerstehen in einer sedierten Gesellschaft

Ich muss es wohl realistisch sehen: Sie und ich werden die Welt nicht verändern. Die Medien und der Konsum werden weiter dazu beitragen, dass die Menschen ihre Verbindung zum Selbst verlieren und die Sprache ihres Körper und ihrer Gefühle verlernen. Das Bild des in einer arkadischen Landschaft über die Vergänglichkeit des Lebens sinnierenden Goethe ist nicht mehr zeitgemäß. Menschen haben dafür keine Zeit, keine Muße mehr. Sie begeben sich freiwillig in das Hamsterrad und gewinnen ... nur eine Illusion. Während Goethe Ruhe und Weisheit fand, bleiben den immer schneller laufenden Menschen die Medienunterhaltung, der Konsum und – um das alles besser ertragen zu können – das bewusstseinsverändernde Medikament. Sie können nicht mehr schlafen und ihre Gedanken laufen Amok ...

Noch gibt es Menschen, die anders leben wollen: die Freidenker in privaten Kreisen, die kritischen Blogger im Internet, die Demonstranten von Anti-Globalisierungs-Bewegungen, auch die enttäuschten Aussteiger, die »ihr Ding« machen, die vielleicht aus dem Management einer Firma ausscheiden, um fortan Schafe zu züchten. Doch diese mündigen Bürger, die ihr Leben selbst gestalten, sind eine

Randgruppe geworden. Ihr Handeln wird immer häufiger als eine Gefährdung des gesellschaftlichen Friedens gesehen. Entsprechend droht ihnen die Marginalisierung oder bald, wenn neue Gesetze die neue schöne Welt neu regeln, gar die Abschaltung. Die *Deutsche Telekom* hat 2013 den Entwurf für ein Internet der zwei Geschwindigkeiten vorgelegt, der uns einen Vorgeschmack gibt: Die Seiten der großen Anbieter können dann schnell und flüssig dargestellt werden, konzernunabhängige Seiten, womöglich Blogs von unabhängigen Bürgern, die ihre Meinung äußern, könnten in Zukunft ausgebremst sein.[138]

Es ist symptomatisch: Der steuerbare Mainstream wird gestärkt und unterstützt, der kritische Rand beschnitten. Wer mit abweichenden Äußerungen heute den Rahmen der politischen Correctness verlässt, wer deren Sinn bezweifelt, der wird rasch diffamiert. Wer die Notwendigkeit der Methylphenidat-Vergabe an Kinder infrage stellt, bekommt fast automatisch den Vorwurf zu hören, er sei Unterstützer oder gar Anhänger der Scientologen oder zumindest ein Esoteriker, der die wissenschaftlichen Erkenntnisse ignoriere.[139] Es sind Argumente, die die Menschen bei der neuen Norm halten, die abweichendes Denken diskreditieren sollen. Individuen, die mit eigenem Verstand denken, die zu eigenen Ergebnissen kommen, die nicht der öffentlichen Meinung folgen, sind heute die Außenseiter, die nicht mehr auf Verständnis, nicht einmal mehr auf Anhörung hoffen dürfen.

Betäubte Masse

Medien und Psychopharmaka haben bei vielen Menschen die letzten Dämme des Verstandes und der Vernunft gebrochen und die Gehirne geflutet und nach und nach sediert. Die orale und optische Einnahme bewusstseinsverändernder Mittel wird immer mehr ein Standard des modernen Lebens. Mit Medien und sozialen Netzwerken wird den Menschen die neue Norm erklärt, werden ihnen die Konsumbedürfnisse vermittelt. Medien nehmen die Menschen an der Hand – und führen sie in den Mainstream. Antidepressiva und Stimulanzien bringen auch die Menschen, die abweichen oder sich wehren, auf die Linie der »Normalität«.

Es ist eine Normalität, die für Menschen, die noch einen klaren Verstand besitzen, schwer zu begreifen ist.

Eine befreundete Berliner Autorin, Octavia Wolle, schrieb mir im September 2013: »Vor zwei Wochen war ich in Karlsruhe zur Einschulung meiner kleinen Enkeltochter Amalia. Sie ist ein aufgewecktes kleines Ding, das lesen kann, das kleine Einmaleins beherrscht und sich souverän in meinen PC einloggt (…)Am zweiten Schultag befragt, wie es ihr denn in der Schule ergangen sei, antwortete sie unverzüglich: Boah, voll die Zeitverschwendung. Wir haben nur Baby-Kram gemacht! Diese Aussage wird umso verständlicher, wenn man weiß, dass die ersten Deutschstunden der Frage gewidmet waren: Wie macht die Kuh? Und die Kinderlein sollten antworten: Muh. Und nun soll eine Woche lang ›Muh‹ geübt werden mit der erbaulichen Aussicht, nächste Woche dann zum ›Mi‹ überzugehen.«

Die Schule, lange ein Hort altmodischer Bildungsansprüche und altmodischer Formen der Wissensvermittlung, antwortet inzwischen manchmal auf die junge, vom Fernseher und vom Internet geprägte Generation mit Regression. Es wird nicht mehr erwartet, dass Kinder komplex denken können. Sie lernen stattdessen in den ersten Tagen ihrer Schulkarriere ein einheitliches Verhalten, ein Nachplappern von Tierlauten. Sie werden zu Kühen oder Schafen erzogen – zu Menschen, die als Herde das machen, was sie sollen. Diejenigen, die sich weigern, eine Woche lang »Muh« zu sagen, diejenigen, die auch im zweiten oder dritten Schuljahr den Unterricht immer noch langweilig finden, laufen Gefahr, mit Methylphenidat auf Norm gebracht zu werden – damit sie dann hoch konzentriert und ohne Ablenkung durch andere, vielleicht tatsächlich interessante Dinge die Worte der Lehrer nachsprechen.

Eine gute Schule, das ist meine Überzeugung, sollte den Kindern früh komplexere Inhalte vermitteln, sollte sie früh herausfordern. Kinder im Grundschulalter sind trotz täglicher Medienberieselung wie Schwämme, die Wissen und Erfahrungen begierig in sich aufsaugen. Sie sollten gerade wegen der Präsenz von TV- und Internet-Angeboten, gerade wegen der Reduzierung aller kommerziellen Medienformate auf Unterhaltungsniveau eine anspruchsvolle Alternative geboten bekommen, die nicht als Berieselung funktioniert, die sie noch herausfordert und ihr Denken anregt. Noch, das hoffe ich zumindest, haben die Medien die Kinder nicht so sehr geprägt, dass sie mit dem Nachsprechen von Tierlauten »unterhalten« werden müssen.

Leider lernen Kinder heute immer weniger das Einsetzen des eigenen Verstandes; ihr naturgegebenes Potenzial wird nicht genügend genutzt, nicht ausreichend herausgefordert.

In Kindergarten und Grundschule werden die Grundlagen für die Entwicklung unserer Gesellschaft gelegt. Ich habe das ungute Gefühl, dass hier die Weichen falsch gestellt werden: für eine bewusstlose, unmündige Gesellschaft. Wenn die Kinder nicht mehr lernen, kritisch zu denken, nicht mehr lernen, ihren Verstand einzusetzen, dann werden sie früher oder später auch anfällig sein für Psychopharmaka.

Das bewusstlose Leben mit oder ohne Psychopharmaka wird der Standard der kommenden Gesellschaft. Die Kinder rufen eine Woche lang »Muh«, wenn sie in die Grundschule kommen. Die Erwachsenen rufen »Ja«, wenn ihnen ihre Macht und Kompetenz genommen wird. Die früher Normalen, die sich noch gegen die Medikation wehren, werden als unbelehrbare Kranke gelten, die kritischen Köpfe gelten demnächst als Verrückte, aber die Medikamentenabhängigen gehören dann zum Mainstream, sie machen alles richtig und gut.

Die Anti-Utopien aus dem Zeitalter der beginnenden »negativen Evolution«, die Lem und Huxley geschrieben haben, lassen sich heute als treffende Gegenwartsbeschreibungen lesen. »Unsere Gesellschaft wird von Verrückten geführt, für verrückte Ziele«, behauptete John Lennon am 6. Juni 1968 in einem Interview auf dem Fernsehkanal BBC II. Er fühlte sich schon damals – als die Normierung der Welt mit Psychopharmaka längst begonnen hatte, als die Menschen bereits vom Fernseher abgelenkt wurden – als Außenseiter. Er fühlte sich schon damals als einer der wenigen, die mit freiem Verstand die Verrücktheiten der anderen noch erkennen können. Seit 1968 ist der Mainstream noch breiter geworden, seit 1968 haben sich die »Verrückten« gegen die Selbstdenkenden immer weiter durchgesetzt. John Lennon wurde im Dezember 1980 von einem Verrückten erschossen …

Gefährliche Masse

Immer größere Teile der Bevölkerung stehen unter Psychopharmaka – jeden Tag, jede Stunde. Sie haben ihr Bewusstsein verändern und ihren Verstand beeinflussen lassen. Sie leiden unter Nebenwirkungen, mal schwach, mal dramatisch. Wir können heute davon ausgehen, dass in jedem Einkaufszentrum und auf jeder Straße stimulierte oder sedierte Menschen unterwegs sind. Es sind Menschen, die sich nicht mehr unbedingt vernünftig verhalten werden.

Vor Gericht sind Täter, die unter Drogen Straftaten begehen, dafür nicht oder nur eingeschränkt verantwortlich. Die Rechtsprechung akzeptiert, dass Menschen im Rausch *unverantwortlich* handeln – sie können dann womöglich nur für die Einnahme der Drogen belangt werden. Im Gegensatz zu den Konsumenten von illegalen Drogen gelten die Konsumenten von legalen Psychopharmaka offiziell als *clean*. Bei ihnen wird kein Drogenproblem vermutet, bei ihnen wird nicht erwartet, dass sie rauschhaft handeln. Diese gesellschaftliche Prämisse führt dazu, dass ein Fehlverhalten unter Psychopharmaka nicht systematisch dokumentiert und nicht öffentlich wird. Doch tatsächlich sind Millionen Menschen in Deutschland unterwegs, die unter dem Einfluss von Psychopharmaka mehr oder weniger *unverantwortlich* ihren Alltag bestreiten. Bei fast allen geht das gut, mehr oder weniger. Doch wie groß ist die Grauzone, die Dunkelziffer? Ich muss unangenehme Fragen stellen, die mir heute keiner beantworten kann:

▶ Wie viele der Geisterfahrer, die auf deutschen Straßen verunglücken und Unschuldige mit in den Tod reißen, standen unter ärztlich verschriebenen Psychopharmaka?

▶ Wie viele Autounfälle überhaupt geschehen unter Psychopharmakaeinfluss?

▶ Für wie viele Gewalttaten auch in Familien sind Psychopharmaka verantwortlich?

▶ Wie viele Suizide werden unter Psychopharmaka begangen oder durch Psychopharmaka ausgelöst?

▶ Wie viele Kinder werden vernachlässigt, weil ihre Eltern Psychopharmaka einnahmen? Wie viele Kinder werden vernachlässigt, indem sie Psychopharmaka bekommen?

Und weiter gedacht:

▶ Wie viele dumme Zeitungsartikel werden unter der Wirkung von Psychopharmaka geschrieben, wie viele unnütze wissenschaftliche Arbeiten werden verfasst?

▶ Wie viele Politiker halten unter Psychopharmaka Reden, die keiner hören will? Wie viele Politiker beschließen unter dem Einfluss psychotroper Mittel Gesetze, die uns alle betreffen?

Gelegentlich lesen wir in den Zeitungen, dass ein Mensch eine unbegreifliche Tat begangen hat, dass er womöglich Angehörige verletzt oder gar getötet hat. Manchmal bekommen wir zusätzlich den Hinweis, dass der Täter in »psychologischer Behandlung« sei. Handelte er unverantwortlich unter dem Einfluss von Tabletten? Welche Rolle spielen Psychopharmaka bei den alltäglichen unerklärlichen Ereignissen in unserer Gesellschaft?

Obwohl suizidale Gedanken und Handlungen zu den dokumentierten Nebenwirkungen von Psychopharmaka gehören, nahmen die Suizidraten in den westlichen Gesellschaften über Jahre kontinuierlich ab. Die gefährdeten Menschen, so schien es, werden besser behandelt, besser verstanden. Doch die Statistik hat sich inzwischen gedreht. In den USA nehmen die Suizide seit 1999 wieder zu. Besonders bei weißen Frauen zwischen 40 und 50 Jahren, einer Hauptgruppe der Psychopharmakakonsumenten, gab es einen Anstieg.[140] Auch in Deutschland steigt die Suizidrate seit 2008. Gründe sind nicht bekannt – ich könnte nur spekulieren …

Sowohl bei der Verschreibung der Psychopharmaka als auch bei der Entwicklung der Selbstmordraten: Die USA sind die Vorreiter. In den USA entstehen gesellschaftliche Trends etwa zehn Jahre früher als in Europa. Wenn wir nach Amerika blicken, können wir also in Europas Zukunft sehen. Was haben dort die Psychopharmaka mit den Menschen angerichtet? Welche gesellschaftlichen Kollateralschäden gibt es? Einfach zu erkennen sind sie nicht, denn es ist eine der Eigenschaften der Psychopharmaka, still, leise und vor allem indirekt zu wirken. Wir können nicht sagen, dass ein Mord wegen Psychopharmakaeinnahme geschehen ist oder dass sich ein politischer Trend wegen der Sedierung der Gesellschaft durchsetzen konnte. Ursache-Wirkungs-Schemata lassen sich in den Bereichen, in denen die Psyche eine Rolle spielt, schwer beweisen. Unbestreitbar ist allerdings, dass Psychopharmaka in den USA Teil der Normalität geworden sind. Die Packung mit den Pillen gehört inzwischen so selbstverständlich zu einem amerikanischen Haushalt wie die Flasche Coke. Im Jahr 2005 wurden in den USA 118 Millionen Antidepressiva verschrieben.[141]

So wie McDonald's und Starbucks nach Europa gekommen sind, so werden wohl auch die Psychopharmaka in einer weiteren großen Welle über den Ozean schwappen und noch viel mehr Teil europäischer Normalität werden – unkritisch eingenommen wie *Aspirin* oder Vitamin C. Menschen werden jeden Tag stimulierende oder sedierende Tabletten nehmen und nicht mehr wissen, wieso. Sie werden lachen und nicht mehr wissen, aus welchem Grund; sie werden nicht mehr nachdenken und nicht mehr wissen, weshalb. Sie werden acht, neun oder zehn Stunden am Tag fleißig arbeiten – aber nicht mehr wissen, für wen.

Was ich tun kann

Was kann der Einzelne gegen einen systemischen Wandel der Gesellschaft unternehmen? Ist er machtlos den Strukturen ausgeliefert? Muss er mit den Wölfen heulen, um sich nicht zu schaden? Oder sollte er womöglich auswandern, um irgendwo in der Einsamkeit ein Leben auf seine Weise zu führen? Wie schon eingangs gesagt: Solange wir Psychopharmaka nicht mit dem Trinkwasser verabreicht bekommen, hat jeder die Möglichkeit, seinen Verstand einzusetzen und sein Leben nach seinen Vorstellungen zu führen. Persönliches Glück ist mit den Mitteln, die ein Mensch zur Verfügung hat, zu erreichen. Davon bin ich überzeugt.

Jeder kann sich bis zu einem bestimmten Grad den Zwängen der Leistungsgesellschaft widersetzen und darauf achten, Glück nicht allein in Konsum und Unterhaltung zu finden. Jeder kann prüfen, ob er nicht zu sehr einer Normierung folgt – und kann womöglich einen anderen, selbstbewussteren Weg im eigenen Leben finden. Eltern können den Mut aufbringen, sich dem Druck von Lehrern und Ärzten zu widersetzen, und ihren Kindern keine Psychopharmaka geben. Sie können Wege finden, beispielsweise mit Verhaltensauffälligkeiten der Kinder anders umzugehen – mit Nähe, Verständnis, positiven Änderungen im familiären Alltag. Eheleute und Freunde von Betroffenen können durch Gespräche und Mitgefühl ihren Teil dazu beitragen, dass auch für die überforderten Angestellten, Mütter oder Manager ein Leben ohne Psychopharmaka möglich ist.

Natürlich helfen Verständnis und Gespräche nur bis zu einem bestimmten Grad. Manchmal ist der Gang zu einem kompetenten Psychologen notwendig. In meiner psychotherapeutischen Praxis sehe ich die Menschen, die zu mir kommen, als Persönlichkeiten, die sich an die Normen und die Ordnung der heutigen modernen Gesellschaft anpassen wollten und das auch sehr erfolgreich getan haben – zu ihrem Nachteil. Sie haben sich angepasst und sind darüber krank geworden. Diese Menschen sind nicht dümmer als andere oder weniger fähig, Ziele zu erreichen. Sie sind nur das geworden, was ihre Umgebung von ihnen erwartet hat. Von diesem Erwartungsdruck, von dieser Normierungskraft müssen sie sich emanzipieren, wollen sie künftig souveräne und zufriedene Menschen sein.

Meine Aufgabe als Psychologin sehe ich darin, dass ich die Menschen begleite und ihnen helfe, wieder einen Zugang zu ihren eigenen Gefühlen und Fähigkeiten zu finden, vor allem die Fähigkeit, sich selbst zu vertrauen, die eigenen natürlichen Bedürfnisse zu beachten und zu erfüllen, um unabhängiger von den Meinungen der anderen und weniger anfällig für Manipulationen zu werden.

Zurück zu sich selbst

Viele Menschen, die nach einer Schlüsselerfahrung wie einem Herzinfarkt nun aus dem System der Einengung und Normierung ausbrechen wollen, brauchen auf ihrem Weg eine Begleitung. Wer sich für eine Psychotherapie entscheidet, sollte sich einen Psychologen suchen, dem er vertraut, der ihm guttut. Es ist eine bekannte, aber häufig unterschätzte

Tatsache: Nicht jeder Mensch passt zu jedem. Es gibt unterschiedliche Typen von Menschen mit unterschiedlichen Wertesystemen und Neigungen. Das Vertrauen zum Psychologen oder zur Psychologin ist aber Voraussetzung und Grundlage einer gelungenen Therapie.

Lassen Sie sich von dem Psychologen nicht führen, lassen Sie sich nicht leben lehren; ein guter Psychologe wird zuerst wissen wollen, wonach Sie suchen, was für ein Ziel Sie verfolgen, welche Erwartungen Sie an die Zusammenarbeit haben. Erwarten Sie keine vorgefertigten Patentrezepte. Ein guter Psychologe wird Ihnen nur dabei helfen, sich selbst das beste Rezept zu erarbeiten.

Definieren Sie zusammen mit dem Psychologen das Ziel der Zusammenarbeit so klar und fassbar wie möglich, damit Sie danach auch feststellen können, ob Sie es erreicht haben oder nicht. Sehen Sie sich selbst in dieser Zusammenarbeit nicht als Lehrling oder als unmündigen Patienten, sondern als einen gleichberechtigten Partner, der seine hälftige Verantwortung in der Zusammenarbeit hat, aber die volle Verantwortung für die Gestaltung seines Lebens behält. Stellen Sie sich darauf ein, dass es nicht unwahrscheinlich ist, dass Sie im Laufe der Therapie Ihre Ziele neu definieren wollen oder müssen. Sie werden sich innerhalb der Arbeit entwickeln und womöglich die eigenen Prioritäten neu definieren.

Nur eine Warnung, die nach Lektüre dieses Buches vermutlich überflüssig ist: Wenn Sie auf Ärzte oder Psychologen treffen, die Ihnen schnell Psychopharmaka als die Lösung Ihrer Probleme präsentieren, nehmen Sie Abstand.

Ein 24-jähriger Mann, Sebastian*, saß bei mir und erklärte stolz, dass er nun auf Methylphenidat-Tabletten verzichte. Seit acht Jahren hatte er die Tabletten auf Wunsch der Eltern und Lehrer jeden Tag eingenommen.

»Ich fühlte mich immer anders als andere. Hatte immer andere Interessen. Aber ich habe dann gemacht, was die Leute von mir erwarteten, habe auch die Tabletten genommen. Doch nichts wurde besser, ich blieb anders und bin anders. Alles was ich ›richtig‹ gemacht habe, war nicht richtig. Nein, mein größter Fehler war, dass ich immer das getan habe, was andere wollten. Jetzt weiß ich: Musik ist mein Leben. Mit und für die Musik kann ich leben und werde ich leben. Ich bin eben ein Musiker, nur als Musiker kann ich glücklich sein. Die Anderen sollen lernen, damit umzugehen.«

Dank

Meinen Patienten, die nach Antworten suchen und das berechtigte Verlangen haben, ihr Glück zu finden, die gleichzeitig den Mut und den Wunsch aufbringen, ihr Leben selbstständig zu gestalten, möchte ich ein großes Dankeschön aussprechen. Sie waren es, die mich auf die Idee dieses Buches brachten.

Sollten Sie selbst Erfahrungen mit Psychopharmaka gemacht haben, egal ob positive oder negative, sollten Sie sich mit der sedierten Gesellschaft so wie ich auseinandersetzen, würde ich mich über Ihre Zuschrift freuen.

Dr. Lena Kornyeyeva
kornyeyeva@imbdp.de

Literatur, Quellen

Ahrbeck, Bernd (Hrsg.): Hyperaktivität. Kulturtheorie, Pädagogik, Therapie, Stuttgart 2007

Amft, Hartmut, Manfred Gerspach, Dieter Mattner: Kinder mit gestörter Aufmerksamkeit. ADS als Herausforderung für Pädagogik und Therapie, Stuttgart 2002

Andrew Chetley: Problem Drugs, London 1995

Armstrong, Thomas: Das Märchen vom ADHS-Kind. 50 sanfte Möglichkeiten, das Verhalten Ihres Kindes zu verbessern – ohne Zwang und ohne Pharmaka, Paderborn 2002

Barkley, Russel A.: Das große ADHS-Handbuch für Eltern. Verantwortung übernehmen für Kinder mit Aufmerksamkeitsdefizit und Hyperaktivität, Bern [2]2005

Breggin, Peter R., Ginger Ross Breggin: Talking Back to Prozac, New York 1994

Breggin, Peter R.: Psychiatric Drug Withdrawal. A Guide for Prescribers, Therapists, Patients and Their Families, New York 2013

Breggin, Peter R.: Giftige Psychiatrie. Was Sie über Psychopharmaka, Elektroschock, Genetik und Biologie bei »Schizophrenie«, »Depression« und »manisch-depressiver Erkrankung« wissen sollten, Heidelberg 1996

Breggin, Peter R.: Talking Back to Ritalin. What Doctors Aren't Telling You About Stimulants for Children, Monroe 1998

Claus, Dieter, Elisabeth Aust-Claus, Petra-Marina Hammer: ADS. Das Erwachsenen-Buch. Neue Konzentrations- und Organisations-Hilfen für Ihr Berufs- und Privatleben, Oberstebrink [2]2002

DeGrandpre, Richard: Die Ritalin-Gesellschaft. ADS: Eine Generation wird krankgeschrieben, Weinheim und Basel 2005

Doering, Waltraud und Winfried (Hrsg.): Das andere ADS-Buch. Blickwinkel und Perspektiven zum Aufmerksamkeits-Defizit-Syndrom, Bremen 2003

Ehrenberg, Alain: Das erschöpfte Selbst. Depression und Gesellschaft in der Gegenwart, Frankfurt am Main/ New York 2004

Ellinger-Weber, Sybille, Margret Kruse (Hrsg.): Psychopharmaka im Alltag – Ergebnisse, Hamburg 1989

Fitzner, Thilo, Werner Stark (Hrsg.): ADS: verstehen – akzeptieren – helfen, Weinheim und Basel 2000

Frances, Allen: Normal. Gegen die Inflation psychiatrischer Diagnosen, Köln 2013

Kettler, Sabine, Franz Wegener: ADD, ADHD und Ritalin. Die neue Kreativität. Mehr Erfolg mit Hyperaktivität, Gladbeck 2000

Lem, Stanislaw: Der futurologische Kongreß (1971), Frankfurt am Main 1996

Leuzinger-Bohleber, Marianne, Yvonne Brandl, Gerald Hüther (Hrsg.): ADHS – Frühprävention statt Medikalisierung. Theorie, Forschung, Kontroversen, Göttingen 2006

Neill, A. S.: Theorie und Praxis der antiautoritären Erziehung. Das Beispiel Summerhill, München 1965

Neuhaus, Cordula: ADHS bei Kindern, Jugendlichen und Erwachsenen. Symptome, Ursachen, Diagnose und Behandlung, Stuttgart 2007

Pieper, Werner (Hrsg.): Nazis on Speed. Drogen im 3. Reich, Löhrbach o. J.

Postman, Neil: Wir amüsieren uns zu Tode (1985), Frankfurt am Main 1988

Reichenberg-Ullmann, Judyth, Robert Ullman: Es geht auch ohne Ritalin, Peitung [4]2005

Schulz, Regina: Die Tränen eines Kindes. Wenn Schule zum Alptraum wird, Gelnhausen 2011

Simonsohn, Barbara: Hyperaktivität – Warum Ritalin keine Lösung ist. Gesunde Strategien, die wirklich helfen, München 2001

Steinhausen, Hans-Christoph, Aribert Rothenberger, Manfred Döpfner (Hrsg.): Handbuch ADHS. Grundlagen, Klinik, Therapie und Verlauf der Aufmerksamkeitsdefizit-Hyperaktivitätsstörung, Stuttgart 2010

Trott, Götz-Erik: Das hyperkinetische Syndrom und seine medikamentöse Behandlung, Leipzig/Berlin/Heidelberg 1993

Weinmann, Stefan: Erfolgsmythos Psychopharmaka. Warum wir Medikamente in der Psychiatrie neu bewerten müssen, Bonn 2008

Whitaker, Robert: Anatomy of an Epidemic, New York 2010

Wittig, Frank: Die weiße Mafia. Wie Ärzte und die Pharmaindustrie unsere Gesundheit aufs Spiel setzen, München 2013

Wolfe, S. M., L. Fugate u.a.: Worst Pills, Best Pills, Washington 1988

Anmerkungen

1 Lem (1971) 1996, S. 136

2 Interview mit Katharina Saalfrank in *Die Welt*, 13.8.2013, http://www.welt. de/vermischtes/article118945867/Kinder-werden-nur-mit-ihren-Defizi-ten-gesehen.html, Abruf am 6.10.2013

3 Jo Macfarlane: »Michael Jackson's drugs cocktail ›was highly unusual and dangerous‹«, *Daily Mail*, 28.6.2009, http://www.dailymail.co.uk/news/artic-le-1196015/Michael-Jacksons-drugs-cocktail-highly-unusual-dangerous. html, Abruf am 7.12.2013

4 Das Internet-Magazin *INTOUCH* schreibt, Spears »habe [...] mehr als 30 verschiedene Tabletten geschluckt, bevor sie sich nachts in einer aufsehen-erregenden Aktion eine Glatze rasierte«. http://intouch.wunderweib.de/ stars/starnews/artikel-2751018-starnews/Britney-Spears-Zusammenbruch-nach-Tabletten-Cocktail.html, Abruf am 30.9.2013

5 Eine Studie aus dem Jahr 2001 belegt diese Annahme. Kinder, die Stimulan-zien bekommen, fangen eher an zu rauchen und nehmen eher Kokain ein als unbehandelte Kinder. Vgl. Joel Turtel: Public Schools, Public Menace – How Public Schools Lie to Parents and Betray Our Children, New York 2004-2005, S. 235

6 Götz-Erik Trott: »Pillen für den Zappelphilipp? Medikation – Ritalin und andere Medikamente«, in: Tilo Fitzner, Werner Stark (Hrsg): ADS: verste-hen – akzeptieren – helfen. Das Aufmerksamkeitsdefizit-Syndrom mit Hy-peraktivität und ohne Hyperaktivität, Weinheim/Basel 2000, S. 270-280, hier S. 271

7 Trott, a.a.O., S. 279

8 Gerald Hüther, Helmut Bonney: Neues vom Zappelphilipp. ADS: verstehen, vorbeugen und behandeln, Düsseldorf/Zürich 2002, S. 76

9 Vgl. Whitaker 2010, S. 245, und Brenda L. Smith: »ADHD among pre-schoolers«, in: American Psychological Association Bulletin, Vol. 42, Nr. 7, 2011, S. 50

10 Gerald Hüther, Helmut Bonney, a.a.O., S. 23

11 BBC News, 13.8.2013: Use of ADHD drugs ›increases by 50% in six years‹: »NHS prescriptions for methylphenidate drugs, including Ritalin, rose from 420,000 in 2007 to 657,000 last year, the Care Quality Commission said.«

12 Gerald Hüther, Helmut Bonney, a.a. O., S. 13

13 Gerald Hüther, Helmut Bonney, a.a. O., S. 12

14 http://blogs.nature.com/nautilus/2008/12/whats_your_thinking_about_cogn.html, Abruf am 29.9.2013

15 Lem (1971) 1996, S. 20

16 Lem (1971) 1996, S. 117

17 2007 wurden in Kanada nach der Einnahme des Medikamentes *Strattera* 55 suizidale Versuche beobachtet, drei Viertel davon bei Kindern. Vgl. »Atomoxetine and suicidal behavior: update«, Canadian Adverse Reaction Newsletter, Vol. 18, Is. 3, July 2008

18 Vgl. einen vor dem 2. Familiensenat in Kassel verhandelten Fall, Beschluss veröffentlicht in ›FamRZ‹, Heft 24, 2002, S. 1727-1728, zitiert nach http://www.vaeternotruf.de/ritalin.htm, Abruf am 16.9.2013

19 Vgl. die von der Bundesregierung geförderte Studie von Elke Middendorff, Jonas Poskowsky, Wolfgang Isserstedt: Formen der Stresskompensation und Leistungssteigerung bei Studenten, HISBUS-Befragung zur Verbreitung und zu Mustern von Hirndoping und Medikamentenmissbrauch, Hannover 2012

20 »Red Bull verkauft über fünf Milliarden Dosen«, in: *Der Standard*, 15.3.2013, http://derstandard.at/1363239146167/Red-Bull-verkaufte-ueber-fuenf-Milliarden-Dosen, Abruf am 29.9.2013

21 Hartmut Amft: »ADHS: Hirnstoffwechselstörungen und/oder Symptom einer kranken Gesellschaft? Psychopharmaka als Mittel einer gelingenden Naturbeherrschung am Menschen«, in: Marianne Leuzinger-Bohleber, Yvonne Brandl, Gerald Hüther: ADHS – Frühprävention statt Medikalisierung, Göttingen 2006, S. 70-90, hier S. 89

22 *Salzburger Nachrichten* am 30. Juli 2013, http://www.salzburg.com/nachrichten/salzburg/chronik/sn/artikel/jeder-zehnte-salzburger-schluckt-psychopharmaka-68710/, Abruf am 30.9.13

23 Vgl. die Angaben in: Die Drogenbeauftragte der Bundesregierung: Drogen und Suchtbericht, Mai 2013. Vgl. auch »Die Situation in Deutschland«, http://drogenbeauftragte.de/drogen-und-sucht/illegale-drogen/heroin-und-andere-drogen/situation-in-deutschland.html, Abruf am 2.10.2013. Die Tendenz der Abhängigkeit von illegalen Drogen scheint negativ zu sein.

24 Zu den detaillierten Zahlen vgl. den Drogen- und Suchtbericht der Drogenbeauftragten der Bundesregierung, a.a.O., S. 31

25 Stefan Weinmann: Erfolgsmythos Psychopharmaka, Bonn 2008, S. 36

26 Weinmann nennt als Beleg K. Menningers bereits 1963 erschienenes Buch *The Vital Balance. The Life Process in Mental Health and Illness*, New York, 1963. Weinmann, a.a.O., S. 37

27 Vgl. Hans Tallasch: Projekt Böttcherstraße, Delmenhorst 2001, darin Nils Aschenbeck: »›das quecksilbrige Element‹ – Ludwig Roselius – Kindheit, Jugend, erste Erfolge«, S. 28-41, hier S. 38

28 Centralblatt für die gesamte Therapie, Jg. 2, 1884, S. 289-314

29 Zeitschrift für Therapie, Jg. 3, Nr. 7, April 1885, S. 49-51

30 Ebd., S. 51

31 Vgl. die Angaben zur Geschichte des Pervitins in Werner Pieper (Hrsg.): Nazis on Speed, Löhrbach o.J., S. 118.

32 Werner Pieper, a.a.O., S. 118 f.

33 Heinrich Böll: Briefe aus dem Krieg, 1939-1945, Band 1, Köln 2001, beispielsweise S. 26: »Pervitin wird übrigens bald anfangen zu wirken, und das wird mir über diese Müdigkeit hinweghelfen.« (21.11.1939, Böll an Eltern und Geschwister)

34 Wolf-R. Kemper: »Pervitin – Die Endsieg-Droge«, in: Werner Pieper, a.a.O., S. 122-133

35 »An der Nadel«, in: *Der Spiegel*, 11.2.1980, http://www.spiegel.de/spiegel/print/d-14324358.html, Abruf am 2.10.2013

36 »In den USA nehmen sich immer mehr Soldaten das Leben. Im vergangenen Jahr ist die Zahl der Selbstmorde auf 349 gestiegen, sagte Pentagonsprecherin Cynthia Smith. Das sind mehr Tote, als die Armee im selben Jahr durch Kampfhandlungen in Afghanistan zu verzeichnen hatte. Dort starben nach Angaben der Nachrichtenagentur AP im vergangenen Jahr 295 US-Amerikaner.« *Die Zeit*, 15.1.2013, http://www.zeit.de/politik/ausland/2013-01/us-soldaten-selbstmordrate, Abruf 1.12.2013

37 Arno Frank: »Wach und heiter und so weiter. Der zweite Weltkrieg war ein Speedkrieg – von Adolf Hitler bis Heinrich Böll waren alle auf ›Pervitin‹. An KZ-Häftlingen wurden die Drogen getestet«, *Die Tageszeitung*, 30.12.2011, www.taz.de/!84440/, Abruf am 18.11.2013

38 Lisa Nienhaus: »Ritalin – Die Karriere einer Pille«, *FAZ* 2.10.2007, http://www.faz.net/aktuell/wirtschaft/unternehmen/ritalin-die-karriere-einer-pille-1459215.html, Abruf am 7.10.2013

39 Ebd.

40 Andrew Chetley: Problem Drugs, London 1995

41 Whitaker 2010, S. 131

42 Vgl. Whitaker 2010, S. 132; Originalquelle IMS Health, »Top therapeutic classes by U.S. dispensed prescriptions,« 2006 and 2007 reports

43 Gert Glaeseke, Christel Schicktanz: Barmer GEK Arzneimittelreport 2013, Berlin 2013

44 Gerhardt Nissen, Jürgen Fritze, Götz-Erik Trott: Psychopharmaka im Kindes- und Jugendalter, München/Jena, ²2004

45 A.a.O., S. 847

46 A.a.O., S. 888

47 A.a.O., S. 892

48 Bernadette Calonego: »Psychopillen für Zappelkinder«, in: *Der Tagesanzeiger*, Zürich, 17.8.2013, http://www.tagesanzeiger.ch/wissen/medizin-und-psychologie/Psychopillen-fuer-Zappelkinder/story/30816646, Abruf am 1.10.2013

49 Frances 2013, S. 162

50 Breggin 1991, S. 239. Auf dem Newsweek-Cover schwebt die Prozac-Kapsel wie ein Raumschiff über weiter Wüstenlandschaft.

51 »Jung und hoffnungslos – Depression ist ein Leitmotiv der Popkultur – nun liefert eine junge Amerikanerin das Buch zum Trübsinnskult«, *Der Spiegel* 19.9.1994, http://www.spiegel.de/spiegel/print/d-13686285.html, Abruf am 2.10.2013

52 Siehe folgende Internetquelle: http://en.wikipedia.org/wiki/Fluoxetine, Abruf am 6.10.2013; dort angegebene Quelle: Verispan, Top 200 Generic Drugs by Units in 2010 (PDF)

53 Die Musik der kanadischen Band Prozac soll dazu beitragen, dass sich die Menschen gut und glücklich fühlen, verkündete ihr Gründer James Bryan Mc Collum im Jahr 1999 in der New York Times, 19.8.1999

54 »Jung und hoffnungslos – Depression ist ein Leitmotiv der Popkultur – nun liefert eine junge Amerikanerin das Buch zum Trübsinnskult«, *Der Spiegel* 19.9.1994, http://www.spiegel.de/spiegel/print/d-13686285.html, Abruf am 2.10.2013

55 Ebd.

56 Die Drogenbeauftragte der Bundesregierung. Drogen- und Suchtbericht, Mai 2013, Berlin 2013, S. 29

57 Barbara Voll: Das Sisi-Syndrom. Wenn die Seele die Balance verliert, München 1998

58 Der Nervenarzt, 2003, Nr. 74, S. 440-444

59 http://www.info-adhs.de/support/impressum.html, Seitenabruf am 1.10.2013

60 Götz-Erik Trott: »Pillen für den Zappelphilipp? Medikation – Ritalin und andere Medikamente«, in: Thilo Fitzner, Werner Stark (Hrsg.): ADS: verstehen – akzeptieren – helfen, Das Aufmerksamkeitsdefizit-Syndrom mit Hyperaktivität und ohne Hyperaktivität, Weinheim/Basel 2000, S. 270-280, hier S. 279

61 Vgl. die Angaben bei Robert Whitaker, Anatomy of an Epidemic, 2011, S. 167, 168

62 Vgl. die Rede von Martin Harrow, Psychologe an der University of Illinois College of Medicine, beim Jahrestreffen der American Psychiatric Associa-

tion 2008, in Whitaker 2010, S. 115; außerdem Harrow, M. :»Factors involved in outcome and recovery in schizophrenia patients not on antipsychotic medications.« The Journal of Nervous and Mental Disease, 195, 2007, S. 406-14, zitiert in Whitaker 2010, S. 115

63 Weinmann, a.a.O., S. 41

64 Vgl. die Angaben bei Whitaker 2010, S. 134

65 Vgl. Stefan Weinmann: Erfolgsmythos Psychopharmaka. Warum wir Medikamente in der Psychiatrie neu bewerten müssen, Bonn 2008, S. 29 f. – Originalquelle: David L. Rosenhan: On Being Sane in Insane Places. In: Science, Vol. 179, Nr. 4070, 1973, S. 250-258

66 Vgl. A. Jablensky, »Schizophrenia: manifestation, incidence and course in different cultures«, Psychological Medicine 20, monograph (1992), S. 1-95. Angaben nach Whitaker 2010, S. 110

67 K. Hopper: »Revisiting the developed versus developing country distinction in course and outcome in schizophrenia«, Schizophrenia Bulletin 26, 2000, S. 835-46; Angaben nach Whitaker 2010, S. 111

68 Der Spiegel, 27.5.2010, http://www.spiegel.de/wirtschaft/soziales/studie-zahl-der-psychisch-bedingten-krankschreibungen-steigt-drastisch-a-697 162.html, Abruf am 1.12.2013; Originalquelle: TK-Gesundheitsreport 2010, Abruf unter http://www.tk.de/tk/broschueren-und-mehr/studien-und-auswertungen/gesundheitsreport-2010/222144, Abruf am 22.9.2013

69 Die Zeit, 22.8.2013, http://www.zeit.de/wissen/gesundheit/2013-08/volkskrankheit-psychische-erkrankungen, Abruf am 1.12.2013

70 Siehe Angaben in: Whitaker 2010, S. 7

71 Marco Evers: »Stille Nacht mit Valium«, in: Der Spiegel, 38/1999, S. 202-204, hier S. 203, http://www.spiegel.de/spiegel/print/d-14799619.html, Abruf am 1.12.2013

72 »Bei der Verschreibung von Stimulanzien ist es zweckmäßig, darauf hinzuweisen, dass in einigen Apotheken ein nochmaliger Hinweis auf die ihr innewohnende Suchtkomponente erfolgt, diese jedoch durch das stattgefundene Aufklärungsgespräch gegenstandslos ist.« G. Nissen, J. Fritze, G.-E. Trott: Psychopharmaka im Kindes- und Jugendalter, München/Jena 2004, S. 66

73 Simonsohn 2001, S. 91

74 Alex Berensin: »In Trial. Alaska Says Lilly Concealed Risks of a Schizophrenia Drug«, in: The New York Times, 6.3.2008

75 Rote Liste 2013, Arzneimittelverzeichnis für Deutschland, Frankfurt am Main 2013, Hervorhebungen durch die Autorin

76 aus: »Gebrauchsinformation Fluctin 20 mg Tabletten«, Lilly Deutschland GmbH, März 2012. Lilly hat das Medikament Fluctin 2012 vom Markt genommen. Derselbe Wirkstoff wird als »Fluoxetin« von Hexal vertrieben; der

Hexal-Beipackzettel nennt dieselben Nebenwirkungen, vgl. »Gebrauchsinformation Fluoxetin HEXAL 20 mg Hartkapseln«, pdf, Hexal AG, Stand März 2012

77 Vgl. http://www.spiegelblog.net/tragischer-tod-von-robert-enke-blenden-mainstreammedien-wie-der-spiegel-das-thema-nebenwirkungen-von-antidepressiva-erneut-aus.html, Abruf am 5.10.2013

78 Alle Textauszüge in diesem Unterkapitel von: http://www.sanego.de/Medikamente/CONCERTA/, abgerufen am 19.9. und 23.9.2013; Rechtschreibung und Grammatik folgen jeweils weitgehend dem Original, allerdings sind das Verständnis erschwerende Fehler korrigiert.

79 Benedict Carey: »Reports of Gunman's Use of Antidepressant Renew Debate Over Side Effects«, in: *The New York Times*, 19.2.2008

80 http://www.ssristories.com/index.php, Abruf am 6.10.2013; auch die den Scientologen nahestehende Organisation CCHR (»Citizens Commission in Human Rights«) listet die Amokläufer unter Psychopharmaka auf – eine entsprechende Übersicht ist auf der CCHR-Seite publiziert und wurde von einigen Blogs übernommen, http://www.cchrint.org/school-shooters/, Abruf am 3.10.2012

81 Der Brief ist hier abrufbar: http://www.ssristories.com/show.php?item=248, Abruf am 5.10.2013

82 Karl Heinz Gasser, Malte Creutzfeldt, Markus Näher u.a.: Bericht der Kommission Gutenberg-Gymnasium, Erfurt, 19. April 2004, S. 60, Fußnote 10

83 Angaben aus der Scholz-Datenbank in der Apotheken-Umschau, http://www.apotheken-umschau.de/do/extern/medfinder/medikament-arzneimittel-information-Faustan-5mg-Tabletten-A12919.html, Abruf am 7.10.2013

84 http://www.klinikum-weissenhof.de/medizin-therapie/kliniken/kinder-jugendpsychiatrie/behandlungsschwerpunkte/jugendbereich/, Abruf am 6.9.2013

85 Mathias Rauch: »LKH Rankweil wehrt sich gegen Kritik ehemaliger Patientin«, Vorarlberg online, 6.8.2013, http://www.vol.at/lkh-rankweil-wehrt-sich-gegen-kritik-ehemaliger-patientin/3663855, Abruf am 5.10.2013

86 Tom Wantkins: »Papers indicate firm knew possible Prozac suicide risk«, *CNN*, 4.1.2005

87 Max Weber: »Die protestantische Ethik und der ›Geist‹ des Kapitalismus«, in: Archiv für Sozialwissenschaft und Sozialpolitik 20, 1904, S. 1-54, und 21, 1905, S. 1-110

88 »ADHS ist Folge professioneller Vernachlässigung«, Interview mit Jesper Juul, von Lisa Mayr, *Der Standard*, 19.5.2013, http://derstandard.at/1363711375599/ADHS-ist-Folge-professioneller-Vernachlaessigung, Abruf 25.11.2013

89 Und niemand darf sich sicher sein, dass Politiker nicht auf Druck der Pharmaindustrie genau das fordern werden. Peter R. Breggin zitiert ein Beispiel

aus den USA, wo in den frühen 1970er-Jahren diskutiert wurde, ob es nicht sinnvoll sei, das Medikament Lithium dem Trinkwasser zuzusetzen. Breggin 1991, S. 255f.: »Wie Fluor ins Trinkwasser« – Aber die Fluorierung des Trinkwassers, mit der man die Zahngesundheit verbessern wollte, war auch in Deutschland ein viel diskutiertes Thema. *Der Futurologische Kongress* ist mit seiner »fortschrittlichen« Organisation vielleicht näher, als wir denken.

90 »Drogensucht auf Rezept«, *Focus*, 7.2.2013, http://www.focus.de/gesundheit/ratgeber/psychologie/sucht/tid-24971/1-9-millionen-deutsche-sind-medikamentenabhaengig-drogensucht-auf-rezept_aid_711138.html, Abruf am 1.12.2013

91 http://drogenbeauftragte.de/drogen-und-sucht/illegale-drogen/heroin-und-andere-drogen/situation-in-deutschland.html, Abruf 19.9.2013

92 Mackensen: Deutsches Wörterbuch, München [10]1983

93 Eugen Bleuler: Lehrbuch der Psychiatrie, Berlin 1916, [15]1983, bearbeitet von Manfred Bleuler unter Mitarbeit von J. Angst et al., S. 77

94 Veit Rößner, Aribert Rothenberger: »Neurochemie«, in: Steinhausen/Rothenberger/Döpfner 2010, S. 77-91, hier S. 88

95 Ebd.

96 : »Eigenheiten werden nicht mehr toleriert«, Mamablog im *Tagesanzeiger* Zürich, 20.8.2013, http://blog.tagesanzeiger.ch/mamablog/index.php/33170/eigenheiten-werden-nicht-mehr-toleriert/, Abruf 2.10.2013

97 Neuhaus 2007, S. 33 f.

98 Ebd., S. 118 ff.

99 Ich verzichte hier auf die Betrachtung der hochbegabten Kinder, die keinen Behandlungsbedarf, sondern allein einen Förderbedarf aufweisen.

100 »ADHS ist Folge professioneller Vernachlässigung«, Interview mit Jesper Juul, von Lisa Mayr, *Der Standard*, 19.5.2013, http://derstandard.at/1363711375599/ADHS-ist-Folge-professioneller-Vernachlaessigung, Abruf 25.11.2013

101 Madeleine P. Strohl: »Bradley's Benzedrine Studies on Children with Behavioral Disorders«, in: Yale Journal of Biology and Medicine, 84(1), März 2011, S. 27–33, Abstract.

102 http://www.sanego.de/21361_Nebenwirkungen_von_Ritalin, Abruf am 26.9.13

103 http://www.sanego.de/12302_Nebenwirkungen_von_Ritalin, Abruf am 26.9.13

104 Wiedergegeben auf der von Helmut Kaeding herausgegebenen Seite ritalin-kritik.de, http://www.ritalin-kritik.de/Posteingang/body_posteingang.html, Abruf am 26.9.13. Helmut Kaeding gehört nach eigenem Bekunden den Scientologen an, auf der Seite ritalin-kritik wird allerdings keine offene Werbung für die Scientologen betrieben.

105 Judith Barben, Andreas Bau: Ritalin – die verkannte Gefahr, online verfügbares pdf-Dokument, abgerufen unter http://www.adhs-schweiz.ch/ADHS_3b.htm, Abruf am 26.9.13, S. 5

106 Vgl. dazu die Ausführungen bei Frances 2013, S. 35: Trotz aller Bemühungen der Industrie gibt es keinen biologischen Marker.

107 http://www.adhs-studien.info/adhs_selbsttest.html, Abruf am 19.9.2013. Der Selbsttest beruht auf der ADHS-Selbstbeurteilungsskala (ADHS-SB) von Rösler et al., 2004

108 Barbara Alm: »Wie äußert sich ADHS?«, in: ADHS bei Erwachsenen, Sichtweisen und Empfehlungen, Broschüre der Lilly Deutschland GmbH, ohne Jahr, S. 13

109 ADHS bei Erwachsenen. Sichtweisen und Empfehlungen, Broschüre der Lilly Deutschland GmbH, ohne Jahr. Michael Rösler wird neben Barbara Alm und Sabine Krämer als Autor genannt.

110 http://www.shire.de/adhs/therapiegebiete-adhs/jury.aspx, Abruf am 19.9.13

111 »ADHS: US-Ärzte verschreiben Kindern zu schnell Psychopharmaka«, *Der Spiegel*, 6.5.13, http://www.spiegel.de/gesundheit/diagnose/adhs-us-kinder aerzte-missachten-leitlinien-bei-psychopharmaka-therapie-a-898286.html, Abruf am 3.12.2013

112 Simonsohn 2001, S. 125 f.

113 Bei den unter 21-Jährigen 3 %, 22–23: 3 %, 24–25: 5 %, 26–27: 6 %, 28–29: 12 %, über 30: 8%. Vgl. Elke Middendorf, Jonas Poskowska, Wolfgang Issersted: Formen der Stresskompensation und Leistungssteigerung bei Studierenden, HISBUS-Befragung zur Verbreitung und zu Mustern von Hirndoping und Medikamentenmissbrauch, Hannover 2012, S. 21

114 O. A.: »Ich bin ein Zombie, und ich lerne wie eine Maschine«, *Campus*, 2.4.2009, http://www.zeit.de/campus/2009/02/ritalin, Abruf am 5.10.2013

115 Ebd.

116 Ebd.

117 Barbara Alm: »Was ist ADHS?«, in: ADHS bei Erwachsenen. Sichtweisen und Empfehlungen, Broschüre des Pharmaherstellers Lilly, 2004, S. 8

118 M. J. Lohse, B. Müller-Oerlinghausen: »Psychopharmaka«, in: Ulrich Schwabe, Dieter Paffrath (Hrsg.): Arzneimittelreport 2012, Berlin/Heidelberg 2012

119 Vgl. Whitaker (2010), der verschiedene Studien ausgewertet hat und zitiert (S. 74 f., 81)

120 Vgl. Erick H. Turner, M.D., Annette M. Matthews, M.D., Eftihia Linardatos, B.S., Robert A. Tell, L.C.S.W., and Robert Rosenthal, Ph.D.: »Selective Publication of Antidepressant Trials and Its Influence on Apparent Efficacy«, in: New England Journal of Medicine, Nr. 358, 2008, 17.1.2008, S. 252-260, http://www.nejm.org/doi/full/10.1056/NEJMsa065779, Abruf am 6.10.2013

121 Nicola Kuhrt: »BGH-Beschluss: Ärzte dürfen Geschenke von Pharmafirmen annehmen«, in: *Spiegel-online*, 22.6.2012, http://www.spiegel.de/wis-

senschaft/medizin/bgh-aerzte-duerfen-geschenke-der-pharmaindust-
rie-annehmen-a-840406.html, Abruf am 4.12.2013

122 »Pharmabranche: Verdacht auf illegalen Handel mit Rezeptdaten«, in: *Spie-gel-online*, 13.2.2012, http://www.spiegel.de/wirtschaft/unternehmen/phar-mabranche-verdacht-auf-illegalen-handel-mit-rezeptdaten-a-814750.html, Abruf am 6.10.2013

123 »Ärzte wünschen sich mehr Zeit für Patienten«, Ärzteblatt, 14.10.2012, http://www.aerzteblatt.de/nachrichten/47689/Aerzte-wuenschen-sich -mehr-Zeit-fuer-Patienten, Abruf am 6.10.2013

124 Zitat in der *Stuttgarter Zeitung*, 9.8.2013, http://www.presseportal.de/pm/ 48503/2532255/stuttgarter-zeitung-robbie-williams-ausser-antidepressi-va-finden-sich-keine-drogen-in-meinem, Abruf am 6.10.2013

125 Elisabeth Wurtzel: »Elizabeth Wurtzel Confronts Her One-Night Stand of a Life«, NYMAG.com, 6.1.2013, http://nymag.com/thecut/2013/01/elizabeth-wurtzel-on-self-help.html, Abruf am 28.9.2013 (Übers. d. A.)

126 Lem (1971) 1996, S. 66 f.

127 Lem (1971) 1996, S. 113

128 Nach subjektiven Aussagen befragter Bürger. Quelle: http://www.oecdbet-terlifeindex.org/topics/life-satisfaction/, Abruf 6.10.2013

129 Postman 1988, S. 198

130 Postman 1988, S. 85

131 Vgl. Postman 1988, S. 111

132 Postman 1988, S. 180

133 Ebd.

134 Vgl. die Angaben bei Maya Götz: »Fernsehen von -0,5 bis 5. Eine Zusam-menfassung des Forschungsstands«, in: Televizion 20/2007, 1, S. 12-17, hier S. 12

135 Postman 1988, S. 90; er beruft sich auf eine Aussage von Lewis Mumford.

136 »Lieber Angry Birds als Harry Potter«, in: buchreport, 1.10.2013, on-line-Ausgabe, http://www.buchreport.de/nachrichten/verlage/verlage_nach richt/datum/2013/09/30/lieber-angry-birds-als-harry-potter.htm, Abruf am 1.10.2013

137 Postman 1988, S. 140

138 Vgl. zum Beispiel die Angaben im *Tagesspiegel*, 23.4.2013, http://www.ta-gesspiegel.de/wirtschaft/ende-der-daten-flatrate-telekom-stellt-sich-auf-die-leitung/8108012.html, Abruf 6.10.2013

139 »Die hier gemeinte pauschale Ritalinkritik ist im Umfeld von Sekten oder Außenseitern im Gesundheitssektor häufig zu beobachten«, heißt es auf der Seite »Ritalinkritik« des Diffamierungs-Projektes »Psiram«. http:// www.psiram.com/ge/index.php/Ritalinkritik?COLLCC=1031632565&, Abruf am 29.9.2013

140 Holger Dammbeck: »Suizide in USA: Selbstmord-Rate steigt an«, *Der Spiegel*, 21.10.2008, http://www.spiegel.de/wissenschaft/mensch/suizide-in-usa-selbstmord-rate-steigt-an-a-585488.html, Abruf am 28.9.2013

141 Elisabeth Cohen: »CDC: Antidepressants most prescribed drugs in U.S.«, CNN Online, http://edition.cnn.com/2007/HEALTH/07/09/antidepressants/, Abruf am 6.10.2013